CARDEAL ROBERT SARAH

CATECISMO DA
VIDA ESPIRITUAL

Fons Sapientiae

Edições Fons Sapientiae
um selo da Distribuidora Loyola

Título original: *Catéchisme de la vie spirituelle.* Paris, Fayard, 2021.
Direitos: © Copyright 2022 – 1ª edição, 2024
ISBN: 978-65-86085-34-1
Fundador: Jair Canizela (1941-2016)
Diretor Geral: Vitor Tavares
Diretor Editorial: Rogério Reis Bispo
Tradução: Mauricio Pagotto Marsola
Revisão: Dom Hugo C. da Silva Cavalcante, OSB.
Capa e diagramação: Telma Custodio
Imagem da capa: Giotto. *Ressurreição de Lázaro.* Capela degli Scrovegni, Pádua.

Dados Internacionais de Catalogação na Publicação (CIP)
(Câmara Brasileira do Livro, SP, Brasil)

Sarah, Robert
  Catecismo da vida espiritual / Cardeal Robert Sarah. -- São Paulo : Edições Fons Sapientiae, 2024.

  Bibliografia.
  ISBN 978-65-86085-34-1

  1. Catecismo 2. Eucaristia (Liturgia) 3. Igreja Católica - Doutrinas 4. Jesus Cristo - Ensinamentos 5. Sacramentos - Igreja Católica 6. Vida espiritual I. Título.

23-168853   CDD-238.2

Índice para catálogo sistemático:

1. Catecismos : Igreja Católica : Doutrina católica   238.2

Aline Graziele Benitez - Bibliotecária - CRB-1/3129

Edições Fons Sapientiae
é um selo da Distribuidora Loyola de Livros
Rua Lopes Coutinho, 74 – Belenzinho 03054-010 São Paulo – SP
T 55 11 3322 0100 | editorial@FonsSapientiae.com.br
www.FonsSapientiae.com.br

Todos os direitos reservados. Nenhuma parte desta obra pode ser reproduzida ou transmitida por qualquer forma ou quaisquer meios (eletrônico ou mecânico, incluindo fotocópias e gravação) ou arquivada em qualquer sistema ou banco de dados sem permissão escrita

ÍNDICE

Introdução
Seguir a Cristo por meio dos sacramentos 5

Capítulo 1
Entrar na vida pelo Batismo 19

Capítulo 2
O Pentecostes interior 41

Capítulo 3
A Eucaristia e a liturgia 57

Capítulo 4
Seguir Jesus no deserto 105

Capítulo 5
Um sacramento para a conversão 143

Capítulo 6
Amar-se como o Cristo à Igreja 191

Capítulo 7
Santifica-os na verdade 217

Capítulo 8
O mistério da Cruz... 255

Capítulo 9
A Igreja e a missão... 291

Conclusão
Dai-me a alegria de ser salvo... 321

Introdução
SEGUIR A CRISTO POR MEIO DOS SACRAMENTOS

"Convertei-vos e crede no Evangelho" (Mc 1,15): essas palavras, que introduzem o tempo da Quaresma, a jornada em direção à Páscoa na alegre esperança de participar da glória da Ressurreição do Senhor Jesus, são bem adequadas para nos colocar no caminho da vida cristã, da qual a Quaresma é, por assim dizer, uma intensificação. A conversão é, de fato, o trabalho de toda a nossa existência. Conversão significa afastar-se de todas as coisas fúteis e tóxicas que nos mantêm cativos e voltar-se para Deus. Mas do que precisamos nos afastar e onde Deus está esperando por nós? A Escritura nos dá a resposta quando nos contam como Deus retirou seu povo escolhido da escravidão e o levou para a terra da promessa.

Um caminho no deserto

Quando Deus, movido pela compaixão, quis retirar seu povo da violência da escravidão e da miséria e conduzi-lo para fora do Egito, não foi para tornar sua vida confortável e despreocupada, mas para levá-lo ao deserto, para que pudesse experimentar a pobreza, a abnegação, a solidão, o silêncio, a luta contra si mesmos e contra Satanás, que torna a todos escravos do mundo e do dinheiro. É exatamente na pobreza, na abnegação e no silêncio que aprendemos a estar atentos a Deus e que descobrimos que precisamos dele. O deserto, ao aprofundar nosso vazio, sede e silêncio, prepara-nos para ouvir a Deus e à sua Lei. O deserto é um lugar extraordinário, longe do aturdimento da comunicação e da informação, onde pode ocorrer uma profunda experiência mística de encontro com Deus, transformando e transfigurando[1].

No fundo, todos têm um desejo mais ou menos consciente de escapar do incessante turbilhão de aparências vazias e decepcionantes em que vivemos. O deserto é a natureza virgem, como Deus a criou, apta a manifestar Aquele que a criou. Como observou o Bem-aventurado Eugénio Maria do Menino Jesus:

> O deserto retira dos sentidos e das paixões a multiplicidade de satisfações que contaminam e as impressões que cegam e prendem. Sua nudez empobrece e separa. Seu silêncio isola do mundo exterior e, deixando a alma apenas com a uniformidade dos ciclos da natureza e a regularidade da vida que ela criou para si mesma, força-a a entrar no mundo interior que veio buscar.
>
> Essa nudez e esse silêncio não são o vazio, mas a pureza, a virgindade e a simplicidade. Para a alma que conseguiu se acalmar, o deserto revela esse reflexo do Transcendente, esse raio imaterial da simplicidade divina que ela carrega em si, esse traço luminoso d'Aquele

---

[1] Cf. Léon-Arthur Elchinger, *Je plaide pour l'homme*, Paris, Fayard, 1976, p. 138.

que a atravessa repentinamente e que permanece presente por meio de sua ação. O deserto está cheio de Deus; sua imensidão e simplicidade o revelam, seu silêncio o revela. Ao estudar a história dos povos, observamos corretamente que o deserto é monoteísta e que ele nos preserva da multiplicidade de ídolos. Essa é uma observação importante, que prova que o deserto, para aqueles que se deixam envolver por ele e que lhe dão sua alma, também entrega sua alma, o Ser único e transcendente que o anima[2].

Os rabinos gostavam de brincar com a consonância das palavras *"dabar"* e *"midbar"*, duas palavras hebraicas que significam "palavra" e "deserto", respectivamente, para expressar essa dupla convicção de que somente a Palavra pode fazer o deserto florescer novamente, e que é somente no deserto que a Palavra se espalha com todo o seu poder criativo e vivificante. Somente um coração tão imenso e vazio como um deserto pode acolher e conter a Palavra da vida. No deserto, o coração se purifica, adquire firmeza e delicadeza, tornando-se mais capaz de um encontro pessoal, de uma escuta atenta e de um diálogo íntimo com Deus. Daí o maravilhoso poema de amor e aliança nupcial entre o Senhor e seu povo Israel que encontramos no profeta Oséias: "Eu a seduzirei, eu a levarei ao deserto para falar-lhe ao coração" (Os 2,16-22).

O deserto é um lugar de sofrimento, provação, luta e purificação, onde Deus nos faz permanecer para nos humilhar, nos testar e conhecer as profundezas do nosso coração (cf. Dt 8,2), assim como o ouro é testado (cf. Zc 13,9). Toda vida cristã séria inclui esse estágio crucial em sua

---

[2] B. Marie Eugène de l'Enfant Jésus, *Je veux voir Dieu*, Tarascon, Éditions du Carmel, 1988, p. 390-391.

jornada espiritual. Se, seguindo os passos de Abraão, Moisés, dos Profetas e do povo escolhido, concordarmos em entrar nesse estágio, morreremos para nós mesmos e ressuscitaremos mais vivos, produzindo os frutos do Espírito.

Na Bíblia, esse lugar árido também é o espaço sagrado em que podemos experimentar a fidelidade de Deus, a ternura de sua providência benevolente que nos vigia e nos protege. Como uma águia que cuida de seu ninho e paira sobre seus filhotes, Deus abre suas asas e nos leva consigo (cf. Dt 32,10-13).

Quando estamos em meio a tentações, quando sentimos, como Elias, que não somos melhores do que nossos pais (cf. 1Rs 19,4) e quando nos sentimos esmagados pelo peso de nossos pecados e de nossas muitas infidelidades, quando estamos desanimados e no final de nossa tediosa e difícil jornada rumo à santidade, quando nossos esforços de conversão e nossa luta para nos conformarmos a Cristo parecem infrutíferos e não fazem nada para mudar nossa mediocridade humana e espiritual, o que podemos fazer? A quem podemos recorrer para obter ajuda? Seguindo os passos de Elias, devemos atravessar o deserto em direção à montanha da Aliança que desprezamos. Para proteger a Aliança e restaurar a pureza de nossa fé, Elias "caminhou quarenta dias e quarenta noites até o monte de Deus, o Horeb" (1Rs 19,8). Moisés e o povo hebreu haviam passado quarenta anos no deserto (cf. Nm 14,33; Ex 16,31-36); Cristo se retira para o deserto por quarenta dias e quarenta noites, em jejum, solidão, contemplação silenciosa e oração.

Os profetas, especialmente Elias e João Batista, cheios de um zelo ciumento por Deus, nos conduzem com o vigor de sua fé e o fogo de seu amor nessa longa jornada em direção à fonte de nossa vida, nossa fidelidade e nossa verdadeira identidade. Devemos seguir em frente, pois a vida que não se desenvolve morre. Avançar é progredir em santidade; ficar parado ou retroceder é sufocar o desenvolvimento normal da vida cristã. O fogo do amor de Deus precisa ser alimentado, e é pela queima de novos elementos que o fogo permanece vivo. Se ele não se espalhar, estará perto de se extinguir. "Se disseres 'basta'", advertiu Santo Agostinho, "estás perdido. Aspira sempre a mais, esforça-te sempre, progrida sempre. Não fiques no mesmo lugar, não retrocedas, não te desvies"[3].

Essa jornada libertadora narrada no livro do Êxodo prefigurava a jornada interior que todo cristão é chamado a fazer no decorrer de sua vida. Pois Deus leva seu tempo para conquistar nossos corações e prepará-los para a Nova Aliança com ele. Essa jornada é a proposta pelos sete sacramentos: Batismo, Confirmação, Matrimônio, Sacerdócio, Penitência ou confissão, Eucaristia e Unção dos enfermos. Viver os sacramentos em seu significado mais profundo e na fé no poder regenerador de Deus significa aceitar que o próprio Deus nos levará de volta ao deserto para atravessar novamente o Mar Vermelho e renovar a aliança consigo.

■ CAMINHANDO À LUZ DA FÉ

Proponho que façamos essa jornada juntos, com a Bíblia em nossas mãos, implorando ao Senhor que nos dê um coração que ouça e seja capaz de discernir entre o bem e

---
[3] Santo Agostinho, Sermão, 169,15 (PL 38,926).

o mal (cf. 1Rs 3,9), iluminado e guiado pela luz da fé. A fé é a rocha sobre a qual construímos a parte mais íntima de nossa vida: nosso relacionamento com Deus. A fé é tão necessária quanto a luz é para a visão. Nossos sentidos são os mesmos à noite e durante o dia; mas à noite não podemos ver, porque não temos a luz do sol.

Contemplado sob a luz da fé, o mundo parece muito diferente do que é aos olhos daqueles que não conhecem a Deus. Isso é particularmente verdadeiro em nossa percepção do significado da vida humana, da diferença e da complementaridade essencial de homens e mulheres, da importância do casamento, da família e da educação, do significado que damos à doença e à morte e do uso que fazemos do progresso científico e técnico. Para o cristão, a verdadeira dignidade do homem é aquela que Cristo veio revelar, nossa vocação de nos tornarmos filhos de Deus, de transfigurar este mundo a partir de dentro com vistas à eternidade bem-aventurada; o significado da doença é o de uma purificação redentora, experimentada em união com os sofrimentos de Cristo; a realidade inevitável da morte é o momento maravilhoso de nosso encontro com o Senhor Deus, quando teremos de prestar contas da maneira como vivemos a um Juiz muito justo e misericordioso. É, como canta a liturgia, uma promessa de imortalidade, "pois para todos os que creem em Ti, Senhor, a vida não é destruída, mas transformada"[4]. Finalmente, aos olhos do crente, o progresso técnico perde aquele poder fascinante que acaba tornando o homem primeiro intoxicado, depois escravo e logo vítima de seu

---

[4] *Missal romano*, Prefácio dos defuntos I.

próprio domínio da natureza. A ciência tem se tornado com muita frequência, em virtude de uma profunda corrupção, o instrumento da maldade e da perversidade humanas.

A fé nos leva à oração, ao diálogo com Deus, ao qual eu queria dar um lugar importante neste livro. O próprio Jesus nos recomenda "orai sem cessar e não desanimai" (Lc 18,1), e São Paulo, o incansável missionário, incentivou os primeiros cristãos: "Sede diligentes na oração, para que ela os mantenha alertas para dar graças..." (Cl 4,2).

Por fim, a fé é indispensável para viver os sacramentos. Não há neles nada de automático ou mágico. A Eucaristia, em particular, exige que nos aproximemos do altar do Senhor com fé e pureza de coração, nas palavras do salmista: "Eis que lavo minhas mãos na inocência ao me aproximar de vosso altar, Senhor, para proclamar em voz alta a ação de graças e recordar vossas maravilhas. Senhor, eu amo a casa em que habitais, o lugar em que reside vossa glória" (Sl 25,6-8). Quando as comunidades cristãs definham e morrem, é porque perderam a fé na presença real de Jesus no sacramento da Eucaristia. Quando os padres oferecem indignamente o Santo Sacrifício da Missa, quando dão Jesus-Eucaristia a pecadores que não têm a intenção de pedir perdão a Ele por seus pecados e de alinhar suas vidas com o Evangelho, eles estão mais uma vez traindo Jesus[5]. Quando, para o sacerdote, a missa se tornou um teatro, uma reunião social, um entretenimento em que ele se comporta como um *showman* que precisa usar sua criativida-

---

[5] Cf. In Sinu Jesu, lorsque le coeur parle au coeur, journal d'un prêtre en prière, por um monge beneditino, Hauteville, Éditions du Parvis, 2019, p. 245.

de pessoal para tornar o ambiente interessante e atraente; quando ele se permite adaptações culturais, explicações e comentários pessoais em vez de dar lugar aos gemidos inefáveis do Espírito Santo presentes em cada celebração eucarística, o que pode acontecer com a fé dos fiéis? No centro da Eucaristia, o sacerdote deve experimentar o poder singular da adoração silenciosa e ter em seu coração uma oração que, em todos os seus aspectos, esteja em conformidade com a oração que Jesus dirigiu ao Pai. Temos um número suficiente de eminentes especialistas e doutores em ciências eclesiásticas. O que tragicamente falta à Igreja hoje são homens de Deus, homens de fé e sacerdotes que sejam adoradores em espírito e verdade.

Um livro para seguir Jesus por meio dos sete sacramentos

O objetivo deste livro é, modestamente, acompanhar a todos aqueles que desejam responder ao amor de Deus com uma vida plena, feliz e frutífera, florescendo na felicidade eterna de contemplá-Lo. Ele nasceu do desejo de ajudá-los a percorrer uma jornada interior de ascensão espiritual, abrindo-os para a alegria de um encontro que muda a vida. Estas linhas emanam de um coração em contato com o Evangelho e com a Pessoa de Jesus Cristo, com o desejo de provocar esse mesmo coração no leitor, ajudando-o a entrar em si mesmo, no lugar da presença íntima de Deus, e dando aos seus esforços de conversão um caráter tangível, indicando o caminho a ser seguido e os meios concretos a serem empregados para colocar Deus de volta no centro de nossas preocupações essenciais.

Parecia-me que o eclipse de Deus em nossas sociedades pós-modernas, a crise dos valores humanos e morais fundamentais e suas repercussões até mesmo na Igreja, onde há confusão sobre a verdade divinamente revelada, a perda do significado autêntico da liturgia e o obscurecimento da identidade sacerdotal, exigiam vigorosamente que um verdadeiro "catecismo da vida espiritual" fosse oferecido a todos os fiéis, na forma de um itinerário marcado pelos sacramentos da Nova Aliança.

As multidões perguntaram a São João Batista: "O que devemos fazer?" A mesma pergunta foi feita pelos ouvintes de Pedro no dia de Pentecostes: "O que devemos fazer?" (At 2,37); e deve ter sido também, depois de "Quem és tu, Senhor?", a de Paulo no caminho de Damasco, quando Jesus lhe disse: "Levanta-te, entra na cidade e te será dito o que deves fazer" (At 9,6). Essas duas perguntas: "Quem és tu, Senhor?" e "O que queres que eu faça?" surgem toda vez que ouvimos ou lemos a Palavra de Deus, ou quando Jesus se encontra conosco nos sacramentos.

As páginas a seguir nos convidam a confrontar Deus e sua Palavra em um encontro franco, leal e face a face, vivido em luz e verdade. Elas nos convidam a estudar assiduamente as Escrituras para que possamos ser nutridos por elas e iluminar nossas vidas. A Palavra de Deus é a norma de nossa existência, mostrando-nos o caminho e ajudando-nos ao mesmo tempo: sempre que atravessamos os vales da morte e das trevas (cf. Sl 23,4), sempre que as dificuldades escurecem o caminho de nossa existência, ela nos ilumina e nos mostra o que devemos fazer para cumprir a santa e irrepreensível vontade de Deus. É uma palavra que atua na interioridade dos crentes (cf. 1Ts 2,13), penetrando nas profundezas mais íntimas de nosso ser e nos ensinando a viver em justiça e santidade.

Gostaria que estas páginas fossem um eco do clamor feito a Moisés pelo povo de Deus, faminto, sedento e exausto por sua caminhada em "uma terra seca, ressecada e sem água", onde não há moradia nem alimento (cf. Sl 63,2). Gostaria que eles despertassem ou reavivassem em cada um de nós uma sede e uma fome insaciáveis da Palavra de Deus e, como os israelitas, insistissem para que nossos bispos e padres nos dessem acesso a esse alimento indispensável para nosso crescimento interior e nossa caminhada rumo a Deus. Não discursos sociopolíticos, cartas pastorais sobre direitos humanos e democracias modernas, ou as últimas novidades (cf. At 17,21), mas a duradoura, firme e definitiva Palavra de Jesus, e os ensinamentos do Magistério da Igreja que dela decorrem.

Pois chegou o tempo predito por São Paulo "em que os homens não suportarão mais a sã doutrina, mas, segundo as suas paixões e com avidez nos ouvidos, se darão em abundância mestres e desviarão os ouvidos da verdade em direção a fábulas" (cf. 2Tm 4,3-4). Infelizmente, as vozes de eminentes prelados da Igreja Católica estão agora sendo levantadas publicamente para dizer que "o atual ensinamento da Igreja sobre a homossexualidade é errôneo", porque "a base sociológica e científica desse ensinamento não é mais correta", e que, consequentemente, "é hora de uma revisão fundamental da doutrina", porque "a Igreja deve mudar sua doutrina sobre a moralidade sexual". Como a sociologia e a ciência chegaram a tomar o lugar da

Palavra de Deus como base do ensino da Igreja entre esses bispos? Parece que, para eles, a sexualidade é inteiramente focada no indivíduo como tal, reduzida a uma busca de prazer pessoal; sob essas condições, pouco importa se ele se satisfaz com uma pessoa do mesmo sexo... O que o ensinamento moral da Igreja rejeita é precisamente essa redução hedonista da sexualidade, herdada do individualismo filosófico. Acredito ser urgente lembrar a todos os pastores da Igreja que eles devem falar em nome de Deus e que sua missão é ensinar, santificar e orientar os fiéis, não de acordo com suas opiniões pessoais ou com o que é socialmente aceito, mas à luz da Revelação divina, falando uma palavra clara, forte e verdadeira, sem medo, ambiguidade ou falsificação. A unidade da Igreja está em jogo, porque não há unidade fora da verdade. Jesus nos disse claramente: "Céus e terra passarão, mas as minhas palavras não passarão" (Mt 24,35). Confiemos em suas palavras acima de todas as outras, pois "um só é vosso mestre, Cristo" (Mt 23,10). A história da Igreja é testemunha de muitos cristãos que preferiram dizer não a um mundo de trevas, perversão e decadência moral, mesmo à custa de suas vidas, a perder o tesouro que haviam descoberto em Jesus (cf. Mt 13,44; Fl 1,21). A fé nos dá a certeza da ação discreta, mas eficaz, da graça, em um momento em que as aparências sugerem que o nosso mundo está indo para o inferno, que a Igreja Católica vai desaparecer e que, se quisermos evitar o seu desaparecimento, se acreditarmos no estranho "caminho sinodal" que está ocorrendo na Alemanha, devemos considerar a possibilidade de modificar radicalmente a sua constituição divina para adaptá-la ao mundo de hoje e reinventar o sacerdócio. Mesmo neste século, as pessoas têm o direito de esperar que os cristãos deem testemunho com coragem, clareza, tenacidade e firmeza na fé.

■ Seguindo as pegadas do Cristo

Com este livro, gostaria de oferecer uma reflexão mais profunda e um itinerário espiritual renovado em comparação com o que foi proposto em meu livro *A caminho de Nínive*[6]. Esforçando-me para ser como o escriba "que se tornou discípulo do Reino dos Céus" (Mt 13,52), que retira de seu tesouro coisas novas e velhas, misturei em minhas reflexões de hoje uma série de meditações extraídas de cartas pastorais escritas entre 1997 e 2001, quando eu era arcebispo de Conacri, na República da Guiné. Quis reformulá-las e apresentá-las como uma jornada nos passos de Cristo, à luz dos sacramentos. A vida cristã, como atesta toda a Tradição, é acima de tudo uma imitação de Cristo. Para nos ajudar a entrar em comunhão com os mistérios de sua própria vida, Jesus os sacramentos, que serão como marcos em nosso caminho para segui-lo. Nas palavras de São Josemaría Escrivá, os sacramentos são para nós "a fonte da graça divina e a manifestação maravilhosa da misericórdia de Deus para conosco"[7].

Assim como Jesus iniciou sua vida pública com o batismo que recebeu no Jordão, nossa vida cristã começa com a recepção do sacramento do batismo (capítulo 1), a primeira parte da tríade da iniciação cristã. Segue-se a Confirmação, o Pentecostes pessoal de todo cristão, no

---

[6] Publicado em 2011 por Mediaspaul, Kinshas.
[7] São Josemaria Escrivá, *Quand le Christ passe*, Paris, Le Laurier, 1989, p. 153.

qual todos os dons do Espírito Santo nos são concedidos (capítulo 2), e a Eucaristia, o sacramento supremo do amor de Deus por toda a humanidade, no qual ele se entrega até o fim a cada um de nós (capítulo 3).

Em seguida, Jesus nos dá o exemplo de seu grande retiro de oração no deserto, ao final do qual teve de enfrentar as tentações de Satanás, sustentado pela força da Palavra de Deus longamente meditada na solidão (capítulo 4).

No ministério que ele então assumiu, o chamado à conversão e à penitência desempenhou um papel fundamental, pois ele mesmo enfatizou repetidamente como a cura dos corpos é tanto a imagem quanto a consequência da cura dos corações que renunciam ao pecado. O sacramento da penitência, que hoje precisa ser redescoberto, permite que experimentemos esse contato maravilhoso com Jesus, o Salvador, que nos levanta de nossas quedas e nos cura de nossas feridas, na luta diária para sermos fiéis ao nosso batismo (capítulo 5).

Cristo veio para chamar todos à felicidade do amor maior, que consiste em doar a vida. Os mártires fazem isso de uma só vez, por uma graça singular que lhes foi concedida; outros o fazem ao longo de toda a vida, seja no matrimônio (capítulo 6), esse magnífico compromisso de amar um ao outro como Cristo amou a Igreja e se entregou por ela (cf. Ef 5,25). Ou então na vocação sacerdotal, que consiste em entregar toda a vida ao Senhor para ser outro Cristo no meio de seus irmãos e irmãs, ou o próprio Cristo (capítulo 7).

Por fim, a pregação de Jesus termina com o sacrifício que ele faz de sua vida na cruz em obediência ao Pai, em seu amor comum por nossa humanidade ferida, a fim de nos redimir do pecado. Esse mistério da Cruz, ardente de amor e transbordante de fecundidade, é chamado a se repetir na vida de todos os cristãos (capítulo 8).

É aos pés do Calvário que nasce a santa Igreja de Deus, pura e imaculada até o último dia, ao mesmo tempo em que seu mistério se desdobra na vida dos pobres pecadores que a compõem e, às vezes, desfiguram seu rosto. O Cristo Ressuscitado a envia em missão por toda a terra, a fim de trabalhar na messe do Pai eterno, visando a eternidade de felicidade que Deus quis para nós (capítulo 9).

A vida cristã, vivida nos passos de Cristo e alimentada pelos sacramentos, é verdadeiramente esse novo êxodo interior que Deus quer percorrer conosco para nos conduzir à montanha de nossa transfiguração em verdadeiros filhos e filhas de Deus no Filho, Jesus Cristo, nosso Senhor.

Apesar de suas limitações, estas páginas têm a humilde ambição de mostrar como a jornada cristã iniciada no batismo é um caminho de conversão e transformação radical de toda a nossa vida. Que elas possam auxiliar-te em tua jornada de aprofundamento e crescimento interior, por meio da qual devemos "tornar-nos um na fé e no conhecimento do Filho de Deus, um homem perfeito na plenitude de Cristo" (Ef 4,13).

Voltemo-nos para nossa Mãe Imaculada, a Medianeira de todas as graças. Maria é o modelo brilhante para todo homem e mulher. Para crescer em santidade, devemos entrar no coração da Virgem Maria e nos esconder, por assim dizer, nela, a Mãe do Perpétuo Socorro.

Capítulo 1
ENTRAR NA VIDA PELO BATISMO

A morte e a ressurreição de Jesus realmente mudaram a condição humana e sua história: "O velho se foi, o novo chegou, e tudo provém de Deus" (2Cor 5,17-18). Aqueles que descobriram Cristo e vislumbraram o significado desse mistério são chamados a conformar toda a sua existência a ele, abandonando seu primeiro modo de vida e despojando-se do velho homem "que se corrompe pelas concupiscências enganadoras, para se renovar por uma transformação espiritual do seu modo de pensar e revestir-se do novo homem, criado segundo Deus, na justiça e na santidade da verdade" (Ef 4,22-24). Ao fazer isso, ele faz mais do que mudar a direção de sua vida: ele se torna "vivo para Deus em Cristo Jesus" (Rm 6,11) e é verdadeiramente introduzido na intimidade das Três Pessoas Divinas. Essa divinização deve nos encher de admiração e adoração. Deus realmente nos fez *consortes divinae naturae*, "participantes da natureza divina" (cf. 2Pd 1,3-4), e nos levou "a toda a plenitude de Deus" (Ef 3,19). Ao fazê-lo, ele completa o nosso ser, criado à sua imagem e semelhança, chamado à santidade e à comunhão com ele: é o que acontece no sacramento do Batismo, que é o cumprimento das promessas feitas por Deus em todo o Antigo Testamento.

Morrer e ressuscitar com Cristo

O Batismo é o sacramento que nos leva à vida cristã. Ele nos torna filhos de Deus. Ele nos integra visivelmente à Igreja, a grande e santa família de Deus, de modo que podemos receber os outros sacramentos de maneira válida e frutífera e participar frutuosamente do culto cristão — a menos que, por meio de pecado grave, tenhamos perdido a graça recebida no Batismo; mas, nesse caso, ainda temos a marca indelével dos filhos de Deus, em virtude da qual podemos ir ao confessionário para receber seu perdão e receber o Senhor Jesus de volta em nós no sacramento da Eucaristia.

Todas essas dádivas nos são concedidas por meio do Batismo, porque esse sacramento nos envolve diretamente e nos toca na obra da Redenção. O rito da água, realizado por imersão ou simplesmente derramando um pouco de água sobre a cabeça do catecúmeno, enterra simbolicamente a pessoa batizada na morte de Cristo e permite que ela participe de sua ressurreição. O Batismo está, portanto, inserido no mistério pascal, sendo uma passagem semelhante à dos hebreus pelo Mar Vermelho ao saírem do Egito em direção à Terra da Aliança, como comentava Orígenes:

No Jordão, a Arca da Aliança conduziu o povo de Deus. Então, os sacerdotes e os levitas pararam, e as águas foram tomadas de pavor diante dos ministros de Deus; elas retiveram seu curso e se amontoaram para oferecer ao povo de Deus um caminho seguro. [...] Não imaginem, vós que estais ouvindo agora o que aconteceu entre os anciãos, que tudo isso não lhes diz respeito: todas essas coisas são realizadas em vós de maneira espiritual. Pois quando abandonais as trevas da idolatria e desejais chegar ao conhecimento da Lei divina, então começa sua jornada para fora do Egito. Quando foste admitido no grupo de catecúmenos e começaste a obedecer aos preceitos da Igreja, atravessaste o Mar Vermelho; nas etapas do deserto, todos os dias te dedicas a ouvir a Lei de Deus e a contemplar a face de Moisés, que a glória do Senhor lhe revela. Mas quando chegares à fonte espiritual do batismo; quando, na presença dos sacerdotes e diáconos, fores iniciado naqueles augustos e sublimes mistérios, conhecidos apenas por aqueles que têm o direito de saber: então, depois de atravessar o Jordão por meio do ministério dos sacerdotes, entrarás na Terra Prometida[8].

Foi em sua Páscoa que Cristo abriu as fontes do batismo a todos os homens, como diz Santo Ambrósio:

> Vede onde sois batizados; de onde vem o batismo, se não da cruz de Cristo, da morte de Cristo? Esse é todo o mistério. Ele sofreu por vós. Nele sois redimidos, nele sois salvos [...][9].

Ao participarmos da morte e da ressurreição de Jesus, tornamo-nos filhos no Filho. É assim que a tradição da Igreja, tanto no Oriente quanto no Ocidente, interpretou a doutrina de São Paulo: o homem novo ou interior, que é gerado pelo Espírito Santo na pessoa batizada, não é outro senão o Filho de Deus, cuja imagem em cada pessoa é

---

[8] Orígenes, Homilia sobre Josué, in: *Liturgie des Heures*, t. 3, Paris, Cerf-Desclée de Brouwer-Mame, 1980, p. 149-150.
[9] Citado no *Catecismo da Igreja Católica*, § 1225, Santo Ambrósio, *Sacr.* 2, 6.

restaurada à sua glória original. Para usar a expressão de Santo Efrém, o Sírio, e de Santa Catarina de Siena, é como um "enxerto essencial" do Filho de Deus na alma do batizado, de modo que é da própria vida de Jesus que vivemos. Pois, como diz São Paulo:

> Se nos tornamos um com Cristo morrendo com ele, também nos tornaremos um com ele por sua ressurreição; entendamos que o nosso velho homem foi crucificado com ele, para que o corpo do pecado se tornasse inútil, para que deixássemos de ser escravos do pecado (Rm 6,5-6).

E ainda:

> Com Cristo fui crucificado; já não sou eu que vivo, mas é Cristo que vive em mim. Esta minha vida presente na carne, eu a vivo na fé no Filho de Deus, que me amou e por mim se entregou (Gl 2,19-20).

Todo cristão deve ser profundamente grato pela verdade desse mistério que nele opera! Foi o Filho de Deus que morreu e ressuscitou, e somos nós que recebemos livremente os frutos de seu sacrifício. Um antigo catecismo da Igreja de Jerusalém para os recém-batizados explica isso nestes termos:

> Fostes conduzidos pela mão até a piscina batismal, assim como Cristo foi da cruz até o túmulo que está diante de vós.
>
> Foi-vos perguntado se acreditáveis no nome do Pai, do Filho e do Espírito Santo. Proclamastes a confissão de fé que confere a salvação, fostes imersos três vezes na água e depois saístes. Dessa forma, relembrastes simbolicamente o sepultamento de Cristo por três dias...
>
> Estranho e incrível! Não estávamos nem verdadeiramente mortos nem verdadeiramente sepultados, e fomos ressuscitados sem termos sido verdadeiramente crucificados. Mas se a representação é apenas uma imagem, a salvação é real.

Cristo foi verdadeiramente crucificado, verdadeiramente sepultado e verdadeiramente ressuscitado. E tudo isso nos é concedido pela graça. Unidos pela representação de seus sofrimentos, é em toda a verdade que ganhamos a salvação.

Bondade excessiva para a humanidade! Cristo recebeu os cravos em Suas mãos puras e sofreu; e eu, que não conheci o sofrimento nem a dor, fui feito participante da salvação por pura graça[10]!

O batismo é uma obra trinitária

Essa imersão na morte e na ressurreição de Jesus, que enxerta nossa vida na dele, nos coloca em contato com as três Pessoas divinas. Quando Jesus instituiu o batismo, ele o fez com estas palavras:

> Ide, portanto, fazei discípulos de todas as nações, batizando-os em nome do Pai, do Filho e do Espírito Santo, e ensinando-os a guardar todas as coisas que eu vos tenho ensinado. Eis que estou convosco todos os dias, até a consumação dos séculos (Mt 28,19-20).

Bento XVI quis chamar a atenção para essa expressão, "batismo em nome do Pai, do Filho e do Espírito Santo":

> A escolha da palavra "em nome do Pai" no texto grego é muito importante: o Senhor diz *eis* e não *en*, ou seja, não diz "em nome da Trindade", como diríamos que um vice-prefeito fala "em nome" do prefeito, ou que um embaixador fala "em nome" do governo. Não, ele diz *"eis to onoma"*, ou seja, imersão no nome da Trindade, inserção no nome da Trindade, interpenetração do ser de Deus e do nosso ser, imersão no Deus Trino, Pai, Filho e Espírito Santo, assim como no matrimônio, por exemplo, "duas pessoas se tornam uma só carne, tornam-se uma realidade nova e única, com um nome novo e único" (Rm 6,4-7).

---

[10] Catéchèse de Jérusalem aux nouveaux baptisés, in : *Liturgie des Heures*, t. 2, *op. cit.*, p. 453-454.

Bento XVI continua lembrando como Deus se chama "o Deus de Abraão, o Deus de Isaac e o Deus de Jacó" (Mt 22,31-32; cf. Ex 3,12-15), explicando que Deus assume essas três pessoas em seu nome, de modo que elas se tornam o nome de Deus.

> E assim, conclui Bento XVI, vemos que aquele que está no nome de Deus, que está imerso em Deus, está vivo, porque "Deus", diz o Senhor, "é um Deus não de mortos, mas de vivos". Os vivos estão vivos porque estão na memória, na vida de Deus. É exatamente isso que acontece em nossa condição de cristãos batizados: nós nos tornamos parte do nome de Deus, de modo que pertencemos a esse nome, e seu nome se torna nosso nome, e nós também podemos, com nosso testemunho — como as três figuras do Antigo Testamento [Abraão, Isaac e Jacó] — ser testemunhas de Deus, um sinal de quem é esse Deus[11].

Ser batizado em nome do Pai, do Filho e do Espírito Santo significa, então, estar unido a Deus, participar de sua existência, ser imerso em sua própria vida. Esse aspecto trinitário do batismo é particularmente destacado na cena do Evangelho do batismo de Jesus nas águas do Jordão, quando os céus se abriram e o Espírito de Deus desceu como uma pomba para pousar sobre ele. "E eis que uma voz do céu disse: 'Este é o meu Filho amado, em quem coloco todo meu afeto'" (Mt 3,17). Aqui, toda a Santíssima Trindade manifesta sua presença e ação. O batismo de Jesus nos ensina que Deus, por meio do sacramento do batismo que seus discípulos recebem, quer prolongar a encarnação de seu Filho amado em cada um deles. Por meio do Batismo, Deus, nosso Pai, tomou posse de nossas vidas, incorporou-nos à vida de Cristo e nos enviou

---

[11] Bento XVI, Lectio divina para o clero de Roma, 11 de junho de 2012.

o Espírito Santo. "Deus, nosso Salvador] nos salvou pelas águas da regeneração e renovação no Espírito Santo. E derramou abundantemente sobre nós esse Espírito, por meio de Jesus Cristo, nosso Salvador, a fim de que, justificados pela graça de Cristo, alcancemos na esperança a herança da vida eterna" (Tt 3,5-7). De agora em diante, a pessoa batizada vive total e intimamente unida a Cristo pelo sangue de uma aliança eterna (cf. Hb 13,20), guiada e animada pelo Espírito Santo (Rm 8,14).

Essa é a resposta definitiva para a pergunta inevitável sobre o significado da existência humana. Ela se encontra inteiramente em um adágio tradicional dos Padres da Igreja, provavelmente encontrado pela primeira vez nos escritos de Santo Irineu, bispo de Lyon, por volta do ano 200: "*Deus homo factus est ut homo fieret Deus*", "Deus se fez homem para que o homem se fizesse Deus". Por meio da humanidade de Cristo, Deus encontrou uma maneira de nos tornar *consortes divinae naturae*, "participantes da natureza divina" (2Pd 1,4). Em Jesus, verdadeiro Deus e verdadeiro homem, encontramos a plenitude da graça, e "de sua plenitude todos nós recebemos graça sobre graça" (Jo 1,16). De acordo com uma imagem familiar aos Padres, somos como um pedaço de ferro que é colocado no fogo e se torna todo fogo. O batismo, portanto, mostra que a divinização é o sentido último da existência humana. À primeira vista, isso pode parecer exagerado, até mesmo presunçoso. O desejo de se tornar igual a Deus não está na raiz do pecado original? Certamente, mas o pecado original consistia em reivindicar, por seus próprios esforços, tornar-se o que Deus é. O batismo, por outro lado, que destrói em nós as consequências desse pecado original, é a aceitação humilde e grata desse dom sem precedentes da divinização, da obra da Santíssima Trindade em nós. O significado da proibição de tocar o fruto da árvore no paraíso terrestre não era uma recusa da parte de Deus de introduzir o homem em sua intimidade divina; essa proibição simplesmente significava que o homem não deveria tomar o que Deus queria dar-lhe, mas recebê-lo. Nossa divinização é uma participação, o que significa que não seremos eternamente Deus como Deus é Deus, infinito e absoluto, o que é impossível, mas viveremos a mesma vida que Ele vive.

Dizia Jesus aos fariseus: "Não está escrito em vossa lei: 'Eu disse: vós sois deuses'? E a Escritura não pode ser negada" (Jo 10,34-35).

Essa capacidade de receber a própria vida de Deus está inscrita em nossa natureza, mas sem que sua realização esteja ao alcance de nossas próprias forças. E quando o homem se dá conta de que foi feito para ver Deus e, ao mesmo tempo, percebe que isso é impossível, devido à distância infinita entre a criatura e o Criador, um sentimento de absurdo da vida se apodera dele e o desencoraja de buscar a Deus. Mas a Encarnação dá uma nova esperança: o fato de que o Verbo de Deus quis assumir a natureza humana na unidade de sua Pessoa mostra muito claramente que o homem pode se unir a Deus[12]. Que alegria! Que privilégio! Que graça incrível ser batizado dessa forma em nome do Pai, do Filho e do Espírito Santo! Mas, também, que responsabilidade formidável e aterrorizante! Receber

---

[12] Cf. São Tomás de Aquino, *Summa contra Gentiles*, Livro IV, cap. 54, § 2.

o Batismo não é apenas um evento alegre e libertador: é também uma decisão séria, acompanhada de uma grande responsabilidade, a de assumir, com a ajuda da graça divina, o desafio de viver de acordo com a fé em meio a um mundo hostil a Deus e ao Evangelho. Em última análise, isso significa aceitar a cruz, o sofrimento e a morte pelo nome de Jesus, a fim de ressuscitar com Ele. São Pedro nos diz que o batismo "não é a remoção de uma mancha carnal, mas pedido a Deus de uma boa consciência por meio da ressurreição de Jesus Cristo, que subiu aos céus e está à direita de Deus [...]" (1Pd 3,21-23).

O QUE O BATISMO DEVE MUDAR EM MINHA VIDA

O Batismo nos renova e transforma no mais profundo de nosso ser. "Ser cristão", disse São Josemaría Escrivá, "não é algo acidental; é uma realidade divina que se insere no próprio tecido de nossa vida, dando-nos uma visão clara e uma vontade decidida de agir como Deus quer"[13]. O Batismo, a Confirmação e a Eucaristia não têm sentido se não levarem à união íntima com a Pessoa de Nosso Senhor Jesus Cristo. Estar registrado em sua paróquia, ter o nome de cristão sem viver seu batismo, participar dos ritos sem torná-los parte de sua vida, permanecer alienado do contato pessoal com Jesus, não se comprometer com uma verdadeira amizade com Deus, é tornar nosso cristianismo vão e estéril.

O Batismo é uma imersão purificadora no Sangue de Cristo: mas aceitar essa purificação, com o grande dom da filiação divina, é aceitar que a vontade do Pai seja a bússola

---

[13] São Josemaria Escrivá de Balaguer, *Quand le Christ passe*, Paris, Le Laurier, 1989, p. 185.

de minha existência de agora em diante. É até mesmo dessa forma que o batismo de Jesus tem valor como exemplo para nós: ele não precisava ser purificado. São João Batista pedia àqueles que vinham para ser batizados que abandonassem o pecado e começassem uma vida verdadeiramente nova; mas Jesus, que não tem pecado, o que ele está procurando no Jordão? Ele disse ao Batista: "Que seja por agora, pois é assim que devemos cumprir toda a justiça" (Mt 3,14-15). Essa justiça que Ele vem realizar, enfatiza Bento XVI, é a perfeita fidelidade à vontade salvífica do Pai, que pede que Ele, Jesus, seja solidário com a nossa humanidade pecadora:

> Nesse gesto, Jesus antecipa a cruz; ele inicia sua atividade tomando o lugar dos pecadores, assumindo sobre seus ombros o peso da culpa de toda a humanidade, realizando a vontade do Pai. Ao se recolher em oração, Jesus mostra sua ligação íntima com o Pai no céu, experimenta sua paternidade, compreende a beleza exigente de seu amor e, no diálogo com o Pai, recebe a confirmação de sua missão. Nas palavras que ressoam do céu (cf. Lc 3,22) há uma referência antecipada ao mistério pascal, à cruz e à ressurreição. A voz divina o define como "meu Filho amado", lembrando Isaac, o filho amado que o pai Abraão estava disposto a sacrificar, de acordo com a ordem de Deus (cf. Gn 22,1-4). Jesus não é apenas o Filho de Davi, o descendente real messiânico, ou o Servo, de quem Deus se agrada, mas é também o único Filho, amado, como Isaac, que Deus Pai entrega para a salvação do mundo[14].

O BATISMO É UMA VIDA RECEBIDA

A primeira consequência do batismo em nossa vida que gostaria de enfatizar aqui é que essa vida nova e divina que nos é dada no Batismo é uma vida recebida. Ninguém

---

[14] Bento XVI, Catequese, 30 de novembro de 2011.

pode se tornar cristão simplesmente porque decide fazê-lo. É claro que um compromisso pessoal de seguir a Cristo é essencial, mas é Deus quem realiza essa profunda mudança, como São Paulo explica: "É Deus quem opera em vós tanto a vontade como a ação de seus bons desígnios" (Fl 2,13). E em todo o processo de construção de nossa vida cristã, no curso de nossa luta contra o pecado, não é nosso espírito de luta moral que é decisivo, mas sim, para usar a expressão de um dos comentadores de São Paulo, "a obra de Deus da qual participa o compromisso de nossa fé"[15].

Criado "à imagem e semelhança de Deus" (cf. Gn 1,26), o homem é, desde o início, chamado a participar plenamente da vida divina. É isso que a caracteriza de modo mais profundo, além do que as ciências humanas podem dizer. Mas ele é incapaz, por sua própria força, de se tornar divino, de atravessar o abismo infinito que separa a criatura do Criador. Deus superou esse abismo ao assumir ele mesmo nossa natureza humana, ao concordar em morrer para reparar nessa natureza o que o homem havia danificado irreparavelmente e ao nos dar o Batismo para que pudéssemos participar desse mistério e dele nos beneficiarmos. A parte do homem em tudo isso é aceitar o dom gratuito de Deus.

Sou chamado por Deus, tomado pela mão e iluminado por Ele, e é consentindo com essa ação divina que me torno cristão. Isso não é algum tipo de autorrealização ou sublimação de minhas possibilidades. É por meio do con-

---

[15] Chantal Reynier, Michel Trimaille, *Les Épîtres de Saint Paul*, t. 3, Paris, Centurion, 1997, p. 96-97.

sentimento humilde e da aceitação grata que tudo acontece. Isso contrasta fortemente com a vontade de poder da ciência contemporânea, que gostaria de tornar o homem capaz de criar a si mesmo como quiser, permitindo-lhe assim escapar de suas limitações e de seu destino mortal. A atitude recomendada por São Paulo é bem diferente: "Não vos conformeis com a imagem deste mundo, mas transformai-vos pela renovação de vosso modo de julgar, para que possais discernir o que é a vontade de Deus, o que é bom, o que lhe agrada, o que é perfeito" (Rm 12,2).

Esse triunfo da ação de Deus em nós é particularmente bem ilustrado pelas conversões de São Paulo e Santo Agostinho. O primeiro, na estrada para Damasco, foi dominado por uma luz do céu que o envolveu em seu brilho:

> Caindo por terra, ouviu uma voz que lhe dizia: "Saulo, Saulo, por que me persegues?". Ele disse: "Quem és tu, Senhor?". E ele respondeu: "Eu sou Jesus, a quem persegues. Levante-se e vá para a cidade, e lhe dirão o que deves fazer. Saulo levantou-se do chão, e, embora tivesse os olhos abertos, nada via. Ele foi conduzido pela mão até Damasco (At 9,4-8).

De perseguidor dos cristãos, Saulo foi transformado por Deus, em um piscar de olhos, em um fervoroso e intrépido apóstolo de Cristo. Conhecido e respeitado em Israel, ensinado sob Gamaliel na observância exata da Lei (At 22,3), superando a maioria de seus contemporâneos em seu conhecimento do judaísmo e distinguindo-se como um firme defensor das tradições de seu povo (Gl 1,11-14), ele é surpreendido por Deus, brutalmente derrubado ao chão, privado de sua visão, e Deus o envia para buscar a luz de um homem que certamente não tinha sua cultura nem seu conhecimento bíblico. Paulo relembrou esse episódio de sua conversão várias vezes e chegou à seguinte conclusão: "É pela graça de Deus que sou o que sou, e sua graça para comigo não foi em vão. Longe disso, trabalhei mais do que todos, não eu, mas a graça de Deus que está em mim" (1Cor 15,10). O "Sol da Justiça" o havia deslumbrado, domado e tomado pela mão para conduzi-lo pelo caminho.

A conversão de Santo Agostinho, embora não tão espetacular, também foi o resultado de um deslumbramento inicial irresistível, que ele evocaria mais tarde com admiração, contemplando a gratuidade desse dom o qual ele nada havia feito para merecer:

> Ó eterna Verdade, ó verdadeira Caridade, ó exelsa Eternidade, tu és meu Deus; desejo-te dia e noite. Quando o conheci pela primeira vez, me elevastes a ti para me fazeres ver a existência de algo que eu tinha que ver, mas que ainda não podia ver por mim mesmo. Ofuscastes a fraqueza de meus olhos com o poder de teu brilho, e estremeci de amor e de temor. Descobri que estava longe de ti, na terra do exílio e da indiferença, e pareceu-me que ouvi tua voz do céu: "Sou alimento para os fortes; cresça e te alimentarás. Não me transformará em ti, como o alimento em seu corpo; será transformado em mim"[16].

VIRAR AS COSTAS PARA A MORTE PARA RECEBER A VIDA DE DEUS

Mas essa aceitação do privilégio sem precedentes que me foi concedido é apenas aparentemente passiva: ela implica uma certa renúncia na qual o mistério da Cruz já está tomando forma. De fato, é ao me permitir ser consumido

---
[16] Santo Agostinho, *Confissões*, VII, 10.

pelo fogo do Espírito, ao morrer para o meu pecado, para a minha pretensão de autonomia e independência, que me torno um verdadeiro cristão. Essa renúncia fundamental leva a outras, o que as liturgias batismais muito cedo chamaram na fórmula "renuncias a Satanás, a todas as suas seduções e a toda a sua pompa". Nos primeiros séculos do cristianismo, as "pompas de Satanás" eram, acima de tudo, os grandes espetáculos sangrentos em que a morte, a crueldade e a violência haviam se tornado entretenimento. Pensemos no que era organizado no Coliseu, onde os homens tinham de lutar contra animais ferozes e eram devorados e dilacerados por essas feras famintas; pensemos nos gladiadores que travavam batalhas sangrentas até a morte. Na época de Nero, os homens eram queimados como tochas vivas para iluminar a cidade de Roma. A crueldade e a violência haviam se tornado uma forma de entretenimento para o povo romano, um jogo divertido, em virtude de uma perversão da alegria, do prazer e do verdadeiro significado da vida. Os primeiros cristãos tiveram de renunciar a essa aparente promessa de vida em abundância, com sua libertinagem, seu culto ao prazer, para dizer "não" a essa aparente cultura da felicidade, que na realidade era uma anticultura da morte.

Mas além desse significado histórico primário da expressão "pompas de Satanás", a intenção era expressar e designar um modo de vida no qual a verdade não contava mais, mas apenas as aparências, os efeitos e as sensações: um modo de vida no qual Deus era ignorado, no qual a verdadeira natureza humana é corrompida, juntamente com seus valores morais fundamentais. Em nosso tempo, também precisamos dizer "não" ao cientificismo ateu que, em nome do progresso, está destruindo a humanidade; "não" à cultura da morte amplamente dominante e à perversão da moral; "não" à anticultura que se banqueteia com a injustiça, o desprezo pelos outros, a difamação e a mentira, e que se expressa em uma sexualidade que se tornou a pura indulgência dos instintos, entretenimento sem responsabilidade, com o corolário da "mercantilização" e comercialização do corpo de mulheres, homens e crianças. Devemos rejeitar resolutamente essas falsas promessas de felicidade e nos voltarmos para Jesus Cristo, a fonte de toda a verdadeira felicidade, o caminho, a verdade e a vida, e dizer-lhe: "Sim, de agora em diante sou teu", dizer a ele "um 'sim' que vence a morte, um 'sim' à vida no tempo e na eternidade"[17]. Em um mundo dominado pela cultura da morte, ser batizado significa escapar da atmosfera sufocante criada pelos inimigos de Deus, como resultado da destruição sistemática de nossa humanidade, de toda moralidade e religião, da família, do casamento e das relações sagradas de paternidade, maternidade e filiação. Essa cultura não busca o bem do homem e gera apenas confusão, incerteza e desordem.

Hoje, essa tendência mortal é fortemente promovida pelos meios de comunicação social. Como muitas invenções, essa mídia pode ser a melhor ou a pior das coisas, dependendo de como é usada. O futuro da civilização está nas mãos daqueles que os possuem e os inspiram e que, portanto, exercem um poder decisivo sobre a formação do julgamento, com a constante tentação de manipular a opinião pública.

---

[17] Cf. Bento XVI, Homilia na Festa do Batismo do Senhor, 8 de janeiro de 2006.

Os meios de comunicação modernos também podem oferecer conteúdo altamente instrutivo e formativo do ponto de vista cultural e até espiritual. Mas quanta mediocridade, quanta distorção da verdade, quanta cultura da mentira! Que ódio, que determinação de derrubar essa ou aquela personalidade problemática e semear a confusão e o descrédito na mente das pessoas! As mesmas técnicas de manipulação da opinião pública foram usadas e ainda estão sendo usadas para promover a ideologia de gênero, a destruição do casamento e da família, a eutanásia, as uniões homossexuais e o "casamento para todos". Os recursos disponibilizados para promover essa cultura antinatural e anti-Deus são gigantescos e contam com apoio político amplo e bem organizado.

Para lutar contra adversários tão bem equipados, nós também devemos nos armar e vestir a armadura de Deus da qual São Paulo fala e que é simbolizada pela vestimenta branca e pela vela acesa que usamos no dia de nosso batismo:

> Fortalecei-vos no Senhor e na força do seu poder. Revesti-vos da armadura de Deus, para que possais resistir às ciladas do diabo. Pois não é contra adversários de sangue e carne que temos de lutar, mas contra os Principados, as Potestades, os Governantes deste mundo tenebroso, contra os espíritos do mal que habitam nos espaços celestiais. É por isso que deveis vos revestir da armadura de Deus, para que, no dia da ira, possais resistir e, tendo feito todo o possível, permaneçais firmes na fé (Ef 6,10-13).

Essa luta para não nos deixarmos corromper pelo mundo ao nosso redor também é uma luta interna contra o pecado que nos ameaça. Em Jesus, Deus destruiu o pecado e a morte de uma vez por todas e trouxe a vida. Por meio do Batismo, que nos permite participar desse mistério, morremos para o pecado, fomos sepultados com Ele e ressuscitamos para viver uma nova vida com Ele (cf. Rm 6,1-11). Mas isso deve se refletir em todo o nosso ser, ao custo de um treinamento diário para morrer com Jesus a fim de viver com ele (cf. 1Cor 15,31). Estamos travando uma batalha difícil contra Satanás e o pecado: "Eis que vosso adversário, o diabo", diz-nos São Pedro em sua primeira Carta, "vos rodeia como um leão a rugir, buscando a quem devorar. Resisti-lhe, firmes na fé" (1Pd 5,8-9). Pela graça de Deus, estamos realmente nos esforçando para destruir de uma vez por todas tudo o que a carne produz nas profundezas do nosso ser: "fornicação, impureza, devassidão, idolatria, magia, ódio, discórdia, ciúme, ira, contendas, dissensões, divisões, inveja, orgias, banquetes e coisas semelhantes" (Gl 5,19-21).

Diz São Leão Magno:

> O banho do novo nascimento tem o efeito principal de fazer homens novos; no entanto, cabe a todos nós nos renovarmos diariamente para combater a rotina de nossa condição mortal e, nos estágios de nosso progresso, cada um de nós deve sempre se tornar melhor; todos nós devemos nos esforçar para que, no dia da Redenção, ninguém permaneça nos vícios de sua antiga vida[18].

A vitória conquistada para nós pela ressurreição de Jesus não é um convite para descansar e aproveitar a era atual em paz, São Paulo nos diz: "Se ressurgistes com Cristo, buscai as coisas do alto, onde Cristo está sentado à di-

---

[18] São Leão Magno, Homilia para a Quaresma, 6, 1-2, in: *Liturgia das Horas*, t. 2, op. cit. p. 31-32.

reita de Deus. Pensai nas coisas do alto, e não nas da terra. Porque já estais mortos, e a vossa vida está agora escondida com Cristo em Deus. Quando Cristo se manifestar, é vossa vida que também se manifestará, de modo que também sejais manifestados com ele cheios de glória" (Cl 3,1-40).

A fé é sempre vivida em uma luta diária que nos leva a sofrer e morrer com Jesus: "Pela graça de Deus", escreve São Paulo, "foi-vos dado não só crer em Cristo, mas também sofrer por ele" (Fl 1,28-29).

Ingressar na família de Deus

Se é realmente uma vida recebida que vivemos agora, e se é realmente a vida divina, Deus não pode mais permanecer para nós como uma tese a ser debatida ("existe uma divindade?"), um assunto para especulação ou publicações acadêmicas. Como agora estamos em Deus e Deus está em nós, a única coisa a fazer, com grande humildade, simplicidade e transparência, é permitir que essa presença se manifeste em nossa vida. "Naquele dia", disse Jesus aos discípulos, "sabereis que eu estou em meu Pai, vós em mim e eu em vós. Se alguém me ama, guardará a minha palavra, e meu Pai o amará, e viremos a ele e nele faremos morada" (Jo 14,20-23).

O lugar central de Deus em nossa existência, como a fonte de tudo o que fazemos, e a primazia que Ele tem em nosso coração são, portanto, uma consequência imediata do Batismo. E essa intimidade com Deus nos leva à família da Igreja. O Batismo retira-me de meu isolamento e me faz mergulhar na comunhão com outros em Deus. Ao nos tornarmos filhos de Deus, o Batismo nos dá irmãos e irmãs em Jesus Cristo, com os quais cresceremos na vida de Deus, em uma família guiada por pastores cujo exemplo e ensino nos ensinam a aprofundar e viver plenamente essa vida divina. Portanto, receber o batismo não é um ato solitário, mas sim uma inserção na comunidade do Corpo Místico de Cristo, com todos aqueles que são chamados a viver eternamente na companhia da Santíssima Trindade ou que já possuem essa vida eterna. A imersão batismal no nome de Deus já nos mergulha na imortalidade, tornando-nos vivos para sempre. É o primeiro passo para a ressurreição que nos é prometida.

A GRANDEZA E A NECESSIDADE DO BATISMO

Tendo contemplado a realidade do Batismo como a nova vida recebida de Deus que nos arranca da escravidão do pecado, nos introduz na Igreja e nos dá a força para viver como cristãos em meio a um mundo corrupto, como é triste ver que algumas famílias cristãs decidem adiar o batismo de seus filhos! Como nos lembrava São Josemaría Escrivá: "Isso é um grave atentado à justiça e à caridade, porque as priva da graça da fé, do tesouro inestimável da habitação da Santíssima Trindade na alma, que vem ao mundo manchada pelo pecado original"[19].

Às vezes, esse atraso é motivado pelo desejo de celebrar uma cerimônia "comunitária", reunindo várias crianças, como se Deus precisasse disso para vir e estabelecer sua morada. As pessoas que disseminam essa prática pas-

---
[19] Josémaria Escriva de Balaguer, *op. cit.*, capítulo 8, ponto 78.

toral, sejam elas genuinamente autoridades ou simplesmente se considerem como tal, destilam fé morna e relativismo doutrinário entre o povo de Deus. É de se perguntar se, para elas, pertencer à Igreja e a Cristo por meio do Batismo é realmente necessário para a salvação, como o único meio disponível para a Igreja apagar o pecado original, um obstáculo à graça santificante e à amizade com Deus...

Nos últimos tempos, no contexto da crise global de saúde, às vezes é possível ler, mesmo em escritos episcopais, que durante todo o período de confinamento os batismos devem ser adiados para mais tarde, desafiando o mandamento da Igreja de batizar *sine mora*, sem demora...[20]. O que eles estão tentando proteger com tais decisões ou sugestões? A vida sobrenatural das crianças ou o caráter higiênico da reunião familiar que se segue à cerimônia e que, para muitos, parece ser a parte essencial do batismo?

É por isso que peço a todos os pais cristãos, em nome do Senhor Jesus Cristo, que batizem seus filhos desde os primeiros dias após o nascimento. Que Deus tome posse de suas almas o mais rápido possível, antes que Satanás habite nelas, afastando-as de Deus e destruindo sua inocência!

E que os padres não desencorajem as famílias a batizar seus filhos pequenos, sendo muito exigentes quanto às garantias que querem obter sobre a fé dos pais e seu compromisso de dar-lhes uma educação cristã. É verdade que o *Código de Direito Canônico* exige "que haja uma espe-

---

[20] Cf. *Código de Direito Canônico*, cân. 867, § 1: "Os pais têm a obrigação de batizar seus filhos nas primeiras semanas; devem dirigir-se ao pároco o mais cedo possível após o nascimento, e mesmo antes, a fim de solicitar o sacramento para seu filho e ser devidamente preparados para ele".

rança bem fundamentada de que a criança será educada na religião católica"; mas, ao julgar a fundamentação dessa esperança, não devemos esquecer que é acima de tudo Deus que, por meio da Igreja, dá a fé e a faz crescer. É por isso que, quando o ritual do Batismo perguntava aos pais: "O que pedis à Igreja de Deus para vosso filho?", os pais respondiam: "A Fé!". É lamentável que tenhamos mudado essa resposta profunda, que também envolvia toda a Igreja. Não recusemos o Batismo a nossas crianças, isso seria deixá-las nas trevas do paganismo, "filhos da ira como os demais" (Ef 2,3) e escravos de Satanás.

Capítulo 2
O PENTECOSTES INTERIOR

O LUGAR DO ESPÍRITO SANTO NA VIDA DA IGREJA

O Espírito Santo está no centro da vida da Igreja. Já no Antigo Testamento, o Espírito falou por meio dos profetas para iluminar, instruir, orientar e dar sentido à história política, social e religiosa do povo de Israel. Ele repousou sobre Moisés: "O Senhor desceu em uma nuvem. Falou com ele e tomou do Espírito que repousava sobre ele e o colocou sobre os setenta anciãos. Quando o Espírito repousou sobre eles, profetizaram" (Nm 11,25).

Tem sido dito com frequência que o Espírito Santo permaneceu como o grande desconhecido no Ocidente, certamente recebendo com o Pai e o Filho "a mesma adoração e a mesma glória", de acordo com as palavras do *Credo*; mas pouco se fala sobre ele. Isso se deve, sem dúvida, ao fato de ele ser Aquele que, na Trindade, procede por meio do amor e não da inteligência, e porque o que vem do amor é menos facilmente expresso em palavras e conceitos do que o que vem da inteligência. O Filho se encarnou, veio viver entre nós, falou conosco, nós o vimos e o tocamos; mas o Espírito Santo foi prometido à Igreja como um fogo, como um sopro, como sua alma invisível e fugidia. Ele mesmo é um grande silêncio: ele não fala em seu próprio nome. As Sagradas Escrituras atestam que o Pai e o Filho falam aos homens. O Pai e o Filho falam um com o outro. Jesus é a própria Palavra, a Palavra de Deus. Ele é o revelador do Pai. Sua missão é falar, ensinar e revelar. O Espírito, por outro lado, permanece em silêncio. "Porque ele não falará de si mesmo, mas dirá o que tiver ouvido, e vos revelará o que há de vir. Ele me glorificará, pois receberá das minhas boas coisas e as revelará a vós" (Jo 16,13).

A clássica reprovação feita pela Igreja do Oriente contra a Igreja do Ocidente por deixar o Espírito Santo na sombra teve o mérito de provocar um movimento teológico na época do Concílio Vaticano II. É impressionante notar que a maior proeminência dada à terceira Pessoa da Santíssima Trindade andou de mãos dadas com uma reflexão mais profunda sobre o mistério da Igreja, um dos principais temas do Vaticano II. De fato, é sobretudo nesse mistério que o Espírito Santo se torna um tanto visível e compreensível para nós: é por meio do que ele faz e realiza na Igreja e por meio dela que vislumbramos quem ele é. E entre os fiéis, nos anos que se seguiram ao Concílio, o dom do Espírito Santo voltou a ser objeto de uma experiência cristã viva por meio do florescimento de numerosos movimentos espirituais agrupados sob o título de "renovação carismática".

Capítulo 2 | O Pentecostes interior

■ ALMA DA IGREJA

É também o Espírito Santo que multiplica todos os dons na Igreja. Ele a santifica. Ele é sua alma e seu coração, e também é a alma de nossa alma. Sem ele, somos privados de toda energia, toda vida, toda conexão com o Deus Triuno. É por isso que Jesus nos diz: "É de vosso interesse que eu vá, pois se eu não for, o Paráclito não virá a vós; mas, se eu for, o enviarei a vós" (Jo 16,7).

O Espírito Santo é abundantemente evocado no coração da celebração eucarística para santificar o povo de Deus e todas as coisas, e para realizar a transubstanciação, ou seja, a passagem das substâncias do pão e do vinho para as substâncias do Corpo e do Sangue de Cristo: essa é a epiclese, presente de uma forma ou de outra em todas as liturgias eucarísticas e sua ação é predominante na celebração de todos os sacramentos.

É o Espírito Santo quem fecunda as águas do batismo para que os neófitos sejam purificados de todo pecado e imersos na vida divina. Por seu intermédio, os fiéis se tornam filhos de Deus e irmãos e irmãs de Jesus Cristo. É o Espírito Santo que, por meio da imposição das mãos e da unção com o Santo Crisma durante a Confirmação, reveste os cristãos com poder divino e os torna o bom odor de Cristo em todos os lugares (Fl 4,18). É Ele quem é invocado para curar os doentes. É também Ele que santifica a união dos cônjuges no casamento e os mantém em amor e fidelidade mútuos. É Ele quem consagra os bispos e sacerdotes para torná-los participantes do sacerdócio de Cristo. Por meio da unção do Santo Crisma, ele os configura a Cristo. Dessa forma, eles se tornam Cristos, ou "ungidos".

Gostaria de me deter por um momento na maravilhosa ação do Espírito Santo no sacramento da Reconciliação. Quando alguém pede ao sacerdote o perdão de seus pecados, o próprio Deus Pai, por causa da morte e da ressurreição de seu Filho, concede livre e generosamente o perdão ao pecador arrependido. E como ele fará isso se não enviando seu Espírito Santo sobre essa pessoa? Assim como o sol dissipa a escuridão da noite, o Espírito Santo, com sua presença, faz com que a opacidade do pecado desapareça em nós e nos comunica a alegria e a força para amar como Deus ama. A liturgia tem algumas fórmulas extraordinárias, esplêndidas e surpreendentes. A oração sobre as ofertas no sábado da sétima semana do tempo pascal é magnífica: "Que o Espírito Santo, que vem de ti, Senhor, e que é ele mesmo o perdão dos pecados, prepare nossos corações para os teus sacramentos. Por Jesus Cristo...". Essa descrição do Espírito Santo como "o perdão dos pecados" é inspirada no Salmo 51,11-13, bem como no que o profeta Ezequiel descreve: ele traz à vida o que estava morto, ressuscitando ossos que estavam completamente secos (Ez 37,1). Ele é o princípio de uma renovação interior radical, introduzindo seu sopro no que estava morto e sem esperança de voltar à vida.

Portanto, é o Espírito Santo que dá vida à Igreja. Mas assim como a Eucaristia faz a Igreja e a Igreja faz a Eucaristia, sem a fé que a Igreja nos transmite, sem os sacramentos que ela nos dá, não podemos receber o Espírito Santo ou seus dons. A Igreja nos dá o dom de viver no Espírito Santo. Sempre fico impressionado quando penso em quão intensa e superabundante deve ser a ação do Espírito

Santo quando o sacerdote renova o sacrifício do Calvário durante a celebração da Santa Missa em nossos altares. Quantos tesouros de graça são derramados em países e dioceses onde a Eucaristia é celebrada com dignidade por muitos sacerdotes!

Sim, é realmente o Espírito Santo que é a alma da Igreja, e devemos nos lembrar disso quando formos tentados a julgar a Igreja de acordo com a fraqueza e as limitações dos homens que a compõem e a governam. Ser inconsistente com a fé cristã e duvidar do Espírito Santo é não gostar da Igreja, não ter confiança nela, ter prazer em destacar apenas as imperfeições, os enormes pecados e a pobreza humana daqueles que a representam, e julgá-la como se fosse de fora. Isso equivale a lutar contra ela e contribuir para sua aniquilação. Porque assim nos recusamos a nos considerar e a nos sentir como seus filhos.

Revelando o mistério de Cristo

A alma da Igreja, o Espírito Santo, é também seu Mestre, aquele que revela o mistério de Cristo. Sem esse conhecimento amoroso, os cristãos correm o risco de serem invadidos pela indiferença, pela tibieza, pelo relativismo moral e religioso, e de limitarem seus horizontes às coisas desta vida: de onde tirariam a energia para lutar por sua fé, para dar testemunho de Cristo diante de todos os homens, "pronto a dar razões diante de todos os que lhe pedirem contas da esperança que há nele" (cf. 1Pd 3,15)?

O próprio Deus, "que habita em uma luz inacessível, a quem ninguém viu nem pode ver" (cf. 1Tm 6,13-16), revelou-se e nos deu a conhecer seu mistério. Essa revelação não é um objeto de curiosidade intelectual, como a resposta abstrata a uma pergunta filosófica: "Quem é Deus?". Ela diz respeito e envolve o significado de nossas vidas, nossa vocação como seres humanos. O que dá sentido à nossa existência é o relacionamento pessoal e íntimo que devemos ter com Deus, um relacionamento que vai até a comunhão da vida. Para que esse relacionamento se desenvolva dentro de nós, devemos assumir um compromisso real, com nossas mentes e corações, de conhecer, entender e aprofundar o mistério de Cristo:

> Este mistério não havia sido comunicado aos homens dos tempos passados como agora foi revelado aos seus santos apóstolos e profetas, no Espírito [...]. A mim, o menor de todos os santos, foi confiada esta graça, de anunciar aos gentios as insondáveis riquezas de Cristo e trazer à luz a dispensação do Mistério [...]. Por essa razão, dobro meus joelhos diante do Pai, de quem toda paternidade, no céu e na terra, recebe seu nome. Que ele se digne, de acordo com as riquezas de sua glória, armá-los com poder por meio de seu Espírito, para que o homem interior seja fortalecido em vós, para que Cristo habite em vossos corações por meio da fé e para que estejais enraizados e alicerçados no amor. Dessa forma, recebereis a força para entender, com todos os santos, qual sua largura, comprimento, altura e profundidade. Conhecereis o amor de Cristo, que excede todo entendimento, e por sua plenitude entrareis em toda a plenitude de Deus (Ef 3,5-19).

Essa exortação de São Paulo nos oferece todo um programa de vida interior e contemplativa, de trabalho e esforço para se obter um melhor conhecimento do mistério do Amor. O conhecimento do mistério de Deus e de Cristo só pode ser extraído da Sagrada Escritura, à luz do Espírito Santo.

CAPÍTULO 2 | O PENTECOSTES INTERIOR

Nos Evangelhos, o Espírito Santo é designado como o Poder de Deus que desce sobre Jesus e habita nele, a força (*dynamis*) "com a qual Deus Pai dota o Filho para sua ação terrena"[1]. Ele desceu sobre Jesus na forma de uma pomba e foi então enviado por Ele aos discípulos na forma de vento e línguas de fogo, iluminando-os sobre os ensinamentos do Mestre (Jo 14,26; 16,13-15) e dando-lhes a ousadia e a força para ir e proclamar o Evangelho até os confins da terra (At 1,8). Ele testifica as verdades da fé em nós, ora em nosso coração e clama em nosso interior: *Abba, Pai!* (Gl 4,6; Rm 8,15). Ele é o Paráclito, ou seja, o advogado e intercessor que auxilia poderosamente o ministério dos Apóstolos, guiando-os de dentro para fora e esclarecendo-os sobre a vontade de Deus. "O Espírito Santo e nós mesmos decidimos...". Assim começa o primeiro Concílio na história da Igreja (At 15,28).

Ao nos lembrar e nos dar a conhecer tudo o que o Filho ensinou, o Espírito nos conduz ao Pai. De fato, o mistério de Deus continua sendo um mistério de paternidade: Deus é Pai cheio de amor, é misericórdia, é ternura e bondade. Ele é o caminho, a verdade e a vida do homem. Para conhecer o Pai, tudo o que precisamos fazer é olhar para cima e contemplar o coração perfurado de seu Filho pendurado na cruz. Ao dar seu último suspiro, o Filho derramou todo o amor do Pai sobre nós por meio do Espírito Santo, que nos foi dado para que possamos viver a vida de Deus e edificar a Igreja:

---

[1] Hans Urs von Balthasar, L'esprit de vérité, *in La Théologie*, t. 3, Bruxelles, Culture et Vérité, 1996, p. 101.

Quando fui ter convosco, irmãos, não vim para anunciar o mistério de Deus com o prestígio das palavras ou da sabedoria. Nada anunciei exceto Jesus Cristo, e Cristo crucificado. Eu mesmo fui até vós fraco, temeroso e trêmulo, e minhas palavras e minha mensagem não eram discursos persuasivos de sabedoria; eram uma demonstração do Espírito e de poder, para que a vossa fé não repousasse na sabedoria dos homens, mas no poder de Deus.

E, no entanto, é da sabedoria que falamos entre os perfeitos, mas não da sabedoria deste mundo, nem dos poderosos deste mundo, que estão condenados à destruição. Pelo contrário, estamos falando da misteriosa e oculta sabedoria de Deus, a sabedoria que Deus destinou para nossa glória desde antes do início dos tempos, a sabedoria que nenhum dos poderosos deste mundo conheceu, mas, como está escrito, anunciamos o que os olhos não viram, nem os ouvidos ouviram, nem jamais penetrou no coração humano: tudo o que Deus preparou para aqueles que o amam. Porque Deus nos revelou pelo Espírito; pois o Espírito perscruta todas as coisas, até as profundezas de Deus. Quem, pois, dentre os homens sabe o que diz respeito ao homem, senão o espírito do homem que nele está? Da mesma forma, ninguém sabe o que diz respeito a Deus, senão o Espírito de Deus. Nós, porém, não recebemos o espírito do mundo, mas o Espírito que provém de Deus, para que conheçamos os dons de graça que Deus nos concedeu (1Cor 2, 1-12).

NÃO TARDAR PARA MINISTRAR A CRISMA

O sacramento da Confirmação é o sacramento do Espírito Santo. É um passo decisivo para nos abrirmos à ação do Espírito, que é ao mesmo tempo a comunicação da luz, a infusão do ímpeto missionário e o dom da força interior do amor, aquela energia inesgotável que nos leva ao bem que Deus dá aos homens e mulheres para realizar aqui embaixo por sua graça. A confirmação nos dá o pleno derramamento do Espírito Santo que foi concedido aos Apóstolos no dia de Pentecostes, para nos ajudar a crescer na fé e no amor de Deus e para nos conduzir a toda a verdade.

> A Confirmação traz crescimento e aprofunda a graça do Batismo. Ela nos enraíza mais profundamente na filiação divina que nos faz clamar: "Abba, Pai" (cf. Rm 8,15). Ele nos une mais firmemente a Cristo e aumenta os dons do Espírito Santo em nós. Ela torna nosso vínculo com a Igreja mais perfeito (*Lumen gentium*, § 11). Ela nos concede um poder especial do Espírito Santo para difundir e defender a fé por palavras e ações como verdadeiras testemunhas de Cristo, para confessar abertamente e com ousadia o Nome de Cristo, e nunca sentir vergonha ou medo da Cruz[2].

Já no Novo Testamento, a vinda do Espírito Santo está associada à imposição das mãos pelos apóstolos. É muito vantajoso receber o sacramento da Confirmação o mais cedo possível, desde a infância, como é costume nas Igrejas Ortodoxas. A presença do Espírito Santo no coração de uma criança impede que Satanás se instale ali. Ela promove um relacionamento verdadeiramente pessoal e íntimo com Jesus. Ao crescerem na companhia do Espírito Santo, as crianças adquirem uma maturidade cristã mais firme e segura. Portanto, não esperemos até que as mentes dos jovens estejam profundamente danificadas e corrompidas por nossas sociedades materialistas e sem Deus antes de oferecermos a eles a oportunidade de receber, no sacramento da Confirmação, o dom sem precedentes do Espírito Santo. Jesus nos advertiu que, após o batismo, que limpa a alma de toda a sujeira, "o espírito imundo sai do homem, vagueando por lugares áridos em busca de repouso. Quando não o encontra, diz: 'Voltarei para a minha

---

[2] *Catecismo da Igreja católica*, § 1303.

casa, de onde saí'. Quando ele chegou, encontrou-a varrida e em boa ordem. Em seguida, saiu para levar sete outros espíritos mais malignos do que ele: eles voltaram e ali viveram. E o estado final daquele homem tornou-se pior do que o primeiro" (Lc 11,24-26). A recepção desse sacramento deve ser cuidadosamente preparada. O fato de muitos jovens abandonarem a prática religiosa imediatamente após a confirmação deve nos alertar para a necessidade de uma catequese mais sólida e aprofundada, assim como na Primeira Comunhão das crianças, no espírito do decreto *Quam singulari* do Papa Pio X.

O Espírito Santo é o santificador. Ele é o Espírito da verdade, o Espírito criador. Ele enche o coração dos fiéis com o fogo de seu amor. Ele é a alegria e o consolo dos fiéis. O *Veni Creator* acrescenta que ele é o dispensador de graças, a luz dos corações, o hóspede de nossas almas, o descanso no trabalho e o conforto nas lágrimas. Ele lava as manchas, cura as feridas, incendeia a frieza, corrige os erros e conduz as pessoas ao porto. Essa é a nossa fé no Espírito. Daí a importância de receber o sacramento da Confirmação o mais cedo possível, para que desde cedo o Espírito possa ser um hóspede em nossas almas e nos encher com sua presença.

O DINAMISMO INTERNO DA MISSÃO

"O próprio Espírito se une ao nosso espírito para testemunhar que somos filhos de Deus. Filhos e, portanto, herdeiros de Deus e co-herdeiros de Cristo" (Rm 8,16-17). Essa certeza é comunicativa e nos impele a evangelizar.

Capítulo 2 | O Pentecostes interior

O Espírito Santo é frequentemente descrito nos Atos dos Apóstolos como uma força que domina tanto os Apóstolos e os discípulos de Cristo quanto os pagãos que estão abertos ao Evangelho (At 10, 44-47). É uma força do Espírito que impele todos os que a receberam, por meio dos sacramentos do Batismo e da Confirmação, a sair pelo mundo para evangelizar.

O Espírito nos faz falar e agir. É o Espírito que dá ímpeto e impulso missionário. Foi o Espírito que enviou Saulo e Barnabé a terras distantes para levar o Evangelho às nações pagãs e revelar a elas o mistério de Jesus Cristo, o Filho de Deus. É ele quem abre o coração das pessoas e as prepara para receber Jesus. Ele está presente e ativo no centro da proclamação do Evangelho. Ele é o principal agente da evangelização. Ele dá "ousadia, coragem e atrevimento missionário" (At 4,31).

Esse zelo missionário e essa força evangelizadora são destinados a todos os que foram confirmados. Isso não se traduz necessariamente em grandes discursos ou iniciativas espetaculares: o Espírito dá seus carismas como lhe agrada. Para muitos cristãos, o ímpeto missionário recebido na Confirmação se traduzirá de forma discreta, mas muito eficaz, em uma força silenciosa de testemunho diário no exemplo de sua vida de trabalho consciente, seu espírito de serviço, sua caridade incansável e sua busca pela verdade. O Espírito lhes sussurrará as respostas às perguntas que as pessoas ao seu redor inevitavelmente lhes farão sobre a fonte de seu equilíbrio e alegria interiores, e eles terão a audácia de explicar que são felizes porque são cristãos. Esse apostolado cotidiano, que São Josemaria Escrivá chamava de "apostolado da amizade e da confiança", costuma ser um dos mais eficazes.

Um sacramento para entrar na vida interior

Ao reforçar e manifestar sacramentalmente a recepção do Espírito Santo em nossas almas, a confirmação nos convida a encontrar Deus nas profundezas de nossos corações, a conhecer e a nos deixar penetrar por esse Espírito misterioso.

O Espírito Santo é efusivo e ativo, como o vento que lhe dá o nome. É assim que Jesus sopra sobre os Apóstolos para lhes dar o Espírito Santo (Jo 20,22), que habita dentro deles como uma força interior. Ele também é chamado às vezes de fonte: "Se alguém tem sede, venha a mim e beba, aquele que crê em mim. Nas palavras das Escrituras, "Do seu interior fluirão rios de água viva. Ele estava falando do Espírito que aqueles que acreditassem nele receberiam" (Jo 7,37-39). O Espírito, o sopro de vida, a fonte da vida, habita em nós, mas não podemos identificá-lo.

Como resultado, para muitos cristãos, o Espírito Santo continua sendo "o Deus desconhecido", de acordo com o título de um pequeno livro do Padre Victor Dillard, que morreu no campo de concentração de Dachau em 1944. Ele maravilhosamente introduz seu livro com esta magnífica oração, que é como uma súplica e um clamor ao Espírito Santo, pedindo-Lhe que nos permita conhecê-Lo, compreendê-Lo, tocá-Lo e até mesmo revelar Seu rosto, porque nosso desejo intenso é vê-Lo.

Capítulo 2 | O Pentecostes interior

Senhor, que eu veja...

Eu nem sei como chamá-lo, como dizer: ó Espírito Santo.

Tento agarrá-lo, isolá-lo no Divino em que estou imerso. Mas a mão estendida não me traz nada, e eu escorrego imperceptivelmente de meus joelhos diante do Pai, ou me curvo sobre meu Cristo interior mais familiar. Meu corpo para. Os sentidos querem sua porção de imagens para permitir que a alma voe em sua direção. E tudo o que lhes dais é um estranho alimento material: pombas, línguas de fogo, vento. Não há nada que permita a intimidade calorosa de uma oração a dois, humana, familiar. Estás perto demais de mim. Preciso me afastar um pouco para olhar para ti, para vos definir e a mim mesmo em relação a vós, para satisfazer minha necessidade de contornos precisos para entender nossa união[3].

Como disse um teólogo, essa oração reflete claramente a dificuldade que os cristãos têm em imaginar a originalidade da pessoa divina do Espírito Santo:

Ele é alguém que habita em nós, que faz com que o próprio dom de Deus resida em nós, nos inspire e nos faça falar e agir de acordo com Deus. Ele garante nosso amadurecimento e crescimento na Fé e no Amor a Deus e ao próximo. Ele nos ajuda a progredir na vida interior, afastando-nos da agitação do mundo exterior e introduzindo-nos na intimidade de Deus presente no mais íntimo de nós mesmos. Ele é, por excelência, aquele a quem se refere a famosa frase de Santo Agostinho quando diz que Deus é íntimo a nós do que nós mesmos, superior às coisas mais elevadas em nós. Ele age em nossas profundezas, inspirando nossa liberdade e curando-a do peso do pecado sem nunca a violar. Em suma, ele é aquele que, de acordo com São Paulo, habita nossa oração[4].

Essa dificuldade se reflete, por exemplo, no fato de que a oração cristã nos primeiros séculos era geralmente

---

[3] Victor Dillard, *Au Dieu Inconnu*, Paris, Beauchesne, 1938.
[4] Bernard Sesboüé, *Croire: Invitation à la foi catholique pour les femmes et les hommes du XXIe siècle*, Paris, Droguet et Ardant, 1999, p. 398-399.

dirigida ao Pai por meio de Jesus Cristo, de acordo com o modelo dado por São Paulo. A invocação direta do Espírito Santo ainda não era muito difundida no cristianismo primitivo: implora-se sua vinda como um dom, mas sem se dirigir a ele na segunda pessoa. Como regra geral, é somente em associação com as outras Pessoas que o Espírito Santo é invocado e glorificado. As orações da Igreja dirigidas diretamente ao Espírito são relativamente tardias: por exemplo, o *Veni Creator* é do século IX e o *Veni Sancte Spiritus* do século XII.

Mas o Espírito Santo nunca está ausente, seja na oração da Igreja ou na intimidade que buscamos com Deus na oração pessoal. Ele é sempre amado e adorado ao mesmo tempo que o Pai e o Filho. E devemos buscar e pedir seu auxílio para avançar na vida interior, a vida que nos prepara para a vida eterna. "O Espírito vem em socorro de nossa fraqueza [...]. O próprio Espírito intercede por nós com gemidos inefáveis" (Rm 8,26). São Paulo afirma vigorosamente que o Espírito Santo ora em nós, conosco e por nós. O Pai o enviou aos nossos corações, onde ele clama: "Abba, Pai" (cf. Gl 4,6; Rm 8,15). O Espírito habita em nós e nos torna o templo de Deus: "Não sabeis que sois o templo de Deus e que o Espírito de Deus habita em vós? Se alguém destruir o templo de Deus, Deus o destruirá. Pois o templo de Deus é santo, e sois seu templo" (1Cor 3,16-17). O Espírito Santo habita no coração dos crentes, assim como habita na Igreja. Pois "é na Igreja que nossa comunhão com Cristo, isto é, o Espírito Santo, foi depositada. Pois onde está a Igreja, aí está o Espírito de Deus; e onde está o Espírito de Deus, aí está a Igreja e toda graça. E o

Espírito é a verdade"⁵, diz Santo Ireneu. Essa curiosa e bela definição do Espírito, "nossa comunhão com Cristo", revela sua particularidade pessoal. "Ele é aquele que nos permite estar em comunhão com o Filho, ou seja, ele é nosso relacionamento com Cristo. Ele habita em nós pela graça, assim como habita no Filho por natureza, e nos coloca em um vínculo íntimo, pessoal e em uma profunda comunhão de amor com Cristo"⁶.

Receber o sacramento da Confirmação é um convite urgente para descobrir a vida interior e uma ajuda poderosa para mergulhar no mistério da oração, que consiste em permanecer presente ao Amigo invisível, oferecendo-lhe nosso coração, nossa vida, todos aqueles que amamos, o mundo inteiro e todas as suas angústias.

A Confirmação é um sacramento que deve acender o fogo dessa vida interior em nossas almas. Como poderíamos ser estranhos a Deus, que vem fazer sua morada em nós, que se torna mais íntimo a nós do que nós mesmos? A Confirmação nos dá essa presença interior de forma estável e completa.

É por isso que a recepção desse sacramento deve ser sempre preparada por um aprendizado de oração silenciosa e pessoal, de diálogo íntimo com o Hóspede interior.

Esse é um momento propício para adquirir o hábito do recolhimento e da oração. Essa iniciação deve constituir uma parte significativa da preparação para a Confirmação.

---

⁵ Santo Ireneu, *Contra as heresias*, 3, 24, 1.
⁶ Cf. Bernard Sesboüé, *op. cit.*, p. 393.

Um cristão confirmado deve ser capaz, a todo momento, de oferecer a Deus todas as ações de sua vida (cf. Rm 12,1), fazendo de sua vida uma liturgia interior e silenciosa de adoração, unindo suas provações e sofrimentos ao sacrifício de Cristo. Esse sacerdócio espiritual é descrito com precisão pelos Padres do Concílio Vaticano II:

> Por meio da regeneração e da unção do Espírito Santo, os cristãos são consagrados para ser uma morada espiritual e um sacerdócio santo, para oferecer, por meio de todas as suas atividades como homens cristãos, tantos sacrifícios espirituais e para proclamar as maravilhas daquele que, das trevas, os chamou para sua maravilhosa luz[7].

Essa vida de acordo com o Espírito Santo pressupõe a escuta e a docilidade em relação ao Mestre interior. O sacerdócio espiritual de todos os batizados pressupõe um clima de silêncio e amor.

Oração final

Ó Espírito Santo, alma da minha alma, adoro-te.
Iluminai-me, guiai-me, fortalecei-me, confortai-me.
Confirmai minha alma na verdade. [...].
Ó Vós que procedeis do Pai e do Filho,
Consagro-vos este dia, ó divino Paráclito, [...]
Hoje desejo viver em vossa presença,
atento às vossas inspirações e obediente à vossa voz.
Ó Espírito Santo, entrai em minha vida por meio de Maria,
renovai-me, animai-me, santificai-me[8]*!*

---

[7] *Lumen gentium*, § 10.
[8] Adaptado da oração reportada em *In Sinu Jesu, lorsque le cœur parle au cœur, journal d'un prêtre en prière*, por um monge beneditino, Hauteville, Éditions du Parvis, 2019, p. 27.

Capítulo 3
A EUCARISTIA E A LITURGIA

Durante o Êxodo, Deus caminhou entre seu povo no deserto, anunciando assim a presença sacramental pela qual ele permaneceria com sua Igreja ao longo dos tempos. Que garantia extraordinária é essa presença permanente de Deus em nosso meio! Tudo o que precisamos fazer é confiar nele e clamar por ajuda quando o medo e a tentação nos assaltam. Ele vai à nossa frente para abrir o caminho; ele está em nosso meio por meio de sua Palavra e vem a nós por meio do sacramento da Eucaristia, em uma união celebrada por Saint Hilário de Poitiers com estas palavras:

> Se verdadeiramente o Verbo se fez carne, verdadeiramente também nós nos alimentaremos do Verbo encarnado quando participarmos do banquete do Senhor. Como não pensar que ele habita em nós por natureza? De fato, em seu nascimento como homem, ele assumiu nossa natureza carnal de uma forma que agora é definitiva, e no sacramento de sua carne dado na comunhão, ele uniu nossa natureza

carnal à sua natureza eterna. Dessa forma, somos todos um só ser, porque o Pai está em Cristo e Cristo está em nós[1].

■ Dom a ser acolhido

Mas o que é essencial na Eucaristia não é a simples presença de Cristo sob as espécies do pão e do vinho. Cristo não está lá simplesmente por estar lá. Ele está lá para se doar a nós como alimento, de modo que a união entre ele e nós seja a mais completa possível. A presença do Senhor nesse sacramento tem como razão de ser o acolhimento que Ele busca em nossa própria presença como crentes. O sacramento da Eucaristia é uma presença oferecida, esperando ser recebida em um encontro pessoal com o Senhor para que possa habitar em nossa vida e guiar todas as nossas escolhas. Então, a presença sacramental sob as espécies do pão e do vinho torna-se verdadeiramente uma presença vivificante, um pacto: pois todo pacto implica reciprocidade.

Isso não significa, de forma alguma, que a presença de Cristo seja subjetiva e relativa à minha própria fé ou disposição interior. Com a Igreja, acreditamos firmemente e sem hesitação que, pela transubstanciação, ou seja, pela conversão de toda a substância do pão e do vinho na substância do Corpo e do Sangue de Cristo, Jesus está presente na Eucaristia de forma verdadeira, real e substancial, com seu Corpo e Sangue, com sua alma e divindade. Ele está lá, vivo e glorioso, inteiro, Deus e homem[2]. Nas palavras de São Tomás de Aquino:

---

[1] *Tratado sobre a Trindade*, in : *Liturgie des Heures*, t. 2, Paris, Cerf-Desclée de Brouwer--Mame, 1980, p. 601-602.
[2] *Catecismo da Igreja católica*, § 1413.

Capítulo 3 | A Eucaristia e a liturgia

A presença do verdadeiro Corpo e Sangue de Cristo neste sacramento não é apreendida pelos sentidos, mas somente pela fé, que se baseia na autoridade de Deus. É por isso que, comentando o texto de São Lucas (22,19): "Isot é o meu Corpo que será entregue por vós", São Cirilo declara: "Não perguntes se é verdade, mas aceite com fé as palavras do Senhor, porque ele, que é a Verdade, não mente"[3].

Essa fé humilde e muito firme inspirou os hinos litúrgicos em honra ao Santíssimo Sacramento que a Igreja ainda canta hoje, como o *Pange lingua* e o *Adoro te devote*:

> *Adoro te devote, latens Deitas,*
> *Quæ sub his figuris vere latitas:*
> *Tibi se cor meum totum subjicit,*
> *Quia te contemplans, totum deficit.*
> *Visus, tactus, gustus in te fallitur,*
> *Sed auditu solo tuto creditur:*
> *Credo quidquid dixit Dei Filius,*
> *Nil hoc verbo veritatis verius.*

> Adoro-te profundamente, divindade oculta,
> Verdadeiramente presente sob essas aparências;
> A ti meu coração se submete inteiramente,
> Porque para contemplá-lo, meu coração inteiro falha.
> A visão, o paladar e o tato não o alcançam:
> Deve-se confiar apenas no que se ouve;
> Acredito em tudo o que o Filho de Deus disse;
> Nada poderia ser mais verdadeiro do que essa palavra da verdade.

Essa presença real de Cristo na Eucaristia é a presença daquele que deu sua vida para que ele mesmo pudesse

---

[3] São Tomás de Aquino, *Suma teológica*, IIIa q. 75 a. 1 (cf. *Catecismo da Igreja católica*, § 1381).

passar para a vida dos seus. Ela deve ser acolhida com fé e amor, em contemplação adoradora, maravilhada com a majestade desse Deus feito homem, que humildemente se esconde na hóstia imaculada.

Um mistério de união

> Minha carne é verdadeiramente comida, e meu sangue é verdadeiramente bebida. Aquele que come a minha carne e bebe o meu sangue permanece em mim e eu nele. Assim como o Pai me enviou, e eu vivo por causa do Pai, assim também aquele que de mim se alimenta viverá por causa de mim (Jo 6,55-57).

O desejo mais profundo de Deus é unir todos os homens no amor e torná-los participantes de sua própria vida: "Deus se fez homem para que o homem se fizesse Deus", como disse Santo Irineu. Essa divinização de nossa humanidade faz parte de uma aliança de amor. Esse tema da aliança é o fio condutor de toda a Bíblia, desde a aliança com Noé (Gn 9,17), Abraão (Gn 17) e Moisés (Ex 19-24), até a Nova Aliança anunciada pelos profetas (Jr 31,31-34; Ez 16,60-63), e Jesus Cristo, que consagra "o cálice da nova e eterna aliança" (1Cor 11,23-27) e se dá como alimento, deixando bem claro que o que se busca é a união.

> A aliança não é uma união legal, mas uma união de amor... Deus criou a humanidade para unir com ela em matrimônio, e com ela se uniu ao se encarnar. Casar-se no sentido mais forte da palavra, ou seja, tornar-se uma só carne com a humanidade. Deus quer ser uma só carne com toda a humanidade. Esse é o plano de Deus. Sabemos que o desejo mais verdadeiro e profundo do amor conjugal não se limita ao abraço de dois corpos que permanecem fora um do outro. [...] Cada um só pode existir para se permitir ser consumido pelo outro, tornando-se, por assim dizer, seu alimento, a carne de sua

carne. O simbolismo do beijo é muito eloquente. É o início do ato de se alimentar... Queremos nos alimentar com a outra pessoa e nos deixarmos ser alimentados por ela, para nos tornarmos a carne de sua carne[4].

Na Eucaristia, Deus realmente abraça nossa humanidade, no desejo de nos unir a Ele o mais intimamente possível, como o noivo se une à sua noiva. É por isso que os Padres aplicaram a referência do salmista ao noivo que sai do quarto nupcial (Sl 19,6) ao Verbo encarnado:

> E assim, como um noivo que sai da câmara nupcial, o Verbo desce à terra, à Igreja que deve reunir as nações; assumindo a Encarnação, ele vai se unir a ela, a quem deu um contrato de casamento e um dote. Um contrato, quando Deus se uniu ao homem; um dote, quando ele foi sacrificado para a salvação do homem. O contrato é a redenção atual; o dote é a vida eterna[5].

Acolher essa presença por meio da comunhão

Jesus se dá como alimento para que a vida divina que herdamos por meio do batismo possa se desenvolver e florescer. Sem Jesus na Eucaristia, não podemos viver. O próprio Jesus nos disse várias vezes: "Em verdade, em verdade vos digo que, se não comerdes a carne do Filho do Homem e não beberdes o seu sangue, não tereis vida em vós mesmos" (Jo 6,53).

A comunhão é um ato muito profundo de amor e abandono confiante em Deus, que vem para nos curar e nos nutrir com sua presença. Deus não se assusta nem se

---

[4] François Varillon, *Joie de croire, joie de vivre*, Paris, Le Centurion, 1981, p. 280.
[5] Fauste de Riez, Sermão para a Epifania (século V), *in: Liturgie des Heures*, t. 1, *op. cit.* p. 401-403.

enoja com nossa miséria, mas somente aqueles que têm um desejo sincero de receber sua misericórdia e que dão testemunho concreto desse desejo em suas escolhas de vida podem se apresentar para recebê-lo nesse sacramento de amor. Os crentes devem se lembrar da realidade do que estão recebendo:

> Toda comunhão é um abraço, um abraço sangrento, é a cruz que se abre e [cada um dos comungantes] diz: "Não! Não é possível... eu não, ó Jesus!" Somente os santos poderiam se aproximar desse mistério sem tremer e, mais do que qualquer outra pessoa, eles se sentem esmagados pela proximidade de tanto amor. Os outros homens aparecem ali com sua incompreensão, suas distrações, sua estreiteza, sua frieza, sua tibieza. "Eles descem do Calvário falando de coisas frívolas..."[6].

Desde os tempos antigos até os dias de hoje, nunca houve um mártir, bispo, sacerdote ou cristão fiel que não tenha se fortalecido com a Eucaristia. De fato, como canta o Prefácio da Quinta-feira Santa, quando comemos sua carne sacrificada por nós, somos fortalecidos, e quando bebemos o sangue que ele derramou por nós, somos purificados. "Foi por causa de seu amor por nós", diz São Clemente de Roma, "que Jesus Cristo, nosso Senhor, deu seu sangue por nós, de acordo com a vontade de Deus: sua carne por nossa carne, sua vida por nossas vidas"[7]. Na luta diária que é travada em nossos corações, na longa e árdua marcha pelo deserto da existência humana e na grande batalha entre a cidade de Deus e a cidade de Satanás, precisamos do maná, o pão dos anjos.

---

[6] Cf. Charles Journet, *Le mystère de l'Eucharistie*, Paris, Téqui, 2018, p. 69.
[7] São Clemente de Roma, *Epístola aos Coríntios*, 13,1.

CAPÍTULO 3 | A EUCARISTIA E A LITURGIA

■ A NECESSIDADE ABSOLUTA DA EUCARISTIA

A Eucaristia é uma necessidade primordial, uma necessidade vital. Uma vida sacramental e eucarística intensa é a consequência lógica do Batismo. Um cristão sem sacramentos e eucaristia é um cadáver ambulante. Como disseram os mártires de Abitene (na atual Tunísia): *"Sine Dominico non possumus"* — nós, cristãos, não podemos viver sem a Eucaristia. Presos pela polícia do imperador Diocleciano, eles foram interrogados pelo procônsul Anulinus. Um deles, chamado Saturnino, respondeu: "Nós celebramos a Ceia do Senhor sem medo, porque ela não pode ser renunciada; é a nossa lei". E quando o oficial imperial perguntou ao proprietário da casa, Emeritus, por que ele não havia proibido os outros de entrarem em sua casa, foi-lhe dito: "Eu não poderia fazê-lo, porque sem a Ceia do Senhor, não podemos viver"[8]! E imediatamente eles foram executados. Sim, sem o Corpo e o Sangue do Senhor, nós, cristãos, não podemos viver. Nossos irmãos nos primeiros séculos, quando suas reuniões foram proibidas com a maior severidade, mostraram coragem e aceitaram a morte em vez de perder a Eucaristia dominical. Sem a presença de Jesus na Eucaristia, o mundo está condenado à barbárie, à decadência e à morte.

O Cardeal Ratzinger enfatizou em *O espírito da liturgia* que uma das razões pelas quais o povo de Israel deixou o Egito foi justamente para adorar: "Deixai ir o meu povo, para que me adore no deserto" (Ex 7,16). O

---

[8] Cf. *Acta SS. Saturnini, Dativi, et aliorum plurimorum Martyrum in Africa*, 7, 9 e 10; PL 8, 707; 709-710.

prolongado "cabo de guerra" entre o Faraó e Moisés, narrado no livro de Êxodo, trata justamente da liberdade de adoração, que só pode ser ordenada por Deus e não pode ser comprometida[9].

Muitos cristãos imaginam que, para serem de seu tempo e desempenharem um papel ativo nele, precisam deixar de lado sua fé e seu relacionamento com Deus, o que muitas vezes lhes foi dito que é uma fuga de suas próprias responsabilidades e uma forma de abandonar covardemente o mundo à sua tragédia. Daí a passividade com que a banalização da fé e da prática religiosa tem sido aceita por povos anteriormente cristãos, como tão tristemente ilustrado pela maneira como tantos governos têm conseguido privar os fiéis, de celebrar a festa do Senhor com dignidade, de modo solene e comunitário os grandes mistérios de sua fé. As pessoas se submeteram sem nenhuma resistência a esses arranjos, que não davam atenção a Deus.

Assim como não há Eucaristia sem a Igreja, não há Igreja sem a Eucaristia. Proibir ou impedir a celebração solene da liturgia, reduzir sem sentido o número de participantes, é amortecer os cristãos, cortando-os de sua fonte vital: Jesus-Eucaristia. Em sua carta apostólica *Dies Domini* sobre a santificação do domingo, São João Paulo II recordou o heroísmo genuíno com o qual sacerdotes e fiéis sempre cumpriram o preceito dominical em muitas situações de perigo e perseguição, desde os primeiros séculos da Igreja até os dias de hoje.

---

[9] Cf. Joseph Ratzinger, *L'esprit de la liturgie*, Genève, Ad Solem, 2001, p. 15-16.

Capítulo 3 | A Eucaristia e a liturgia

A Constituição do Concílio Vaticano II sobre a Sagrada Liturgia enfatizou a importância do domingo:

> A Igreja celebra o Mistério Pascal em virtude de uma tradição apostólica que remonta ao próprio dia da ressurreição de Cristo, em todo oitavo dia, que é justamente chamado de Dia do Senhor, ou domingo. Nesse dia, de fato, os fiéis *devem* se reunir para ouvir a Palavra de Deus e participar da Eucaristia, celebram a memória da Paixão, da Ressurreição e da glória do Senhor Jesus, dando graças a Deus que "os regenerou para uma viva esperança mediante a ressurreição de Jesus Cristo dentre os mortos" (1Pd 1,3). O domingo é, portanto, o primeiro dia de festa que deve ser proposto e inculcado na piedade dos fiéis, para que se torne também um dia de alegria e de cessação do trabalho[10].

É verdade que São Paulo recomenda que "sejamos submissos aos magistrados e às autoridades, [para] praticar a obediência" (cf. Tt 3,1-2); e São Pedro: "Sujeitai-vos, por amor do Senhor, a toda instituição humana: seja ao rei, como soberano, seja aos governadores, como enviados por ele para castigar os que praticam o mal e louvar os que praticam o bem" (1Pd 2,13-14). Mas quando as instituições humanas nos proíbem de pregar o nome de Jesus porque isso contradiz suas ideias, ou quando as autoridades restringem o exercício prático de nossa fé, colocando Deus de lado ou em último lugar, Pedro e João retrucam: "Se é certo aos olhos de Deus obedecer-vos em vez de obedecer a Deus, cabe a vós julgar. Nós, porém, não podemos deixar de proclamar o que vimos e ouvimos" (At 4,19-20). Por respeito às nossas obrigações para com Deus e pela sobrevivência do testemunho cristão, mesmo com o risco de

---

[10] *Sacrosanctum Concilium*, § 106.

nossas vidas, vamos resistir pacificamente, mas com energia, a essas proibições das assembleias eucarísticas. Essa é uma batalha contra Satanás, como disse Santo Inácio de Antioquia aos efésios: "Tende o cuidado de vos reunir com mais frequência para dar graças a Deus e celebrar seus louvores. Pois se vos reunis com frequência, as forças de Satanás são superadas e sua obra de morte é destruída pela concórdia de sua fé".

A missa é a fonte e o ápice de toda a vida cristã, porque é a presença renovada do sacrifício que nos deu o direito de compartilhar a vida de Deus. Cada celebração da Eucaristia, mesmo que seja realizada na solidão, é oferecida para o mundo inteiro e misteriosamente o aproxima de Deus.

> Todas as boas obras, disse o Cura d'Ars, não se igualam ao sacrifício da Missa, porque são obras dos homens, e a Santa Missa é obra de Deus. O martírio não é nada em comparação: é o sacrifício que o homem faz a Deus de sua vida; a Missa é o sacrifício que Deus faz pelo homem de seu Corpo e Sangue[11].

■ Disposições para receber a Eucaristia

Nós, cristãos, não podemos viver sem a Eucaristia. Mas a Eucaristia se torna uma fonte de vida somente para aqueles que se aproximam dela com a atitude correta. São Paulo é inequívoco nesse ponto: "Quem comer o pão ou beber o cálice do Senhor indignamente será responsável pelo corpo e pelo sangue do Senhor. Portanto, cada um de vós ponha-se à prova, e assim coma deste pão e beba deste cá-

---

[11] Bernard Nodet, *Jean-Marie Vianney, Curé d'Ars, sa pensée, son cœur*, Paris, éditions du Cerf, 2006, p. 108.

lice; porque quem come e bebe, come e bebe a sua própria condenação, se não discernir o Corpo [do Senhor]" (1Cor 11,27-29). Santo Agostinho explica, retomando a alusão de Jesus aos hebreus no deserto (Jo 6,49): "Vossos pais comeram o maná e morreram, não porque o maná fosse mau, mas porque o comeram em um mau estado de espírito"[12].

A primeira boa disposição para receber o Corpo de Cristo é a fé em sua presença real na Eucaristia. Não há nada automático ou mágico nos sacramentos, e a Eucaristia produz seus efeitos somente naqueles que se aproximam dela com grande e pura fé. Longe de ser um conhecimento acadêmico ou teórico, uma ideia sobre Deus, essa fé procede acima de tudo de um apego a Cristo por meio do amor. É um ato do coração, por meio do qual comungamos com o Corpo e o Sangue de Cristo, a fim de saborear esse alimento em nossas almas e sermos animados por ele, nas palavras de Santo Agostinho:

> O que deseja a alma mais fortemente do que a verdade? Por que deveria ter lábios ávidos, por que deveria desejar ter, interiormente, um paladar saudável capaz de discernir o que é verdadeiro, se não para comer e beber Sabedoria, Justiça, Verdade, Eternidade[13]?

Pela fé, comemos daquele que nos alimenta, Cristo, o verdadeiro Pão da Vida, insiste Santo Agostinho: "Crer nele é comer o pão vivo[14]; quem crê come; é abundantemente alimentado de modo invisível, porque renasce de modo invisível; interiormente, é criança; interiormente, é novo: onde

---

[12] Santo Agostinho, *Comentário sobre o Evangelho de São João*, 26,16.
[13] Idem, ibid., 26,5.
[14] Ibid., 26,11.

se renova, se sacia"[15]. Essa comparação entre o ato de crer e o ato de comer expressa o relacionamento muito forte que é criado pela fé entre Cristo e o crente. Mas no caso da fé, como no caso da Eucaristia, não é o Pão da vida, Cristo, que é assimilado por nós, mas é Ele que nos assimila e nos torna semelhantes a Si. Vivemos, mas não somos mais nós que vivemos, mas Ele que vive em nós (cf. Gl 2,20).

Essa fé na presença real de Jesus na Eucaristia deve ser acompanhada por um desejo sincero e efetivo de conformar nossa vida àquilo em que acreditamos. A acolhida não surge repentina e espontaneamente da Eucaristia: ela é inseparável da qualidade de vida que precedeu a celebração. Como podemos entrar dignamente na celebração do mistério eucarístico se estivermos constantemente imersos no barulho, na agitação e no ativismo frenético e descontrolado dos assuntos mundanos? É muito difícil participar de fato da Eucaristia quando nossa vida é medíocre, atolada na rotina ou na tibieza, ou quando é habitada por agressão, ódio, ressentimento ou uma orgulhosa pretensão de superioridade sobre os outros: "Quem come deste pão", diz Santo Agostinho, "não litiga com os outros; a razão é que somos todos o mesmo pão e o mesmo corpo"[16]. E Bossuet: "Quem a recebe [a Eucaristia] com ódio em seu coração contra seu irmão faz violência ao Corpo do Salvador"[17]. Jesus já havia nos advertido: "Quando apresentares a tua oferta no altar, se te lembrares de que teu irmão tem algu-

---

[15] *Ibid.*, 26,1.
[16] *Ibid.*, 26,14.
[17] Jacques Bénigne Bossuet, *Méditations sur l'Évangile*, in : *Œuvres complètes*, t. 4, Besançon/Paris, Outhenin-Chalandre, 1840, p. 326.

ma coisa contra ti, deixa a tua oferta ali diante do altar e vai primeiro reconciliar-te com teu irmão; depois volta e apresenta a tua oferta" (Mt 5,23-24). Caso contrário, nossa oferta não significa e não vale absolutamente nada. Além disso, cravamos pregos nas mãos e nos pés de Jesus e enfiamos a lança odiosa de volta em seu coração. De fato,

> [...] uma vez que foram nossos crimes que levaram Nosso Senhor Jesus Cristo a sofrer a provação da cruz, aqueles que se imergem na desordem e no mal "crucificam de novo o Filho de Deus em seus corações pelos seus pecados e o cobrem de confusão" (Hb 6,6). E devemos admitir que nosso crime, nesse caso, é maior do que o crucificaram. De acordo com o apóstolo, "se eles tivessem conhecido o Rei da glória, jamais o teriam crucificado" (1Cor 2,8). Nós, por outro lado, professamos conhecê-lo. E quando o negamos com nossas ações, estamos, por assim dizer, colocando sobre ele nossas mãos deicidas[18].

Deixar-nos transformar: a obediência da fé

A Eucaristia é o memorial do Senhor. Em toda a história sagrada, Deus "recorda" sua aliança e suas promessas (cf. Sl 105,8; 73,1-2; Sl 106,43-46; Ex 2,24; Lv 26,42), e somos convidados a recordar os benefícios e as maravilhas de Deus. O Mar Vermelho não precisa mais ser atravessado, mas Deus é convidado a demonstrar a mesma fidelidade hoje que demonstrou à geração que atravessou o Mar Vermelho em terra firme, e os crentes são exortados a adotar a atitude e a disposição interior do povo de Israel naquela época. Quando Deus se lembra, ele age, empregando o poder de seu amor, demonstrando misericórdia e concedendo perdão.

---

[18] *Catecismo da Igreja católica*, § 598.

Dessa forma, a Eucaristia revela a onipotência do amor de Deus: não um poder para esmagar ou dominar, não um poder arbitrário que decidiria do céu o que quisesse, até mesmo o irracional ou o impossível, mas o poder do amor que não se deixa vencer por nenhum paroxismo do mal, que vai "até o fim" (Jo 13,1), até mesmo morrer por aqueles a quem ama. É assim que Deus se recorda de sua Aliança. E para que o homem, por sua vez, se recorde, eis o que Jesus faz:

> Durante a ceia, Jesus tomou o pão, abençoou-o, partiu-o e o deu aos discípulos, dizendo: "Tomai e comei, isto é o meu corpo". Em seguida, tomou um cálice, deu graças e deu-lhes dizendo: "Tomai e bebei, isto é o meu sangue, o sangue da aliança, que é derramado por muitos para o perdão dos pecados" (Mt 26,26-28).

E conclui: "Fazei isto em memória de mim" (1Cor 11,24). Recordar o mistério da Redenção na Eucaristia é responder a ele com fé, amor e ação de graças; é aquiescer e consentir com a Aliança. Essa resposta vai muito além da submissão aos preceitos de uma lei moral abstrata. É a "obediência da fé" (cf. Rm 1,5; 16,26): adotar um comportamento que esteja imbuído da Palavra de Deus e irradiar essa presença por toda a vida. Obedecer é recordar em ações concretas que Deus me mostrou seu amor de uma maneira sem precedentes e, compartilhando desse ato de Deus, fazer pelos outros o que ele fez por mim. Significa entrar na obediência do Filho de Deus, que nos deixou um modelo para que pudéssemos seguir seus passos (cf. 1Pd 2,21). Jesus obedeceu ao Pai revelando-o como Ele é: um Deus de amor, misericórdia e perdão. Ele revelou isso em suas palavras e ações, assumindo a condição de escravo e tornando-se obediente até a morte em uma cruz (cf. Fl 2,6-

8): sua obediência teve de ir tão longe para revelar verdadeiramente Deus como ele é[19].

A obediência da fé é a maneira de imitar Cristo. Como ele é o ícone da misericórdia, nós, por nossa vez, demonstramos misericórdia. Por Ele ser o Adorador do Pai, queremos nos tornar "verdadeiros adoradores que adorarão o Pai em espírito e em verdade, porque são esses os adoradores que o Pai procura" (Jo 4,23). Como Jesus se ajoelhou para lavar os pés dos apóstolos em sinal de humildade e amor, devemos nos colocar alegremente a serviço dos outros com humildade e amor:

> Compreendestes o que fiz? Vós me chamais de mestre e senhor, eu o sou. Portanto, se eu, mestre e senhor, vos lavei os pés, também vós deveis lavar os pés uns dos outros. Dei-lhes o exemplo, para que vós também façais como vos fiz. Em verdade, em verdade vos digo que o servo não é maior do que o seu senhor, nem o enviado é maior do que aquele que o enviou. Sabendo disso, bem-aventurados sois se o fizerdes (Jo 13,12-17).

Essa obediência de fé leva à plena realização da oferta eucarística de Jesus: ele mesmo se torna, para todos aqueles que participam do mistério de seu Corpo e Sangue doados para a vida do mundo, uma fonte de doação ao Pai e aos outros, uma fonte de obediência e amor até o fim, até o dom total e definitivo de si mesmo. Então, a presença sacramental do Senhor sob as espécies eucarísticas realiza e significa plenamente a presença viva do Senhor em sua Igreja, e a Igreja se torna a presença do Senhor no mundo. A edificação da Igreja, a presença contínua do Senhor no tempo e no espaço, é de fato o efeito essencial e vital da

---

[19] Consulte François Varillon, *op. cit.*, p. 75.

Eucaristia. Jesus Cristo estende sua presença salvadora no mundo por meio do sacrifício eucarístico.

Portanto, acolher a presença do Senhor não é apenas uma questão de cantar e dançar para ele em louvor e ação de graças, tendo como pano de fundo uma vida que muitas vezes é rotineira e medíocre. Se o louvor, a alegria e a ação de graças são uma dimensão essencial da Eucaristia, ela não é apenas uma canção de gratidão e bênção. O Senhor está esperando para ser acolhido em nossa vida por meio de um "sim" de obediência, uma aceitação humilde e total do que ele nos propõe, uma aquiescência à Palavra de vida feita carne que transfigura radicalmente nossa existência.

O CULTO EUCARÍSTICO FORA DA MISSA

É fácil entender por que a Igreja sente a necessidade de estender seu acolhimento à presença sacramental de Cristo na fé e no amor, adorando a Eucaristia fora da Santa Missa. Certamente é essencial participar da celebração comunitária da Eucaristia com fé, mas também é essencial responder ao desejo de Deus que quer habitar conosco, dentro de nossas almas, cultivando o silêncio, o recolhimento, a oração de adoração, o louvor e a ação de graças diante de Jesus na Eucaristia.

De fato, se vivenciarmos a missa como o centro do nosso dia, o coração de toda a vida cristã, como podemos deixar de estender nossa união com Deus ao longo do resto do dia? A comunhão nos leva a pensar durante todo o dia no Senhor que habita em nós, tomando cuidado para não nos distanciarmos de sua presença, para que possamos trabalhar como ele trabalhou, amar como ele amou, perdoar como ele perdoou e nos tornarmos gentis e humildes de coração como ele foi. É impossível viver como cristão sem sentir a necessidade vital de uma amizade real e pessoal com Jesus. E se Jesus está em mim, ele também está presente no tabernáculo, com uma presença silenciosa, mas real, visível, palpável, verdadeiramente amorosa e calorosa.

O tabernáculo é como Betânia, aquele lugar calmo, tranquilo e amigável onde Cristo Jesus está, onde podemos encontrá-lo, deixar-nos acolher por ele e acolhê-lo também, contar-lhe nossas preocupações, nossos sofrimentos, nossas esperanças e nossas alegrias, com a simplicidade e a naturalidade com que Maria, Marta e Lázaro falaram com ele[20]. Não deixemos Jesus sozinho no tabernáculo durante todo o dia. Gostaríamos de nos apresentar a ele com frequência para uma conversa silenciosa de amor. Durante esses momentos de intimidade, nosso coração se expande, nossa vontade é fortalecida e nossa inteligência, auxiliada pela graça, aprende a imbuir as realidades humanas com o sobrenatural. Mesmo quando estamos muito ativos e nos deparamos com situações ansiosas e urgentes, gostamos de permanecer diante da presença do Senhor no tabernáculo e desenvolver nossa vida contemplativa. Sem uma vida contemplativa, sem a adoração silenciosa dessa presença divina, de pouco adianta trabalhar para Cristo, pois são vãos os esforços dos que constroem, se Deus não edificar nossa casa; e se o Senhor não vigiar nossa cidade, em vão vigiarão a sentinela (cf. Sl 127,1).

---

[20] Cf. São Josemaria Escrivá de Balaguer, *Quand le Christ passe*, Paris, Le Laurier, 1989, pp. 274-275.

O Papa João Paulo II nos encorajou magnificamente a ter esse encontro pessoal com Deus na devoção eucarística:

> Cabe aos pastores incentivar, inclusive por meio de seu testemunho pessoal, o culto eucarístico, especialmente a exposição do Santíssimo Sacramento, bem como a adoração diante de Cristo presente sob as espécies eucarísticas. É bom falar com ele e, apoiando-se em seu peito como o discípulo amado (cf. Jo 13,25), ser tocado pelo amor infinito de seu coração. Se, em nosso tempo, o cristianismo deve se distinguir sobretudo pela "arte da oração", como não sentir a necessidade renovada de se deter longamente, em conversa espiritual, em adoração silenciosa, em atitude de amor, diante de Cristo presente no Santíssimo Sacramento? Muitas vezes, queridos irmãos e irmãs, tive essa experiência e recebi força, consolo e apoio dela! Muitos santos nos deram o exemplo dessa prática, frequentemente elogiada e recomendada pelo Magistério. Santo Afonso Maria de Ligório, em particular, distinguiu-se nessa área, escrevendo: "De todas as devoções, a adoração a Jesus no Santíssimo Sacramento é a primeira depois dos sacramentos, a mais querida por Deus e a mais útil para nós". A Eucaristia é um tesouro inestimável: celebrá-la, mas também permanecer em adoração diante dela fora da missa, nos permite recorrer à própria fonte da graça. Uma comunidade cristã que deseja ser mais capaz de contemplar o rosto de Cristo, como sugeri nas Cartas Apostólicas *Novo Millennio Ineunte* e *Rosarium Virginis Mariae*, não pode deixar de desenvolver também esse aspecto do culto eucarístico, no qual se prolongam e se multiplicam os frutos da comunhão com o Corpo e o Sangue do Senhor[21].

Portanto, vamos nos apresentar humilde, livremente e com amor diante da presença real de Cristo na Eucaristia. Ofereçamos a ele nosso amor, nosso coração, nossa liberdade. Que nossos corpos caiam de joelhos em espanto e adoração silenciosa. Que nossos corações se submetam em confiança e amor. Que nossa liberdade se abra à presença

---

[21] São João Paulo II, *Ecclesia de Eucharistia*, § 25.

do Senhor, pois é por meio da liberdade que somos verdadeiramente homens e mulheres responsáveis por nossas ações, capazes de tomar decisões que nos comprometem e nos transfiguram. Então, o Mistério Pascal se torna uma realidade viva em nós: "Fui crucificado com Cristo, e já não sou eu que vivo, mas é Cristo que vive em mim. A minha vida presente na carne eu a vivo na fé no Filho de Deus, que me amou e por mim se entregou " (Gl 2,19-20).

FONTE E ÁPICE DA VIDA DA IGREJA

O extraordinário fervor eucarístico de São João Paulo II pode nos ajudar a aprofundar nosso relacionamento íntimo com esse sacramento. Vem-me à mente uma imagem simples: durante sua peregrinação à Terra Santa para o Jubileu do ano 2000, antes de ter a alegria e a graça de celebrar a Eucaristia no Cenáculo, em Jerusalém, onde, segundo a tradição, ela foi realizada pela primeira vez pelo próprio Cristo, o ancião de batina branca ficou sozinho, curvado diante do muro ocidental do Templo de Jerusalém, colocando seu pedido de perdão em um espaço entre duas pedras do muro. João Paulo II gostaria de repetir em cada um de nós o que aconteceu em frente ao muro ocidental do Templo. Pela encíclica *Ecclesia de Eucharistia* e da Carta Apostólica *Mane nobiscum Domine*, o santo Papa polonês, idoso, mas lúcido, parece procurar uma brecha em nossos corações e em nossos hábitos para introduzir uma mensagem essencial, a última de seu pontificado, que seria como a conclusão de seu ministério petrino:

> Queridos irmãos e irmãs, com uma onda de alegria íntima, em união com sua fé e para confirmá-la, permitam-me dar meu próprio teste-

munho de fé na santíssima Eucaristia. *Ave verum corpus natum de Maria Virgine, / vere passum, immolatum, in cruce pro homine!* Aqui está o tesouro da Igreja, o coração do mundo, o penhor do fim a que todo homem aspira, mesmo inconscientemente. Esse é um grande mistério, que certamente nos ultrapassa e atesta duramente nossa capacidade de ir além das aparências. Aqui, nossos sentidos falham — "*visus, tactus, gustus in te fallitur*", diz o hino *Adoro te devote* —, mas somente a nossa fé, enraizada na palavra de Cristo transmitida pelos Apóstolos, pode ser suficiente para nós. Permitam-me, como Pedro no final do discurso eucarístico do Evangelho de João, repetir a Cristo, em nome de toda a Igreja, em nome de cada um de vós: "Senhor, a quem iremos? Só tu tens palavras da vida eterna" (Jo 6,68) [...].

Todo compromisso com a santidade, toda ação destinada a cumprir a missão da Igreja, toda implementação de planos pastorais, deve extrair a força necessária do mistério eucarístico e ser dirigida a ele como ao ápice. Na Eucaristia, temos Jesus, temos seu sacrifício redentor, temos sua ressurreição, temos o dom do Espírito Santo, temos adoração, obediência e amor ao Pai. Se negligenciássemos a Eucaristia, como poderíamos remediar nossa pobreza? [...].

Dando à Eucaristia toda a importância que ela merece e tomando muito cuidado para não diminuir nenhuma de suas dimensões ou exigências, mostramos que estamos profundamente conscientes da grandeza desse dom. Também somos convidados a fazer isso por uma tradição ininterrupta que, desde os primeiros séculos, tem visto a comunidade cristã atenta à preservação desse "tesouro". Movida pelo amor, a Igreja se preocupa em transmitir às futuras gerações cristãs, sem perder um único elemento, a fé e a doutrina do mistério eucarístico. Não há risco de exagero na atenção dada a esse Mistério, pois "nesse sacramento está resumido todo o mistério da nossa salvação"[22].

■ A DIGNIDADE DA LITURGIA

Embora devamos manter uma relação pessoal próxima e assídua com o mistério da Eucaristia, a comunhão com o

---

[22] São João Paulo II, *op. cit.*, § 59-61.

sacrifício de Cristo não é mais intensa em nenhum outro lugar do que durante a liturgia, especialmente durante a Santa Missa. Daí a importância vital da maneira como nós, sacerdotes e fiéis, celebramos a Eucaristia, a grande oração da Igreja, com um respeito que deve se refletir em nosso comportamento durante a liturgia: a maneira como andamos, sentamos, ficamos em pé, lavamos as mãos, inclinamos a cabeça, fazemos genuflexão ou nos ajoelhamos. É claro que o exemplo do sacerdote e, de modo mais geral, de todos aqueles que estão no santuário para uma função litúrgica, é decisivo nesse aspecto. Somente se nos conscientizarmos e permanecermos conscientes de que, no altar, estamos realmente aos pés da cruz, na presença de Cristo que morreu e ressuscitou por nós, é que poderemos encarnar a verdadeira *ars celebrandi*. De fato, a arte de celebrar não consiste apenas em observar rigorosamente as rubricas e as normas litúrgicas, o que é uma condição necessária — esse respeito pelas leis litúrgicas é a expressão de nossa fé e de nossa obediência à Igreja, mas não é suficiente. O que é necessário é um ímpeto de fé, amor filial e adesão genuína à vontade de Deus, de modo que, por meio da perfeição formal da celebração, possa ocorrer um encontro pessoal e íntimo com Jesus. A verdadeira *ars celebrandi* pressupõe que, além da observância das normas, haja também a contemplação adoradora da presença de Deus Trindade, que nos toca por meio da humanidade de Cristo. Esse é o caráter teocêntrico e cristocêntrico do culto divino.

Assim, a liturgia, devidamente celebrada, será de fato uma fonte de santificação para o sacerdote. A negligência do culto divino, por outro lado, a improvisação ou a busca de criatividade nos ritos, tudo isso leva à banalização e dessacralização da liturgia, e certamente não é passível de torná-la o lugar de santificação para o sacerdote ou para os fiéis. De fato, na tradição católica, a palavra "rito", usada no singular ou no plural, designa ou o conjunto da liturgia da Igreja (o "rito latino", o "rito oriental" etc.), ou uma ação litúrgica específica ("o rito do batismo, da confirmação"), ou mesmo uma parte dessa ação (o "rito de boas-vindas"). O termo refere-se à descrição das cerimônias às quais o celebrante deve aderir fielmente. Ele deriva de uma raiz sânscrita que significa "aquilo que está em conformidade com a ordem". O fato de que, na liturgia latina, as palavras *ritus* e *ordo* são frequentemente usadas como sinônimos é um argumento a favor disso. O estabelecimento e a observância de ritos são uma constante na história religiosa da humanidade. Para o homem, o ritual é uma forma de entrar na ordem cósmica e desempenhar seu próprio papel especial. Em um contexto cristão, o estabelecimento de ritos expressa o desejo de se conformar à ordem estabelecida por Deus, de receber os dons de Deus como Deus quer doar esses ritos em vez de tentar tomá-los pessoalmente, ao mesmo tempo em que esses ritos expressam o conteúdo do que está sendo oferecido.

Para nos ajudar a respeitar a sacralidade da liturgia, na qual Deus é glorificado e o homem santificado, devemos invocar três pessoas em particular: a Virgem Maria, São José, seu esposo, e a mulher cujo Evangelho registra que ela pegou uma libra de perfume de nardo puro de grande valor e ungiu os pés de Jesus com ele, enxugando-os com seus cabelos (Jo 12,3). Maria e José cuidaram muito bem do corpo físico de Jesus na Terra. Quando criança, Maria o segurava em seus braços com ternura, adoração silenciosa e grande respeito e, quando adulto, ela cuidadosamente fez para ele uma "túnica inconsútil, tecida de alto a baixo em uma só peça" (Jo 19,23). Depois de sua morte e de sua descida da cruz, ela recebeu o corpo inerte de Jesus em seu coração ferido e em seus braços imaculados, cheia de ternura, com uma atitude de adoração dolorosa. Como o sacerdote poderia deixar de segurar em suas mãos e oferecer o Corpo Eucarístico de Cristo com dignidade e respeito sagrados? Para ser franco, muitas das iniciativas motivadas pelo medo da disseminação do Coronavírus foram, infelizmente, gestos sacrílegos sem precedentes na história da Igreja. Segurar e distribuir o Corpo de Cristo com luvas ou pinças é incongruente e altamente desrespeitoso.

Quanto à mulher do Evangelho, ela derrama todo o seu perfume nos pés de Jesus. Comentando esse episódio, São João Paulo II observou que, como essa mulher, a Igreja nunca teve medo de ser excessiva na adoração de seu Senhor e nunca considerou a nobreza e a beleza dos objetos litúrgicos ou dos paramentos como um desperdício. Como não lembrar aqui, mais uma vez, a figura do santo Cura d'Ars, que usava uma batina remendada e sapatos que foram calçados várias vezes, mas que comprava vestimentas litúrgicas muito preciosas para a celebração da Santa Missa? Lembremos também de São Francisco de Assis, que andava descalço e usava pano de saco, mas que queria que os objetos e os cálices das igrejas da Ordem que ele fundou fossem muito preciosos, porque esses vasos sagrados deveriam conter o Corpo e o Sangue do Senhor.

Evidentemente, há o perigo de enriquecer os objetos de culto simplesmente por um gosto estético pelo luxo:

como no caso do respeito às rubricas, isso seria cair em um puro ritualismo desligado da realidade significada. Se, por infelicidade, isso nos acontecesse, teríamos que levar a sério as palavras severas do Senhor:

> Ai de vós, escribas e fariseus, hipócritas, que purificam o exterior do copo e da taça, quando o interior está cheio de ganância e intemperança! Fariseu cego! Limpai primeiro o interior do copo e da taça, para que também o exterior fique limpo! (Mt 23,25-26).

Ocupar-se apenas com a aparência externa da adoração, enquanto nossa alma permanece um covil de demônios e iniquidades, seria não apenas inútil, mas gravemente prejudicial. Portanto, procuremos os melhores ornamentos e vasos sagrados para a adoração e a glória de Deus, mas certifiquemo-nos, com a ajuda de Deus, de que a beleza externa de sua casa e de seus vasos sagrados corresponda à clareza e à pureza internas de nossa alma. Os ornamentos e os vasos sagrados devem ser magníficos, mas é ainda mais essencial que as almas do sacerdote e dos fiéis brilhem com pureza e santidade, e que reflitam os raios do verdadeiro Sol que é Cristo, pois essas almas também são a casa de Deus.

■ Redescobrir o recolhimento nas celebrações

Ter o cuidado de usar as coisas mais bonitas para a Eucaristia é uma forma louvável e necessária de demonstrar nosso respeito e amor; mas é ainda mais importante que traduzamos esse respeito e amor em nosso comportamento. Na África, temos a tendência de nos entregarmos a um tipo de frenesi descontrolado nas assembleias. Nossas igrejas se tornaram locais de agitação, de alegria exuberante e desenfreada, de "caos sagrado" e, em última análise, de desrespeito à gloriosa majestade do Deus três vezes santo. Nossas reuniões de oração fazem muito barulho. Os ouvidos de Deus são ensurdecidos por nossos cânticos, gritos, procissões intermináveis e danças, quando deveríamos estar nos lembrando da morte atroz e desonrosa que Jesus se dispôs a sofrer na cruz para nos salvar. Como nos tornamos tão barulhentos diante de Deus? Por que nos tornamos incapazes de imitar a oração, o silêncio e a humildade discreta de Jesus, Maria e José durante os trinta anos de sua vida oculta em Nazaré? Devemos pedir constantemente a Jesus: "Senhor, ensina-nos a orar, como João ensinou aos seus discípulos" (Lc 11,1). Nossas celebrações devem nos permitir, em silêncio, com os corações machucados pela dor e pelo arrependimento, mas, acima de tudo, transbordando de amor, maravilhar-nos com a misericórdia de Deus, exortando-nos uns aos outros como que em voz baixa: "Deitemo-nos em nossa vergonha, cubra-nos a nossa confusão! Porque nós e nossos pais pecamos contra o Senhor, nosso Deus, desde a nossa mocidade até o dia de hoje, e não demos ouvidos à voz do Senhor, nosso Deus" (Jr 3,25).

Esse desvio ainda está, às vezes, escondido sob o pretexto da necessidade de inculturar a liturgia. Mas sejamos claros: os apóstolos da Igreja primitiva, que conheciam os ritos fúnebres e a profunda reflexão religiosa sobre a morte e a vida após a morte das tradições do Oriente Médio, não os usaram para evocar o mistério pascal de Jesus. Da mesma forma, devemos ter o cuidado de não introduzir elementos não evangelizados da cultura pagã na liturgia da Igreja sem um discernimento muito cuidadoso. Dessa forma, podemos evitar a sobrecarga desnecessária e o espetáculo folclórico no centro da celebração dos mistérios cristãos. A liturgia cristã não é uma exibição de nossas riquezas culturais ancestrais, nem um aprimoramento dos conceitos e manifestações religiosas altamente louváveis de nossos antepassados, mas a celebração da paixão, morte e ressurreição de Nosso Senhor Jesus Cristo. Portanto, precisamos nos unir e redescobrir o respeito, a grandeza e a primazia que São Bento dá à liturgia quando diz: "*Nihil operi Dei praeponatur*" — nada deve ser preferido à obra de Deus. O fundamento da liturgia deve continuar sendo a busca e a glorificação de Deus em uma forma digna de sua majestade. A liturgia governa nosso relacionamento com Deus. Se fizermos da liturgia uma obra humana, corremos o risco de transformar Deus em um ídolo humano. Na liturgia, devemos primeiro receber a obra divina, encontrar Deus em ação. Nesse sentido, "nenhuma autoridade pode 'fabricar' uma liturgia. O próprio Papa é apenas o humilde servidor de seu desenvolvimento homogêneo, sua integridade e a permanência de sua identidade"[23].

Em uma época em que todas as nossas sociedades, mesmo e talvez especialmente no Ocidente, são caracterizadas pela agitação, pelo barulho incessante, pela leviandade e pela indiferença a Deus, o silêncio orante que o Papa Bento XVI nos apresenta, além de destacar a beleza, a profundidade e a riqueza de seu ensinamento, nos mostra o caminho para Deus. Ele levantou o véu de sua contemplação em uma homilia de Natal:

---

[23] Joseph Ratzinger, *op. cit.*, p. 134.

Até aquele momento — dizem os Padres — os anjos haviam conhecido a Deus por meio da imensidão do universo, por meio da coerência e da beleza do cosmo, que Dele provém e Dele são um reflexo. Eles haviam absorvido, por assim dizer, a canção silenciosa de louvor da criação e a transpuseram para a música celestial. Mas então aconteceu uma coisa nova, algo que foi realmente chocante para eles. Aquele de quem o universo falava, o Deus que sustenta todas as coisas e mantém todas as coisas em suas mãos — ele mesmo havia entrado na história da humanidade, havia se tornado alguém que age e sofre na história. Dessa alegre agitação causada por esse evento inconcebível, dessa segunda e nova maneira pela qual Deus se manifestou — dizem os Padres — nasceu um novo cântico, do qual o Evangelho de Natal preservou para nós uma estrofe: "Glória a Deus nas alturas e paz na terra aos homens" [...]. A glória de Deus está no mais alto dos céus, mas a altura de Deus agora reside no estábulo; o que era banal tornou-se sublime. Sua glória está na terra; é a glória da humildade e do amor. E ainda: a glória de Deus é a paz. Onde ele está, há paz. Ele está lá onde as pessoas não querem transformar a Terra em um paraíso por conta própria, recorrendo à violência para fazê-lo. Ele está com as pessoas cujo coração é vigilante, com os humildes e com aqueles que estão "em sintonia" com sua grandeza, com a grandeza da humildade e do amor. A eles ele dá sua paz, para que por meio deles a paz possa entrar neste mundo[24].

Se quisermos orar de verdade e encontrar o Deus que habita no silêncio, devemos nos revestir de humildade, modéstia e silêncio. Muitas vezes nos esquecemos de que, para encontrar o Pai em oração, Jesus frequentemente se retirava sozinho no silêncio e na solidão do deserto ou nas alturas das montanhas para orar (cf. Mt 14,23; Mc 6,46; Mc 14,32; Mt 26,39; Mc 14,35; Lc 22,41; Mc 1,35). Ele é o nosso Mestre. É sua maneira de orar e de encontrar Deus, seu Pai, que deve ser nosso guia e nosso modelo. Esse silêncio não eliminará a alegria que a Presença de Deus pro-

---

[24] Bento XVI, Homilia, 24 de dezembro de 2008.

porciona às nossas liturgias; elas serão mais profundas e permanecerão em seu lugar. De fato, "na tragédia da Paixão, nossa própria vida é consumada, assim como a história de toda a humanidade"[25]. A consciência de que estamos celebrando a terrível tragédia do Gólgota, uma tragédia causada por nossos pecados, deve nos ajudar a orar com fervor, modéstia e dignidade respeitosa.

A oração começa com adoração e reverência a Deus e se desenvolve na contemplação atônita das obras de Deus, uma fonte de admiração recolhida. A complacência em nossa atitude em relação à oração mostra que estamos nos esquecendo da grandeza de Deus e da atenção respeitosa e amorosa que lhe é devida. "O elemento essencial da adoração deve ser o interior", disse Pio XII em sua encíclica sobre a liturgia, *Mediator Dei*. O próprio Senhor nos diz que devemos adorar "em espírito e em verdade" (Jo 4,23). A vida cristã é uma comunhão de corações entre Deus e o homem. Devemos orar como Cristo, "em segredo" (Mt 6,6)[26]. Jesus gostava de orar à noite, em silêncio e em lugares desertos. E mesmo quando se dirigia ao Pai publicamente, sua oração era sempre discreta e totalmente respeitosa do mistério sagrado de Deus.

O filósofo Emmanuel Mounier enfatizou a necessidade de atos autênticos, aqueles atos que não têm impacto imediato, mas que sabemos que não podem deixar de amadurecer. A oração pertence inquestionavelmente a essa categoria; florescendo no silêncio interior da alma, ela exige

---

[25] Cf. São Josemaria Escrivá de Balaguer, *Quand le Christ passe, op. cit.*, p. 181.
[26] Cf. Pe. Raymond Régamey, *Portrait spirituel du chrétien*, Paris, Éditions du Cerf, 1963, p. 247-249.

o máximo possível de silêncio exterior. Mas estamos sufocando a Igreja com barulho, agitação e mediocridade. O Padre Régamey já denunciou isso:

> Não faz sentido afirmar que se leva uma vida de oração e não ter uma disciplina rígida com relação a rádio, televisão, jornais, revistas, cinema... O fato de os cristãos, e mais ainda os padres e os religiosos, estarem tão alienados de si mesmos que têm uma necessidade habitual de ouvir e fazer barulho, e que manter o silêncio lhes causa tensão nervosa, é um sinal de que precisam se recompor radicalmente... Precisamos nos convencer de que a oração e o silêncio são a mesma coisa, desde que o silêncio em sua intenção mais profunda como o movimento da alma que se liberta daquilo que a aliena para se entregar a Deus. O barulho externo que a invade a inibe, e ela precisa mobilizar novamente suas energias; o barulho que ela mesma faz é uma fuga de si mesma, na qual ela se dissolve, e precisa se recuperar no recolhimento e no silêncio. Se, na Igreja ou nas assembleias, nossos movimentos são desorganizados, se a agitação e o barulho reinam, se a despreocupação barulhenta e histérica, o espetáculo e o teatro predominam e sufocam a presença de Deus, a oração não encontra um ambiente favorável. Sua orientação é contemplativa, é um maravilhamento, pois tende a ser um olhar fixo em Deus; portanto, deseja uma calma silenciosa e uma convergência pacificadora de movimentos[27].

Quando nos reunimos para celebrar o sacrifício eucarístico, devemos estar atentos à contenção e à boa ordem. Não devemos dispersar nossas orações em palavras sem forma, nem gritar alto a Deus, quando nossos pedidos devem ser recomendados por sua discrição e contenção. Deus não ouve a voz, mas o coração; ele, que vê os pensamentos mais secretos, não precisa que chamemos sua atenção com gritos.

Há uma necessidade urgente de reabilitar o sentido do sagrado e do mistério, por meio do qual o homem reco-

---

[27] Raymond Régamey, *op. cit.*, p. 245-246.

nhece que tudo lhe vem de Deus e que ele só é plenamente humano quando se ajoelha diante d'Ele para adorá-Lo, contemplar Sua deslumbrante santidade e deixar-se remodelar à Sua imagem e semelhança.

Batizados na vida de Deus, devemos, acima de tudo, amar a Santa Missa e celebrá-la com fé, dignidade, tremor e alegria sagrada. Não devemos nos apressar na liturgia da missa por estarmos com pressa. Pelo contrário, devemos participar dela com infinito respeito e ação de graças, porque ela é a própria obra de nossa salvação na Cruz:

> O sacrifício de Cristo e o sacrifício da Eucaristia são um e o mesmo sacrifício: é uma e a mesma vítima, a mesma que se oferece agora por meio do ministério dos sacerdotes, que se ofereceu na cruz. Somente a maneira de oferecer difere: nesse Sacrifício divino que é realizado na Missa, esse mesmo Cristo, que uma vez se ofereceu de maneira sangrenta no altar da Cruz, é contido e imolado de maneira incruenta [...][28].

A liturgia não é um espetáculo

Não transformemos, portanto, o Santo Sacrifício da Missa, que celebra e comemora o mistério do matrimônio do Senhor com a humanidade, em um momento de entretenimento, um evento cultural ou folclórico, muitas vezes com foco na teatralidade e no efeito especial.

De fato, existe o perigo de que a celebração eucarística seja buscada acima de tudo como uma oportunidade para um encontro fraterno e de convívio, em que a expressão sociocultural do grupo e a experiência de alegria

---

[28] *Catecismo da Igreja católica*, § 1367.

Capítulo 3 | A Eucaristia e a Liturgia

exuberante muitas vezes abafam a adoração silenciosa, a admiração e o espanto diante do mistério inefável da Eucaristia. Durante a Santa Missa, nós nos deixamos distrair pela maneira como as pessoas estão vestidas, pelas modas efêmeras deste mundo, enquanto o memorial do sofrimento indescritível de Cristo para nossa salvação está sendo celebrado. Nós distraímos os outros de suas orações e interrompemos sua conversa com o Todo-Poderoso com barulho e conversa vazia. Filmamos e fotografamos a todo momento, sem perceber que isso banaliza, mundaniza e profana esses lugares sagrados reservados exclusivamente para o encontro íntimo entre Deus e seu povo. O próprio celebrante é tentado a ser o anfitrião e chamar a atenção para si mesmo. Na verdade, a Eucaristia é, acima de tudo, um momento em que entramos na oração e na oferta de Jesus, dizendo silenciosamente com ele: "Pai, em tuas mãos entrego meu espírito" (Lc 23,46).

O Papa João Paulo II, em sua encíclica *Ecclesia de Eucharistia*, lamenta com tristeza e dor essa maneira excessivamente espetacular e mundana de se celebrar a Eucaristia. É claro, ele reconhece, que há belas celebrações que são realizadas de acordo com o entendimento correto da reforma litúrgica desejada e promovida pelo Concílio Vaticano II. Mas, ele acrescentou:

> Infelizmente, ao lado dessas luzes, não faltam sombras. Há lugares onde o culto de adoração eucarística foi quase completamente abandonado. Além disso, em um ou outro contexto eclesial, há abusos que contribuem para obscurecer a fé correta e a doutrina católica com relação a esse admirável sacramento. Às vezes, surge uma compreensão muito simplista do mistério eucarístico. Desprovido de seu valor sacrificial, ele é vivenciado como se não fosse além

do significado e do valor de um encontro convivial e fraterno. Além disso, a necessidade do sacerdócio ministerial, que se baseia na sucessão apostólica, às vezes é obscurecida, e o caráter sacramental da Eucaristia é reduzido à mera eficácia da proclamação. Daí, aqui e ali, iniciativas ecumênicas que, embora inspiradas por uma intenção generosa, se entregam a práticas eucarísticas que são contrárias à disciplina na qual a Igreja expressa sua fé. Como não sentir um profundo sofrimento diante de tudo isso? A Eucaristia é um dom grande demais para tolerar ambiguidades e reduções[29].

O santo Papa defendeu então a magnificência da adoração eucarística:

Como a mulher na unção em Betânia, a Igreja não tem medo de "esbanjar", gastando o melhor de seus recursos para expressar sua admiração e adoração pelo dom incomensurável da Eucaristia. Como os primeiros discípulos encarregados de preparar a "grande sala", ela se sentiu impelida, ao longo dos séculos e na sucessão das culturas, a celebrar a Eucaristia em um contexto digno de tão grande mistério. A liturgia cristã nasceu na esteira das palavras e dos atos de Jesus, desenvolvendo o patrimônio ritual do judaísmo. E, de fato, como seria possível expressar adequadamente a aceitação do dom que o divino Esposo faz continuamente de si mesmo à Igreja-Esposa, tornando o Sacrifício oferecido de uma vez por todas na Cruz disponível às sucessivas gerações de fiéis e tornando-se alimento para todos os fiéis? Se a lógica do "banquete" dá origem a um espírito de família, a Igreja nunca cedeu à tentação de banalizar essa "familiaridade" com o seu Esposo, esquecendo que ele é também o seu Senhor e que o "banquete" permanece para sempre um banquete sacrificial, marcado pelo sangue derramado no Gólgota. O banquete eucarístico é verdadeiramente um banquete "sagrado", no qual a simplicidade dos sinais esconde a insondável profundidade da santidade de Deus: *O Sacrum convivium, in quo Christus sumitur!* O pão que é partido em nossos altares, oferecido a nós como peregrinos nas estradas do mundo, é *panis angelorum*, o pão dos anjos, do qual só po-

---

[29] São João Paulo II, *op. cit.*, § 19.

demos nos aproximar com a humildade do centurião do Evangelho: "Senhor, não sou digno de que entreis em minha morada" (Mt 8,8; Lc 7,6). Se nos deixarmos levar por esse elevado senso de mistério, poderemos entender por que a fé da Igreja no mistério eucarístico tem se expressado ao longo da história não apenas pela busca de uma atitude interior de devoção, mas também por uma série de expressões exteriores destinadas a evocar e sublinhar a grandeza do evento celebrado[30].

A Eucaristia não é apenas uma refeição de convívio marcada pela amizade humana calorosa e cheia de exuberância. Esse aspecto é importante, mas não essencial. A união significada pela refeição eucarística, antes de ser a dos seres humanos entre si, é, primordialmente, a união de cada fiel com Cristo que se dá como alimento. É como resultado dessa união pessoal que Cristo une entre si aqueles que participam de seu Corpo e Sangue, de modo que o efeito final do sacramento da Eucaristia é a edificação do Corpo de Cristo na Igreja, o cumprimento completo do mistério da Encarnação, no qual Deus desposa toda a humanidade por meio de Cristo, a fim de fazê-la viver com sua própria vida.

Viver a Eucaristia como um encontro pessoal

Para que essa união dos fiéis com o Senhor nesse sacramento seja real, a fé e a atenção de cada pessoa devem ser suficientemente fortes para garantir que a Eucaristia não permaneça um objeto externo. É uma presença pessoal que exige a atenção da mente e do coração. O Senhor

---

[30] São João Paulo II, *op. cit.*, § 48-49.

nunca se impõe: "Eis que estou à porta e bato; se alguém ouvir a minha voz e abrir a porta, entrarei e cearei com ele e ele comigo" (Ap 3,20). Ele se oferece, humildemente se dando como alimento, esperando que nos permitamos ser transformados nele, como explica São Leão Magno:

> É assim que a Páscoa do Senhor é dignamente celebrada, com os pães ázimos da justiça e da verdade: quando a nova criatura rejeita o fermento da velha maldade e se embriaga e se alimenta do próprio Senhor. Pois todo o efeito da participação no Corpo e no Sangue de Cristo é transformar-nos naquilo que consumimos; mortos com ele, sepultados com ele, ressuscitados com ele, levemo-lo sempre em nosso espírito e em nossa carne[31].

Essa presença oferecida por Jesus na Eucaristia deve se tornar para nós o coração de um encontro interpessoal e de uma aliança de amor. É um pouco como viajar de trem. Se a pessoa que está sentada ao meu lado ou à minha frente nem sequer me olha, se permanece indiferente, nada acontece entre nós, mesmo que eu apresente um rosto amigável, ansioso pelo contato humano: eu poderia muito bem ter uma mala ao meu lado ou à minha frente. Eu não existo para ela. Para que surja uma presença real, é preciso um olhar, um sorriso, uma palavra amiga: então nasce um verdadeiro relacionamento pessoa a pessoa. O ato de fé na Eucaristia é a transição para esse segundo tipo de presença. Esse ato de fé não se limita a admitir intelectualmente que Cristo está ali, mas reúne em si toda a vida cristã, aquela vida "agora escondida com Cristo em Deus" (Cl 3,3). Então a presença eucarística se torna plenamente salvífica. Infe-

---

[31] São Leão Magno, Homilia sobre a Paixão, in : *Liturgia das Horas*, vol. 2, *op. cit.*, p. 505.

lizmente, muitas vezes estamos presentes em corpo diante desse mistério, às vezes até como celebrantes, enquanto na realidade permanecemos à distância, como se estivéssemos do lado de fora, porque nossas mentes e corações são levados a cem léguas de distância da presença real do Senhor por nossas preocupações terrenas, nossa tibieza, nossa falta de fé e amor para com Ele.

■ Os perigos da concelebração

A prática habitual da concelebração implica inegavelmente em um perigo para essa presença atenta e amorosa. É dever dos bispos censurar o traje minimalista e o comportamento informal dos concelebrantes como indignos do mistério que está sendo celebrado. Cada concelebrante é um verdadeiro celebrante da Eucaristia e, como tal, durante todas as fases do rito, deve manter sua atenção concentrada exclusivamente em Cristo, em uma atitude concreta de oração e adoração, com todo o recolhimento e comportamento exigidos de um sacerdote que oferece a Santa Missa. Eles estão proibidos de desempenhar funções que não sejam propriamente ministeriais quando concelebram (por exemplo, a de organista) ou, *a fortiori*, de se entregar a outras atividades (como tirar fotos ou dançar). Será que eles percebem que representam Cristo e, além disso, que são *ipse Christus*, o próprio Cristo? O ato litúrgico é um ato sagrado, que comemora o Sacrifício de Cristo no Gólgota e acolhe com fé sua presença misteriosamente oculta sob as espécies de pão e vinho eucarísticos. Essa presença de Cristo deve ser cercada de fé e amor e, portanto, do maior respeito.

A Palavra de Deus na liturgia

A Eucaristia se resume inteiramente na hóstia sagrada, na qual Jesus está presente em seu Corpo, Sangue, alma e divindade; mas a celebração eucarística sempre foi acompanhada pela leitura da Palavra de Deus como um elemento indispensável da liturgia.

Em consonância com toda a Tradição, a Constituição *Sacrosanctum Concilium* enfatiza a extrema importância (impulso máximo) da Palavra de Deus na liturgia da Igreja (§ 24). Essa importância é evidenciada, em primeiro lugar, pelo fato de que todos os gestos, símbolos e textos usados na liturgia são tirados diretamente ou inspirados na Sagrada Escritura, de modo que qualquer pessoa que desconheça seu sabor saboroso e vivo se sentirá, nas cerimônias e celebrações cristãs, como se estivesse em uma terra estrangeira cuja língua lhe é totalmente desconhecida.

Os ritos que acompanham a proclamação do Evangelho na Missa, reservada ao sacerdote ou ao diácono, para a qual todos se levantam e que é precedida por uma procissão com luz e incenso, também expressam muito explicitamente a eminente dignidade da Palavra de Deus. Sabemos também que o evangeliário pode ser exposto sobre o altar: somente os Evangelhos e o Corpo do Senhor gozam desse privilégio, um costume que a Igreja Ortodoxa Grega mantém até hoje. Portanto, não é apropriado colocar os óculos, o chapéu ou qualquer outro objeto sobre o altar do sacrifício. Em concílios como o de Éfeso, em 431, o livro do evangelho era colocado em um trono, como se significasse a presença de Cristo presidindo a assembleia de sua Igreja. O Vaticano II restaurou magnificamente essa prática de entronizar o Evangelho. Todos esses ritos têm a intenção de expressar a veneração interior com a qual a Igreja envolve a Palavra de Deus. Por outro lado, é absolutamente absurdo, ridículo, vulgar e desrespeitoso usar o Evangelho na cabeça e em uma cesta, como às vezes é feito na África. Ninguém jamais carregou seu rei ou chefe em uma cesta. Essa maneira de inculturar a liturgia não é muito inteligente e tem muito pouco respeito por Deus.

No que diz respeito à celebração da missa, a Igreja não permite que outros textos que não sejam das Escrituras sejam usados nas leituras que precedem a celebração da Eucaristia propriamente dita. Seria uma aberração e uma estupidez, e um insulto à Palavra de Deus, substituir por textos seculares julgados mais atuais ou mais interessantes, seja quem for seu autor. Esse uso decorre da estreita relação que a Igreja sempre viu entre a Palavra de Deus e o sacramento do Corpo do Senhor:

> A Igreja sempre venerou a Sagrada Escritura como venera o próprio Corpo do Senhor, e não deixa, especialmente na sagrada Liturgia, de tomar o pão da vida da mesa da Palavra de Deus e da mesa do Corpo de Cristo, para oferecê-lo aos fiéis[32].

Aos olhos da Igreja, a Palavra de Deus é tão venerável quanto o Corpo do Senhor. Aqueles que participam da Palavra, assim como aqueles que participam do Pão da Vida, participam de Cristo Jesus. Apesar das críticas feitas ao texto conciliar por assimilar demais a Palavra e a Eucaris-

---

[32] Concílio Vaticano II, *Dei Verbum*, § 21; veja-se também *Presbyterorum Ordinis*, § 18 e *Perfectae Caritatis*, § 6; *Ad Gentes*, § 6.

tia, os Padres mantiveram essa doutrina na constituição dogmática Dei Verbum e refutaram as objeções à assimilação da Palavra à Eucaristia em nome da própria Tradição[33].

De fato, a comparação entre a Palavra e o Corpo do Senhor é um fato da época patrística. Orígenes, em suas homilias sobre o Êxodo, assim exortava os fiéis:

> Vós, que participais habitualmente dos mistérios divinos, sabeis com que respeitosa precaução guardais o Corpo do Senhor quando vos é entregue, para que não caia dele alguma migalha e se perca parte do tesouro consagrado. Pois vos considerarieis culpados, e nisso tendes razão, se por sua negligência algo se perdesse dele. Mas quando se trata de seu Corpo, tendes razão em ser tão cuidadosos. Por que desejarias que a negligência da Palavra de Deus merecesse uma punição menor do que a negligência de seu Corpo[34]?

Cesário de Arles usa a mesma linguagem:

> Pergunto-lhes, meus irmãos e irmãs, dizei-me, o que pensais que é mais importante: a Palavra de Deus ou o Corpo de Cristo? Se quereis responder com sinceridade, deveis dizer-me que a Palavra de Deus não é menos importante do que o Corpo de Cristo. Portanto, assim como tomamos cuidado, quando o Corpo de Cristo é distribuído a nós, para não deixar que nada dele caia no chão de nossas mãos. Da mesma forma, devemos ter o mesmo cuidado para não deixar que a Palavra de Deus que nos é dirigida escape de nosso coração, pensando ou falando sobre outra coisa. Pois não será menos culpado aquele que ouve a Palavra de Deus descuidadamente do que aquele que descuidadamente deixa o Corpo do Senhor cair por terra[35].

---

[33] Alois Grillmeier, Sacred Scripture in the Life of the Church, in: *Divine Revelation*, "*Unam Sanctam*, 70", pp. 438-445.
[34] Orígenes, *Homilia sobre o Êxodo*, c. 13,3, "Sources chrétiennes" 16, p. 363.
[35] São Cesário de Arles, Sermão 78,2 (*Corpus Christianorum Series Latina*, 1, 103, p. 323-324).

Capítulo 3 | A Eucaristia e a liturgia

A Palavra e a Eucaristia têm a mesma importância e são igualmente veneráveis; a veneração que lhes é devida é dirigida ao Senhor, presente na Palavra e presente na Eucaristia.

A Instrução *Eucharisticum mysterium*, de 25 de maio de 1967, que fala da presença de Cristo na assembleia, na Palavra e na Eucaristia, especifica que "essa presença de Cristo sob as espécies é chamada 'real, não exclusivamente, como se as outras presenças não o fossem, mas por excelência'"[36], fazendo referência à encíclica *Mysterium fidei* do Papa Paulo VI. Presente sob o véu do pão e do vinho, ele também está presente sob o véu das palavras humanas usadas na Bíblia. Assim, falamos de uma "presença real de Cristo nas Escrituras, tão real quanto sua presença na Eucaristia, embora esta última seja sacramental"[37]. Todos os cristãos são convidados a se nutrir da Palavra de Deus, mas especialmente aqueles que não podem se nutrir sacramentalmente do Corpo e do Sangue de Cristo.

Podemos nos referir aqui também ao episódio dos discípulos de Emaús. Quando chegou a hora de se separarem, os discípulos pediram ao misterioso companheiro que não os deixasse: "Ficai conosco, pois o dia já declina e a noite se aproxima" (Lc 24,29). Ele entra com eles para comer e, de repente, São Lucas usa o vocabulário da Eucaristia: "Sentando-se à mesa com eles, tomou o pão, disse a bênção, depois o partiu e lhes deu. Seus olhos se abriram e eles o reconheceram" (Lc 24,30-31). Naquele momento, eles ficaram atônitos e maravilhados: era Jesus, então ele real-

---

[36] *Eucharisticum Mysterium*, *Documentation Catholique*, vol. 64, no. 1099, 1967.
[37] Lucien Deiss, *Vivre la Parole en communauté*, Paris, Desclées de Brouwer, 1974, p. 302.

mente havia ressuscitado! A catequese oral de Jesus terminou com esse ato de consagração eucarística, que cumpriu as Escrituras e revelou todo o seu significado.

> Então o Senhor Jesus tomou em suas mãos santíssimas os pães das Escrituras, quando, encarnado segundo as Escrituras, passou por sua Paixão e ressuscitou; depois, digo, tendo tomado os pães, deu graças, quando, cumprindo assim as Escrituras, ofereceu-se ao Pai na Cruz, como sacrifício de graça e verdade[38].

A liturgia da Palavra aumenta nosso conhecimento íntimo do Senhor, e no sacrifício eucarístico entramos em comunhão com ele. Ambas as partes da missa são absolutamente necessárias: a Palavra nos leva à presença de Cristo e à misteriosa comunhão da vida íntima com Jesus. "Aquele que come a minha carne e bebe o meu sangue permanece em mim e eu nele. Assim como o Pai me enviou, e eu vivo por causa do Pai, assim também aquele que come de minha carne viverá por causa de mim" (Jo 6,56-57).

Assim que os discípulos reconheceram o Senhor ao partir o pão, ele desapareceu de suas vistas: de agora em diante, Cristo só pode ser alcançado por meio da fé em sua Palavra e na Eucaristia, que permanece entre nós como o sinal de sua presença, o objeto de nossa contemplação e de nosso amor confiante. Foi o que aconteceu também com Maria Madalena, que foi ao sepulcro de manhã cedo e encontrou o Mestre. Ela correu para ele, mas Jesus lhe disse: "Não me toque, pois ainda não subi para o Pai. Mas vai ter com os meus irmãos e dize-lhes: 'Subo para meu Pai

---

[38] Rupert de Deutz, citado por Henri de Lubac, *L'Écriture dans la Tradition*, Paris, Aubier-Montaigne, 1966, p. 147.

e vosso Pai, para meu Deus e vosso Deus'" (Jo 20,11-18). E Jesus, com toda a probabilidade, desaparece de sua vista. Como ela também teria gostado de passar algum tempo com Jesus, tocá-lo, contemplá-lo, conversar com ele várias vezes! Seus amigos certamente passaram muito tempo com ele durante sua vida mortal; mas vê-lo e tocá-lo agora, vitorioso sobre a morte, ouvi-lo comentar sobre as Escrituras, foi uma experiência única que nós também podemos viver verdadeiramente em cada Eucaristia que é celebrada de maneira santa.

Então, como nos conta São Lucas, eles voltaram para Jerusalém. Naquela noite, esses dois discípulos não dormiram: havia coisas mais urgentes a fazer. Eles se juntaram ao grupo de apóstolos e reconstruíram o Corpo de Cristo, a Igreja que havia se desintegrado por causa da fuga, da falta de fé e de sua falta de esperança.

A unidade dos dois Testamentos é, portanto, totalmente expressa e vivida na liturgia. O Papa Bento XVI, em sua exortação apostólica pós-sinodal *Verbum Domini*, nos oferece uma síntese luminosa dessa importância da Palavra de Deus e de sua unidade na liturgia:

> Ao considerar a Igreja como a morada da Palavra, deve-se prestar atenção, acima de tudo, à sagrada liturgia. Ela é realmente o lugar privilegiado onde Deus nos fala em nossa vida presente, onde ele fala hoje ao seu povo que escuta e responde. Toda ação litúrgica é, por sua própria natureza, nutrida pelas Sagradas Escrituras. Como afirma a Constituição *Sacrosanctum Concilium*, "A Sagrada Escritura é da maior importância na celebração da liturgia. Os textos que são lidos e explicados na homilia, e os salmos que são cantados, são extraídos dela, e é sob sua inspiração e impulso que as orações, orações e hinos litúrgicos se originam, e é dela que as ações e símbolos recebem

seu significado" (§ 24). Melhor ainda, deve-se dizer que é o próprio Cristo que "está presente em sua palavra, pois ele mesmo fala enquanto as Sagradas Escrituras estão sendo lidas na Igreja" (§ 7). De fato, "a própria celebração litúrgica se torna uma proclamação contínua, plena e eficaz da Palavra de Deus. É por isso que a Palavra de Deus, assiduamente proclamada na liturgia, é sempre viva e eficaz pela força do Espírito Santo e manifesta o amor ativo do Pai, que não cessa de agir por nós, homens" (*Apresentação Geral do Lecionário Romano*, § 4)[39].

O sacrifício da Cruz, que se faz presente na segunda parte da sagrada liturgia, é finalmente o selo final, recapitulando e completando a única e mesma revelação do amor de Deus que atravessa ambos os Testamentos, como Bento XVI diz em outro lugar:

> A verdadeira novidade do Novo Testamento não consiste em novas ideias, mas na própria figura de Cristo, que dá carne e sangue aos conceitos — um realismo inédito. Já no Antigo Testamento, a novidade da Bíblia não estava apenas nos conceitos, mas na ação imprevisível e, em alguns aspectos, inaudita de Deus. Essa ação de Deus agora adquire sua forma dramática no fato de que, em Jesus Cristo, o próprio Deus procura a "ovelha perdida", a humanidade sofredora e perdida. Quando Jesus, em suas parábolas, fala do pastor que vai em busca da ovelha perdida, da mulher que procura a moeda, do pai que encontra o filho pródigo e o abraça, essas não são apenas palavras, mas uma explicação de seu próprio ser e ação. Em sua morte na cruz, Deus se volta contra si mesmo, entregando-se para erguer o homem e salvá-lo — esse é o amor em sua forma mais radical[40].

A Escritura, a Eucaristia, a Igreja: eis do que precisamos e o que é suficiente para que, como os discípulos

---

[39] Bento XVI, Exortação Apostólica Pós-Sinodal *Verbum Domini*, 2010, § 52.
[40] Bento XVI, *Deus Caritas est*, § 12.

na estrada de Emaús, encontremos Jesus. Portanto, não sejamos mesquinhos com nosso tempo para ouvir a Palavra e celebrar o Sacramento. Em particular, a noite de Páscoa, que Santo Agostinho chamou de "a mãe de todas as vigílias santas, durante as quais o mundo inteiro está acordado", e que é como o coração de todo o ano litúrgico, foi inteiramente dedicada pelos primeiros cristãos, fiéis à recomendação do Senhor de vigiar e orar como as virgens da parábola que aguardavam o retorno do Noivo (Mt 25,1-13), para vigiar na expectativa da Ressurreição. A Igreja viu isso como uma oportunidade maravilhosa para a catequese e nos oferece sete leituras do Antigo Testamento e duas do Novo durante a Vigília Pascal. Essa é a única ocasião durante o ano em que Jesus nos pede, por meio de nossa santa Mãe Igreja, que fiquemos em vigília com ele por pelo menos uma hora (Mt 26,36-46). Portanto, pelo amor de Deus, não vamos reduzir essas leituras do Antigo Testamento de forma escandalosa, como se quiséssemos dizer a Jesus: "Estais nos convidando para vigiar convosco, mas na verdade não queremos perder nosso tempo na igreja, gostaríamos que essa cerimônia fosse a mais curta possível, para que possamos ir dormir ou celebrar em casa ou em outro lugar". Vamos dar tempo e importância a essa noite única e mais sagrada de todas, e realmente dedicá-la à Palavra de Deus e à liturgia.

A repetição dos textos litúrgicos

A repetição periódica dos mesmos textos no ciclo litúrgico não nos impede de ouvir as mesmas palavras de Deus sempre de novo com frescor e novo significado, tendo a impressão de redescobrir tesouros inesperados. Como observou o Padre Halla:

> Em seu Prefácio ao *Ano litúrgico*, o primeiro Abade de Solesmes enfatizou o "poder renovador" do ano cristão. Tudo volta, é claro, mas o curso do tempo não é um círculo fechado. Desde a chegada de Cristo ao tempo humano, o tempo foi redimido e não mais flui inelutavelmente. O círculo nunca se fecha no mesmo ponto inicial, mas um novo anel da espiral se desenvolve, sem terminar no ponto em que se fechou no ano anterior. O Advento sempre será Advento, mas a cada ano é sempre um Advento diferente: a visão muda e se aprofunda... Isso ocorre porque a liturgia faz com que nossa jornada anual ao redor do sol, do solstício ao equinócio, seja uma entrada gradual no mistério de Cristo[41].

As leituras da Sagrada Escritura proclamadas durante as celebrações eucarísticas se repetem regularmente, de acordo com o ciclo litúrgico e as festas. Essa recorrência dos mesmos textos pode parecer enfadonha para alguns fiéis, mas estou convencido de que essa repetição, assim como a repetição de ritos, gestos, orações e momentos de silêncio, é necessária para a fé. Ela nos ajuda a entrar profundamente no mistério que estamos celebrando e nos molda interiormente "até que Cristo seja formado em nós" (cf. Gl 4,19). O memorial da ação salvadora de Deus a nosso respeito não é simplesmente uma questão de transmitir informações. É uma contemplação que retorna incessantemente ao seu objeto, "porque para aquele que ama", dizia São Gregório Magno, "não basta olhar uma vez"[42]. Quando o ouvinte aceita livremente na fé a Palavra de Deus viva,

---

[41] Patrick Hala, *La spiritualité de l'Avent à travers les Collectes*, Éditions de Solesmes, 2004, p. 7-8.
[42] São Gregório Magno, *Homilia*, 25.

eficaz e incisiva (cf. Hb 4,12), ele é unido pelo Espírito Santo às comunidades que nos precederam e nos transmitiram esse memorial, a todos aqueles que ouvem esses textos neste mesmo dia e a todos aqueles das gerações futuras que recordarão as mesmas realidades divinas, celebrarão os mesmos ritos e repetirão os mesmos gestos e orações.

Essa repetição também pode ser vista como um eco do grito de dor de Deus, que se queixa de ter enviado incansavelmente seus servos, os profetas, para lembrar ao povo as mesmas palavras e os mesmos apelos à conversão e à fidelidade à Aliança:

> Desde o dia em que vossos pais saíram da terra do Egito até agora, eu vos enviei todos os meus servos, os profetas; todos os dias eu os enviei, sem me cansar. Mas eles não me ouviram, não deram ouvidos, endureceram a cerviz e foram piores do que seus pais. Tu lhes dirás todas essas palavras, mas eles não ouvirão. Tu os chamarás, mas eles não lhe responderão. Tu lhes dirás: "Esta é a nação que não dá ouvidos à voz do Senhor, o seu Deus, nem se deixa ensinar. A fidelidade não existe mais, desapareceu de vossas bocas" (Jr 7,25-28).

■ Hermenêutica da continuidade litúrgica

Gostaria de concluir tocando brevemente no assunto da evolução da liturgia na história da Igreja, exigindo uma certa altura de visão.

Desta vez, começarei novamente com o episódio dos peregrinos de Emaús. "Começando por Moisés e passando por todos os profetas, interpretava para eles, em todas as Escrituras, o que lhe dizia respeito" (Lc 24,27). São Lucas mostra aqui que ninguém pode desistir de sua fé em Cristo, se ele não começa por ser fiel aos ensinamentos de

Moisés, dos Profetas e dos escritos do Antigo Testamento, como já havia insinuado na parábola do pobre Lázaro e do ímpio homem rico: este último pede a Abraão que envie Lázaro à casa de seu pai para que ele possa avisar seus cinco irmãos e convertê-los, para que eles também não cheguem ao lugar de tortura em que ele se encontra depois de sua morte. Sabemos a resposta que ele recebeu: "Se eles não ouvirem Moisés e os profetas, alguém poderá ressuscitar dos mortos, mas eles não serão convencidos" (Lc 16,31).

Isso pode lançar alguma luz sobre como receber o ensinamento do Concílio Vaticano II. É impossível entender de fato o Concílio Vaticano II se nos recusarmos a lê-lo no espírito da Tradição que o precedeu. Opor uma eclesiologia do Vaticano II a uma eclesiologia tridentina não faz sentido e não serve à Igreja: é antes tentar arruiná-la, porque a Igreja de Jesus Cristo é a mesma desde sua fundação até os dias atuais. Da mesma forma, devemos ter cuidado com os preconceitos, muitas vezes ideológicos, que impedem a verdadeira renovação exigida pela Constituição sobre a Liturgia *Sacrosanctum Concilium*, uma tarefa que é ao mesmo tempo imensa, delicada e formidável, e que a Igreja vem enfrentando com paciência, perseverança e determinação há muitos anos. O Concílio ensinou, em perfeita continuidade com o constante Magistério da Igreja, que a sagrada liturgia é o lugar onde Cristo age em sua Igreja hoje. Inventar a própria liturgia fora da Tradição, torná-la o lugar da criatividade pessoal ou coletiva que, em última análise, se refere apenas ao próprio sacerdote ou a uma assembleia autocelebratória, é trair o Vaticano II e distanciar os fiéis de Cristo. Bento XVI deixou isso claro em sua Carta aos

Bispos de 7 de julho de 2007, por ocasião da publicação do Motu Proprio *Summorum Pontificum*:

> O que era sagrado para as gerações que nos precederam permanece grande e sagrado para nós, e não pode ser inesperadamente proibido ou mesmo considerado prejudicial. É bom para todos nós preservar as riquezas que cresceram na fé e na oração da Igreja e dar-lhes o lugar que lhes é devido.

Capítulo 4
SEGUIR JESUS NO DESERTO

Do batismo no Jordão à solidão do deserto

Após o gesto silencioso, profundo e poderoso de plena aquiescência à vontade do Pai, que é o batismo no Jordão, Jesus não se entregou imediatamente ao ministério: retirou-se para o deserto. Ele buscou o silêncio externo e a solidão, as condições essenciais para a meditação interior. Além da meditação pessoal e da conversa íntima com o Pai, Jesus mortificou seus sentidos ao se envolver em um jejum rigoroso que colocou à prova sua capacidade física de resistir.

Vamos retomar esse ensinamento concreto. A transformação de nosso ser e de toda a nossa vida, provocada pelos sacramentos da iniciação cristã, exige que entremos em nosso interior e reservemos um tempo para meditar sobre essas coisas. Esse trabalho interior só será realizado se deixarmos de lado toda a inquietação que existe dentro de nós. Encontrar Deus de verdade exige vigilância contra impulsos impensados, autocontrole e controle de nossos sentimentos e imaginação. Ao ir para o deserto, Jesus decidiu excluir radicalmente todas as fontes de distração, agitação e barulho, que são os inimigos de uma vida de oração e intimidade com Deus. Ele nos leva a abandonar nosso discurso íntimo e os incessantes jogos conceituais para entrar no silêncio de Deus. É somente nesse silêncio divino que poderemos ouvir a única Palavra dita com amor, a Palavra que nos introduz na luz inacessível do Pai[1].

Os quarenta dias de Jesus no deserto, durante os quais ele jejuou e orou para que as pessoas se convertessem e recebessem a graça da Nova Aliança (cf. Lc 4,2; Mc 1,12), ecoam a grande jornada de quarenta anos do povo de Israel no deserto. Deus nos tira do Egito de nossa escravidão, arrancando-nos de nossos maus hábitos e pecados para nos fazer empreender uma longa e árdua jornada pelo árido deserto de nossos corações em direção à Terra Prometida de seu amor, sua ternura e sua misericórdia. Ele nos conduz nessa jornada seguindo os passos do povo escolhido, que por quarenta anos caminhou pelo deserto do Sinai (cf. Ex 16,35; Nm 14,33), ouvindo a Palavra de Deus e permitindo-se ser educado e purificado de seus pecados em preparação para a nova e eterna Aliança com Ele. Ele nos faz imitar Moisés, que durante quarenta dias e quarenta noites (cf. Ex 24,18; 34,28; Dt 9,9) permaneceu diante de Deus, orando para que estivesse mais bem preparado para receber em seu coração a Lei gravada nas tábuas de pedra pelo dedo divino.

---

[1] Cf. *Le discernement des esprits*, por um Cartuxo, Paris, Presses de la Renaissance, 2003, p. 35-36.

Capítulo 4 | Seguir Jesus no deserto

Deus liberta seu povo da terra do Egito, lugar de sua escravidão e de sua abundância de bens materiais (cf. Ex 16,1-3; Nm 11,5-6), para conduzi-lo ao deserto, lugar de renúncia e solidão, a fim de humilhá-lo, testá-lo e conhecer as profundezas de seu coração (Dt 8,1-6). É na abnegação e no silêncio que o homem encontra sua verdadeira estatura, torna-se atento a Deus e compreende que precisa dele:

> O deserto, escreve o Cardeal Ratzinger, é um lugar de silêncio e solidão, onde nos distanciamos dos acontecimentos cotidianos. É um lugar para fugir do barulho e da superficialidade. O deserto é o lugar do absoluto, o lugar da liberdade, onde o homem é confrontado com suas exigências mais importantes. Não é por acaso que o deserto é o local de nascimento do monoteísmo. Nesse sentido, ele é o reino da graça. Esvaziado de suas preocupações, o homem ali encontra seu Criador. Grandes coisas começam no deserto, no silêncio, na pobreza[2].

Essa jornada para o deserto interior é um retorno para casa. Por meio do pecado, o homem se excluiu de seu próprio coração para se projetar para fora, para se espalhar e se perder ali. Deus está esperando por nós nessa interioridade abandonada, assim como Jesus, depois de expulsar muitos demônios chamados Legião de um homem possuído por demônios, disse a ele: "Vá para casa", ou seja: "Junte-se a Deus, que está esperando por ti nessa morada divina que é o seu coração". Infelizmente, a casa de nosso coração está muito dilapidada. Como Davi, devemos querer torná-la digna de Deus: "O templo de Deus é santo, e vós sois o seu templo" (1Cor 3,16-17). Portanto, devemos cuidar da dignidade dessa morada, como Santo Ambrósio nos convida a fazer: "Toda alma recebe a Palavra de Deus,

---

[2] Joseph Ratzinger, *Le Ressuscité*, Paris, Desclée De Brouwer, 1986, p. 10.

desde que seja irrepreensível e preservada dos vícios, mantendo a castidade em completa pureza"[3]. A alma deve ser como o ventre de Deus. A alma deve ser como o útero da Virgem Maria, uma morada imaculada.

O templo de nosso coração só pode ser construído pelo silêncio interior, pela oração e pela penitência, essas três atividades características do deserto, que são fundamentais para nossa maturidade humana e espiritual. Uma vez que a mortificação de nossos afetos não é outra coisa senão a oração dos sentidos e a oferta de nossos corpos como sacrifício vivo, santo e agradável a Deus (cf. Rm 12,1), tudo se resume à oração. Os quarenta dias e quarenta noites de Jesus no deserto foram essencialmente um tempo de oração, de conversa íntima e filial com o Pai. A fome sentida pelo corpo é, por assim dizer, o eco e a tradução concreta de nosso desejo por Deus; o gemido da alma e o do corpo se fundem em uma única súplica do homem inteiro, na qual as palavras se tornam supérfluas. Santo Agostinho tinha essa súplica em alta estima:

> A oração não deve conter muitas palavras, mas muitas súplicas, se persistir em uma atenção fervorosa. Pois falar muito ao orar é tratar de um assunto indispensável com palavras supérfluas. Orar muito é bater à porta daquele a quem estamos orando com a atividade insistente e religiosa do coração. Na maioria das vezes, esse assunto é tratado com gemidos em vez de palavras, com lágrimas em vez de palavras. Deus coloca nossas lágrimas diante d'Ele e nosso gemido não escapa d'Ele, que criou tudo por meio de Sua Palavra e que não busca palavras humanas[4].

---

[3] Santo Ambrósio, *Commentaire de l'Évangile de saint Luc*, 2, 26.
[4] Santo Agostinho, *Carta a Proba*, 130, 8,15.17-9,18; cf. *Liturgie des Heures*, t. 4, Paris, Cerf-Desclée de Brouwer-Mame, 1980, p. 200.

A Palavra de Deus, fundamento de nossa existência

As únicas palavras que o Evangelho registra de Jesus no deserto são as citações da Escritura que ele contrapõe às tentações do demônio. No deserto, longe do barulho de nossa vida agitada, a Palavra de Deus ressoa com uma força especial.

Precisamos voltar com frequência a essa Palavra, que nos ensina com certeza e verdade os valores do Reino dos Céus, como o Concílio Vaticano II exorta todos os cristãos a fazer, a fim de aprender por meio dela "a eminente ciência de Jesus Cristo" (Fl 3,8). De fato, de acordo com São Jerônimo, "a ignorância das Escrituras é a ignorância de Cristo". O Concílio Vaticano II, portanto, recomendou fortemente "que o acesso à Sagrada Escritura seja amplamente disponibilizado aos cristãos" (*Dei Verbum*, § 22). Ele deu a razão para isso:

> Toda pregação eclesiástica, como a própria religião cristã, deve ser alimentada e governada pela Sagrada Escritura. Nos Livros Sagrados, de fato, o Pai do céu encontra ternamente seus filhos e conversa com eles. Ora, a força e o poder da Palavra de Deus são tão grandes que constituem, para a Igreja, seu ponto de apoio e sua força, e para os filhos da Igreja, a força de sua fé, o alimento de suas almas, a fonte pura e permanente de sua vida espiritual[5].

Por que essa insistência? Porque a Igreja está convencida de que só pode crescer, se fortalecer e se renovar se for edificada, no sentido mais forte da palavra, sobre a Palavra de Deus: "Porque ninguém pode lançar outro fundamento

---

[5] *Dei Verbum*, § 21; cf. *Sacrosanctum Concilium*, § 24, 35, 51.

além daquele que foi lançado, a saber, Jesus Cristo" (1Cor 3,11), que é a Palavra viva e eterna. É Nele, a Palavra feita carne (Jo 1,14), que "toda estrutura é ajustada e cresce em um templo santo no Senhor [...] uma morada de Deus no Espírito" (Ef 2,21-22).

Trata-se de buscar na Bíblia uma palavra viva que se dirige às pessoas de hoje, porque, nas palavras de Louis Bouyer, "é para elas que ela foi falada e continua sendo falada". A Bíblia deve ser uma palavra dirigida a todos nós que vivemos no século XXI, e a mim pessoalmente. Ela é tão atual quanto o que a Eucaristia torna presente no altar, como explica Hans Urs von Balthasar:

> Assim como a Eucaristia não é uma simples lembrança de algo que aconteceu no passado, mas uma atualização perpétua do Corpo do Senhor e de seu sacrifício, assim também a Escritura não é tanto a história quanto a forma e o veículo da Palavra de Deus, que está sendo constantemente pronunciada, mesmo agora. Se, finalmente, a Sagrada Escritura não é outra coisa senão esse testemunho divino de Cristo, então sua leitura e meditação devem ser para mim o meio mais seguro de discernir a vontade concreta de Deus para minha vida e meu destino como Deus o concebe. "É por isso que é um grande erro", costumava dizer o Padre Lallemant, "ler tantas obras de piedade e tão pouco a Escritura"[6].

■ Unidade dos dois Testamentos na Bíblia

Uma vez que a Palavra de Deus é a presença viva do próprio Deus, ela deve ser una, totalmente divina, tanto no Antigo quanto no Novo Testamento.

---

[6] Citado em Henri de Lubac, *L'Écriture dans la Tradition*, Paris, Aubier-Montaigne, 1966, p. 100-101.

Como o Concílio Vaticano II afirmou, "Nossa santa Mãe Igreja, em virtude da fé apostólica, considera sagrados e canônicos todos os livros do Antigo e do Novo Testamento, com todas as suas partes, uma vez que, escritos sob a inspiração do Espírito Santo, Deus é seu autor e foram transmitidos como tais à própria Igreja"[7]. E o texto continua um pouco mais adiante:

> Deus, o Inspirador e Autor dos livros de ambos os Testamentos, sabiamente os organizou de tal forma que o Novo está escondido no Antigo e o Antigo é revelado no Novo. De fato, mesmo que Cristo tenha fundado a Nova Aliança em seu Sangue (cf. Lc 22,20; 1Cor 11,26), os livros do Antigo Testamento, retomados em sua totalidade na mensagem evangélica, adquirem e manifestam seu pleno significado no Novo Testamento (cf. Mt 5,17; Lc 24,27; Rm 15,25-26; 2Cor 3,14-16), ao qual, por sua vez, trazem luz e explicação[8].

Jesus não veio para abolir, mas para cumprir (cf. Mt 5,17). E já em sua consciência, se assim podemos dizer, o Antigo Testamento é como a matriz do Novo, no sentido de que as categorias e imagens usadas por Jesus para revelar seu próprio mistério são as do Antigo Testamento, que assim adquirem uma nova plenitude de significado e subitamente revelam sua convergência oculta em direção à sua Pessoa e à sua obra. Essa convergência continuaria a ser trazida à luz pela pregação dos apóstolos, por exemplo, o primeiro discurso de Pedro no dia de Pentecostes (At 2,14-40), o que ele fez no Templo (At 3,11-26) ou os de Estêvão (At 7,1-60) e Paulo (At 22,1-21) perante o Sinédrio. Ao catequizar os discípulos de Emaús, Jesus insistiu

---

[7] Concílio Vaticano II, *Dei Verbum*, § 11.
[8] *Dei Verbum*, § 16.

no mistério dessa convergência, fazendo para eles a mais bela *lectio divina* de todos os tempos, Cristo comentado e explicado por Cristo ao longo da história da salvação:

> Ó vós, de pouco entendimento! Quão lento é vosso coração para crer em tudo o que os profetas disseram! Não era necessário que o Cristo sofresse essas coisas para entrar em sua glória? E, começando por Moisés e por todos os profetas, interpretou para eles o que lhe dizia respeito em toda a Escritura (Lc 24,25-27).

Portanto, por meio de sua morte na cruz, Jesus Cristo alcança a unidade da Escritura, porque ele é o fim e a plenitude dela. Toda a Escritura se relaciona com ele. O Padre de Lubac comentou sobre isso nos seguintes termos:

> Ao pronunciar o *consummatum est* no lenho da cruz, simbolicamente designada pela última letra do alfabeto hebraico, Jesus deu a toda a Escritura a sua consumação, revelando assim todo o mistério da redenção do homem, oculto nos vinte e dois livros do Antigo Testamento. Sua cruz é a chave única e universal. Por meio do sacramento da cruz, Jesus une os dois Testamentos em um único corpo de doutrina, misturando preceitos antigos com a graça evangélica. Como o Leão de Judá, ao morrer ele conquistou a vitória que abre o Livro sete vezes selado (Ap 6-8). Ele entra no templo onde a Arca Sagrada estava guardada. Ele rasga o véu que cobria os mistérios da graça. De uma só vez, ele mostra o profundo significado do que foi escrito e, ao mesmo tempo, abre os olhos daqueles que não são impedidos por isso [...]. Assim, a luz da verdade flui duplamente da Cruz. [...] O golpe do centurião com a lança realizou em verdade o que o bastão de Moisés ao atingir a rocha havia realizado em figura: do lado perfurado pela lança jorraram as fontes do Novo Testamento; "se Jesus não tivesse sido transpassado, se água e sangue não tivessem saído de seu lado, todos nós ainda estaríamos sedentos da Palavra de Deus" (Orígenes). Aqui, então, no Calvário, bem aberto e legível para todos, está o livro do desígnio divino[9].

---

[9] Henri de Lubac, *op. cit.*, p. 144-146.

O Padre de Lubac prossegue mostrando como os Padres sustentavam essa doutrina da "interdependência exata e indissolúvel do Antigo e do Novo Testamento", e proclamavam que "quem quer que recebesse um com a exclusão do outro se tornaria um Testamento *Dei alienus*, um estranho ao Testamento de Deus"[10].

Essa unidade das Escrituras em Cristo tem outro aspecto que a revela ainda mais poderosamente: é Jesus, e somente ele, que interpreta o texto sagrado para nós e que pode nos mostrar como, de uma ponta a outra, as Escrituras não significam outra coisa senão o Evangelho, ou seja, elas revelam a Palavra de Deus feita carne entre nós. Como ele disse a seus contemporâneos:

> Vós examinais as Escrituras porque pensais que nelas há a vida eterna, e são elas que dão testemunho de mim, e vós não quereis vir a mim para ter vida! Não penseis que eu vos acusarei diante do Pai. Vosso acusador é Moisés, em quem depositastes vossa esperança. Se acreditásseis em Moisés, também acreditariam em mim. Pois ele falou de mim nas Escrituras. Mas, se não credes no que está escrito, como crereis no que eu digo? (Jo 5, 39-40 e 45-47).

Assim Moisés nos conduz, por meio de uma estruturação profunda e progressiva de nossa busca interior, a uma extraordinária experiência mística de Deus, da qual os Dez Mandamentos são o início do caminho.

O Antigo Testamento é uma palavra dirigida a um povo que deve ser libertado das mentalidades pagãs e politeístas da antiguidade. Não há nada de ultrapassado

---

[10] Santo Agostinho, *De musica*, I, 6c, 17, n. 39, e Orígenes, Homilia 9 sobre o livro dos Números, n. 4, citado por Henri de Lubac, *op. cit.*, p.150.

nele para o nosso mundo moderno, que mais uma vez se tornou pagão e escravo de seus próprios ídolos, negando a diferença entre o bem e o mal. Ela nos ensina a restaurar Deus em seu lugar como a origem e o fim de todas as coisas, a fonte da vida e o fim último do homem, o peregrino do Absoluto; essa é a grande revolução moral e religiosa da Lei de Moisés. O povo de Deus deve ser tirado de sua escravidão para estar à altura da eleição divina da qual é objeto, sem transigir com os antigos ídolos, sem diminuir o ideal de justiça e fidelidade lembrado por Deus no Sinai para ajudar o homem a crescer e assumir sua verdadeira dignidade, sem diminuir o culto devido a Deus, na sede sempre insaciável de um dia ver seu Rosto, a sede que dá ao homem sua verdadeira grandeza.

É às mentes formadas e nutridas dessa maneira pelos ensinamentos dos Patriarcas, dos Profetas e dos Sábios de Israel que se dirige o Novo Testamento, caracterizado pelo cumprimento de promessas e figuras. A Palavra de Deus feita carne não nega o que disse pela boca de Moisés e dos Profetas, mas lhe dá seu verdadeiro significado, seu conteúdo pleno e definitivo. São Boaventura usou a imagem de um rio nesse sentido:

> A Escritura é como um rio largo que está constantemente aumentando em número e abundância à medida que flui. Primeiro, havia os livros da Lei nas Escrituras, depois veio a água da sabedoria nos livros históricos, depois a doutrina do sábio Salomão, depois a doutrina dos santos profetas. Finalmente, a doutrina do Evangelho foi revelada, proferida pela boca corporal de Cristo, registrada pelos evangelistas e divulgada pelos apóstolos. A estes devem ser acrescentados os ensinamentos que o Espírito Santo, vindo sobre eles, nos ensinou por meio deles, de modo que, assim conduzidos a toda a

verdade pelo Espírito Santo, de acordo com a promessa divina, eles dão à Igreja de Cristo a doutrina de toda verdade salvífica e difundem, completando a Sagrada Escritura, o conhecimento da verdade[11].

Dessa forma, a Lei de Jesus Cristo aperfeiçoa, completa, cumpre e supera a Lei de Moisés em suas exigências. Uma deve ser lida à luz da outra: o Decálogo à luz do Sermão da Montanha, que é como a carta do Reino de Deus a ser posta em prática ou então construiremos o edifício de nossas vidas sobre a areia (Mt 7,21-27).

Mas no Novo Testamento, a Nova Lei não consiste simplesmente em preceitos mais avançados ou mais sutis. Ela toma forma e consistência na própria pessoa de Cristo. Ele disse a respeito de si mesmo: "Eu sou a luz do mundo; quem me segue não andará em trevas, mas terá a luz da vida" (Jo 8,12); "Eu sou o Caminho, a Verdade e a Vida. Ninguém vem ao Pai senão por mim" (Jo 14,6); de fato, ele acrescenta: "Quem me viu, viu o Pai" (Jo 14,9). A partir de então, a Lei não é mais um princípio moral abstrato, uma convenção legal: observar a Lei significa seguir Jesus, tornar-se seu discípulo, aderir às suas escolhas, aos seus valores, aos seus critérios e ao seu Evangelho. Significa assumir o compromisso de mostrar o modo de pensar, agir e viver de Jesus em nossa vida cotidiana. Como disse Bento XVI, "ser cristão não começa com uma decisão ética ou uma grande ideia, mas com o encontro com um evento, com uma Pessoa, que dá à vida um novo horizonte e, portanto, sua direção decisiva"[12].

---

[11] São Boaventura, *Breviloquium*. Prólogo, Paris, Éditions franciscaines, 1966, p. 95.
[12] Bento XVI, *Deus Caritas est*, § 1.

Devemos ter o maior respeito pela Palavra de Deus, um respeito que deve se refletir em nosso cuidado de não a modificar, adulterar ou diluir quando a traduzimos, e de não a poluir com as ideologias do mundo quando a interpretamos. Somente assim poderemos experimentar a alegria de descobrir constantemente novas riquezas na Sagrada Escritura, lendo-a não como um objeto de curiosidade intelectual, mas como uma palavra verdadeiramente dirigida a nós, nas palavras de Johannes Albrecht Bengel: *"Te totum applica ad textum, rem totam applica ad te"*, "Aplica-te inteiramente ao texto, e o que quer que ele diga, aplica-o a ti mesmo". Como disse Isaías: "Todas as manhãs ele desperta meu ouvido para ouvir como um discípulo" (Is 50,4).

Ao ouvir diariamente a Palavra de Deus, nós nos tornamos verdadeiros crentes e autênticos discípulos de Jesus Cristo, *theodidactoi*: estudantes de Deus (Jo 6,45; Is 54,13). Em Jesus, o Filho de Deus feito homem, Deus disse à humanidade tudo o que poderia dizer a ela, uma palavra que foi total, exaustiva e definitiva, feita carne nestes "últimos dias", quando o plano de Deus foi cumprido em toda a sua plenitude (Hb 1,1-2). Se Deus, nosso Pai, nos falou dessa forma em Jesus Cristo ("Escutai-o": Mt 17,1-5), nosso dever é escutar com a máxima atenção. Portanto, tenhamos cuidado com a menor negligência na recepção e na adesão à Palavra de Deus, mas antes a recebamos com um coração bom e generoso: ela nos trará o perdão (cf. Nm 14,20; Mt 9,2; Lc 7,48), a cura (cf. Sl 107,20; Mt 9,6), a vida (cf. Jo 4,49-53; 1Pd 1,21) e a comunhão com Deus (cf. 1Jo 1,3).

Um baluarte contra o mal e uma espada no combate

O que a Palavra de Deus deve ser em nossa vida cristã nos é revelado pela maneira como o próprio Jesus a usou durante seu retiro no deserto. Para ele, a Palavra não era um mero objeto de especulação abstrata: era uma realidade viva e eficaz, tanto um baluarte protetor quanto uma arma vitoriosa, permitindo que ele repelisse uma a uma as tentações do diabo.

Diante de um mundo conquistado pela idolatria do dinheiro, do poder e do sexo, diante da invasão de mentiras generalizadas e da poluição moral, diante das várias formas de demolição do homem e dos rios de sangue inocente causados pela violência bárbara e pelas guerras, precisamos de um dique capaz de resistir à inundação do mal para nos refugiarmos nele. Esse dique não precisa ser construído do zero: é a Palavra de Deus. "Toda palavra de Deus é provada e testada; ela é um escudo para aqueles que nela se refugiam" (Pr 30,5). Quando Deus fala conosco, podemos confiar no que ele nos diz: "Palavras puras, prata fundida, refinada sete vezes" (Sl 12,7).

Hoje em dia, propor a Lei de Deus como uma barreira contra a invasão do mal não encontra aprovação universal. Muitos de nossos contemporâneos afirmam ser descrentes ou ateus. Para outros, que se dizem cristãos, o ensino das Escrituras parece ultrapassado, e eles estão buscando soluções novas e sem precedentes. Em uma época em que já era possível fazer uma primeira avaliação provisória do prurido de novidades doutrinais na Igreja, São Josemaría

Escrivá falava desse "lamentável cortejo de pessoas que, sob a máscara de profetas dos novos tempos, procuravam ocultar, sem conseguir plenamente, o rosto do herege, do fanático, do homem carnal ou do orgulhoso ferido"[13]. No entanto, o que precisamos não é de algo novo ou original, mas de algo sólido, um dique inabalável. Pois tudo o que vem de Deus é ferozmente combatido. Em meio ao relativismo moral e religioso, à confusão ideológica e a todo o tatear humano em busca de respostas para questões essenciais, a Palavra de Deus é um baluarte contra a invasão da falsidade, que arruína os valores morais fundamentais e destrói a humanidade; é uma certeza, porque "esta Palavra é segura e digna de todo crédito" (1Tm 1,15; 1Tm 3,1; 4,9; 2Tm 2,11; Tt 3,8; Sl 19,8; 2Pd 1,19).

Essa Palavra de amor salvador dada à humanidade não é estranha, pelo contrário, às perguntas que agitam profundamente nossos corações. Na existência humana, há pensamentos mortos e pensamentos vivos. Um pensamento morto é como uma pedra; mesmo que seja plantado no solo e regado abundantemente todos os dias, nada pode resultar dele. O pensamento vivo, de outro lado, é como uma semente. Mas essa semente deve cair em solo fértil: se para muitas pessoas hoje a Palavra de Deus é insípida e infrutífera, é porque seu coração é um deserto árido, um coração de granito. Nada penetra nele e nada cresce nele. Mas para os corações abertos e generosos, irrigados pelo Espírito Santo, a lei de Deus é uma semente de vida e amor, uma fonte de transformação verdadeira e profunda.

---

[13] Carta de 14 de fevereiro de 1974, citada em Pilar Urbano, *Josemaria, le saint de l'ordinaire, un homme vaillant en quête de Dieu*, Paris, Le Laurier 2016, p. 209.

Em nosso mundo, que perdeu todos os seus rumos, a Palavra de Deus é uma verdadeira bússola para dar a direção certa à nossa existência, e é uma verdadeira represa para conter a decadência moral e social.

Um baluarte contra a invasão do mal, a Palavra também é nossa arma ofensiva. O Apocalipse mostra que, embora Cristo já seja vitorioso, os cristãos devem continuar sua luta contra a Besta e os reis que estão fazendo campanha contra o Cordeiro; e esse Cordeiro, que é o Senhor dos Senhores e o Rei dos reis, vencerá por meio daqueles que ele escolheu e que lhe são fiéis (cf. Ap 17,14), dando-lhes a arma da Palavra de Deus, como uma espada afiada de dois gumes (cf. Hb 4,12-13). É por isso que é tão importante ler a Palavra de Deus, internalizá-la, enterrá-la em nosso coração, viver de acordo com ela nas circunstâncias de cada dia. Os cristãos que realmente estudam as Escrituras Sagradas, nutrem-se delas e enfrentam os problemas de suas vidas à luz das Escrituras possuem a arma da vitória, e os olhos do mundo inteiro estão sobre eles. A Palavra de Deus destrói a escuridão, aniquila as obras de Satanás; ela nos unifica internamente e nos dá força se a abordarmos com uma atitude de escuta e oração, não nos contentando em lançar ideias, mas consentindo com os planos de Deus e nos colocando a seu serviço, para que seu Nome seja santificado, seu reino venha e sua vontade seja feita, na terra como no céu (cf. Mt 6,9-10).

Mas não nos enganemos: o poder vitorioso da Palavra começa em nosso próprio coração. De fato, como nos diz a Epístola aos Hebreus, ela tem um poder penetrante, ativo, restaurador e vivificante; penetra até as profundezas da alma, até as regiões mais secretas do coração humano, e um dia teremos que prestar contas disso (cf. Hb 4,12-13). É o nosso descanso; dá-nos força e a capacidade de produzir muitos frutos: "Bem-aventurado", diz o salmo, "o homem [...] que se deleita na lei do Senhor e murmura a sua lei dia e noite! Ele é como uma árvore plantada junto a correntes de água; dará frutos a seu tempo, e suas folhas nunca murcharão" (Sl 1,1-3). Mas ela também nos julga: "Quem me rejeita", diz Jesus, "e não aceita as minhas palavras, tem o seu juiz: a palavra que eu disse o julgará no último dia; porque eu não falei por minha própria autoridade, mas o Pai que me enviou me ordenou o que eu deveria dizer" (Jo 12, 48-49).

Alimento para nossas almas

Ao usar a Palavra de Deus como uma arma contra o diabo, Jesus continua a nos ensinar o lugar que ela deve ocupar em nossa vida. Quando o espírito maligno sugeriu transformar pedras em pães para satisfazer sua fome, Jesus respondeu: "Está escrito: 'Nem só de pão viverá o homem, mas de toda palavra que procede da boca de Deus'" (Mt 4,4). A Palavra de Deus é, portanto, um alimento: essa imagem nos é proposta com força por Ezequiel, a quem Deus dá o rolo do livro de sua Palavra para comer (Ez 2,8-3,3), assim como o é para São João no Apocalipse (Ap 10,9). De fato, precisamos do alimento suculento e amargo das Sagradas Escrituras para nosso crescimento humano e espiritual, para nossa missão como testemunhas das maravilhas do amor com que Deus nos abençoou em Jesus Cristo e para "profetizar contra muitos povos, nações, línguas e reis" (Ap 10,11).

Capítulo 4 | Seguir Jesus no deserto

É o próprio Deus que desperta em nós essa fome e sede de ouvir e comer sua Palavra: "Dias virão — declara o Senhor — em que enviarei fome à terra, não fome de pão, nem sede de água, mas de ouvir a palavra do Senhor" (Am 8,11). Jeremias, como todos os profetas e sábios, tinha sede de ouvir essa Palavra e fez dela o deleite de seu coração: "Quando apareciam as tuas palavras, eu as devorava; a tua palavra era o meu prazer e a alegria do meu coração. Pois era o teu nome que eu trazia, Senhor, Deus do universo" (Jr 15,16). Essa também é a experiência do salmista: "Deleito-me na tua vontade, não me esqueço da tua palavra. [...] Como é doce ao meu paladar vossa palavra, mais do que o mel à minha boca! Abro a boca e aspiro largamente, pois anseio por vossos mandamentos" (Sl 119,16, 103, 131).

Se a Escritura é para os fiéis, nas palavras do Vaticano II, "a força de sua fé, a luz de sua alma, a fonte pura e permanente de sua vida espiritual", é porque ela foi inspirada pelo próprio Senhor e revela sua vontade para nossa existência. Portanto, é retornando a ele continuamente que podemos, na variedade de eventos e provações, permanecer irrepreensíveis na fé. Toda vez que a vida nos pede para fazer uma escolha sobre nossa fidelidade ao Senhor, podemos ter certeza de que a Palavra de Deus nos iluminará. Aqueles que procuram conformar suas vidas a essa Palavra descobrem todos os dias como ela é "ativa, eficaz e mais afiada do que qualquer espada de dois gumes: penetra até o ponto de divisão da alma e do espírito" (Hb 4,12); ela nos ensina como viver de acordo com a vontade de Deus, de modo a nos tornarmos justos e santos. Ela nos convence a acreditar e a aderir Àquele que é a fonte de todo o bem. Ela corrige nossas falhas e nos coloca de volta no caminho certo. Ela nos molda e nos capacita a "revestir-nos do novo homem, criado segundo Deus, em justiça e santidade da verdade" (Ef 4,24).

A Palavra de Deus é a seiva nutritiva de nossa vida como cristãos batizados; é também o lugar onde encontramos Deus, o professor de nosso relacionamento com Ele. Esse será o caso se permitirmos que Deus tome conta de nossa vida, conduzi-la e a introduzir na intimidade de seu mistério, irrigando-nos com sua Palavra de vida. É por isso que as comunidades de fé que estão sendo formadas aqui e ali só serão viáveis se seus membros gostarem de se reunir, não apenas para se comunicar de forma amigável e fraterna, mas também, e principalmente, para ficarem em silêncio juntos a fim de se deixarem penetrar pela Palavra de Deus. "Eis que estou à porta e bato; se alguém ouvir a minha voz e abrir a porta, entrarei em sua casa e cearei com ele, e ele comigo" (Ap 3,20; cf. Jo 14,23).

Fonte de nossa vida interior

As Escrituras são a fonte de toda oração cristã. Ao ler a Palavra de Deus, entramos em comunicação pessoal com Ele, face a face, coração a coração. Abrir-nos à Palavra de Deus é permitir que sejamos penetrados pela caridade, que sejamos possuídos e queimados pelo fogo do amor de Deus, para que possamos transmiti-lo aos outros. São João Paulo II via o estudo assíduo das Escrituras como uma condição indispensável para o crescimento da vida cristã:

Não há dúvida de que a primazia da santidade e da oração só é concebível a partir de uma renovada escuta da Palavra de Deus [...]. Em particular, a escuta da Palavra deve se tornar um encontro vital, de acordo com a antiga e ainda relevante tradição da *lectio divina*, que nos permite extrair do texto bíblico a palavra viva que desafia, guia e molda nossas vidas[14].

São João Crisóstomo, aquele maravilhoso pregador com seu estilo vivo e colorido, falava da oração nestes termos: "A língua que reza é a mão com a qual agarramos os joelhos de Deus". Nas Escrituras Sagradas, Deus nos dá as palavras de nossa oração e as diretrizes para direcionarmos nossa vida a Ele.

De fato, a Palavra de Deus é como o espelho de nossa alma, de acordo com a comparação de São Gregório Magno:

> A Sagrada Escritura se oferece aos olhos de nossa alma como uma espécie de espelho: nela podemos contemplar nosso rosto interior. Pois é nela que vemos nossa feiura e nossa beleza. É nela que medimos nosso progresso, nela que vemos o quanto ainda temos de caminhar. Ela narra as ações dos santos e convida o coração dos fracos à sua imitação [...]. Às vezes, ela até nos fala não apenas de suas virtudes, mas também descobre suas quedas: assim, podemos ver na vitória de sua valentia o que devemos aproveitar ao imitá-los, e em suas quedas o que devemos temer[15].

Todo cristão pode encontrar na leitura assídua das Sagradas Escrituras uma ajuda preciosa e uma luz indispensável que guiará e sustentará sua vida espiritual e o capacitará a progredir na vida interior. Nesse sentido, não há tarefa mais nobre, mais urgente e mais útil do que o estudo

---

[14] São João Paulo II, *Novo Millennio Ineunte*, 6 de janeiro de 2001, § 39-40.
[15] São Gregório Magno, Carta 5, 46, citado por Claude Dagens, *Saint Grégoire le Grand*, Paris, Études Augustiniennes, Paris 1977, p. 59.

contemplativo da Sagrada Escritura. São Gregório Magno escreveu nesse sentido a seu amigo em Constantinopla, o médico Teodoro:

> O que é a Sagrada Escritura, senão uma carta de Deus Todo-Poderoso — e eu acrescentaria, uma carta de amor — à sua criatura? É claro que, se sua Glória estivesse em outro lugar e recebesse uma mensagem do Imperador da Terra, ela não descansaria, não daria sono a seus olhos até que tivesse lido primeiro o que o Imperador da Terra havia escrito para ela. O Imperador do Céu, o Senhor dos homens e dos anjos, enviou-lhe cartas que são de interesse para sua vida e, ainda assim, glorioso filho, negligencias a leitura apaixonada dessas cartas! Peço-te que te dediques ao estudo e medites todos os dias nas palavras de teu Criador[16]!

Aqueles a quem Deus concede a inteligência, os meios e a oportunidade de aprofundar seu conhecimento dos livros divinos e do mistério que permaneceu oculto por séculos e gerações, e que agora foi manifestado aos seus santos (cf. Cl 1,25-26), têm uma grande responsabilidade: eles não devem guardar o "conhecimento eminente de Jesus Cristo" para si mesmos, mas compartilhá-lo com todos os seus irmãos e irmãs. Assim, o servo da Palavra, familiarizado com a Sabedoria, diz:

> Eu sou como um canal que flui de um rio, como um riacho que conduz ao céu. Eu disse: Vou regar meu jardim, vou irrigar meus canteiros de flores. E eis que meu canal se tornou um rio e o rio se tornou um mar. Ainda farei a disciplina brilhar como a aurora; levarei sua luz por toda parte. Ainda espalharei a instrução como uma profecia e a transmitirei às gerações futuras. Veja: não estou trabalhando apenas para mim, mas para todos os que buscam a Sabedoria (Sr 24, 30-34).

---

[16] São Gregório Magno, Carta 5, 46, citad por Claude Dagens, *Saint Grégoire le Grand*, Paris, Études Augustiniennes, Paris 1977, p. 59.

A ORAÇÃO

Para Jesus, o deserto ainda é o lugar da oração longa e perseverante. Sua oração no deserto nos mostra como, no dinamismo da vida espiritual, tudo deve ser pago caro, conquistado com esforço; mas tudo é vivido em um clima de amor, beleza e paz. Orar é difícil e cansativo, porque a oração é realmente uma batalha, uma verdadeira luta, um combate corpo a corpo com Deus (cf. Gn 32,23-33; Rm 15,30-33; Cl 4,2). Mas é também um momento de grande paz, de descanso e de abandono filial e confiante nos braços do Senhor (Sl 130). A oração poderia ser comparada à difícil subida de uma montanha, à preparação árdua e exigente dos atletas. As grandes experiências de oração que os santos nos proporcionaram despertam o ardor de nossa vida espiritual e nos dão força e coragem para empreender essa jornada.

De fato, muitas vezes estamos tão sobrecarregados com trabalho, atividades, obrigações urgentes e preocupações de todos os tipos que não encontramos ou tentamos encontrar tempo para orar. Soma-se a isso nossa fraqueza, nossa dificuldade em orar, "pois não sabemos o que pedir para orar como convém" (Rm 8,26), diz São Paulo. Mas se não temos tempo ou disponibilidade para Deus, não poderia ser porque não o amamos de verdade e de todo o coração? E como podemos amar Àquele que fazemos tão pouco esforço para conhecer? Nós o excluímos de nossas vidas e de nossa existência diária. Ele não tem lugar em nossa interioridade desordenada, tão desordenada que nós mesmos não vivemos mais lá, permanecendo na superfície. Não há mais descanso ou paz verdadeira dentro de nós. E quando tentamos ficar em silêncio, imagens, lembranças, rostos, experiências dolorosas ou decepcionantes se aproveitam disso para invadir o campo de nossa consciência e nos impedem de descansar em Deus.

Esses pensamentos, memórias e emoções nos incomodam porque ainda não foram verdadeiramente iluminados e assumidos pela fé, esperança e caridade. Eles são como realidades pagãs dentro de nós, que precisam ser batizadas e se tornar cristãs.

A oração deve ser precisamente esse ato de amor pelo qual colocamos tudo isso nas mãos de Deus, para que desapareça o que pode ser simplificado, purificado e transfigurado, se não for compatível com a presença do Senhor em nós. Dessa forma, os mil fardos de nossa história humana podem se tornar o tecido de nossa história santa, profundamente humana e radicalmente divina ao mesmo tempo. Dessa forma, nossos relacionamentos humanos podem se tornar um caminho para a santidade: nosso vizinho nunca é um incômodo, um intruso que perturba nossa tranquilidade, se o elevarmos àquela parte de nós mesmos onde Deus habita. Orar é devolver às nossas vidas toda a sua dimensão teológica e evangélica.

Reservar um tempo para orar em meio às urgências e preocupações materiais que querem nos escravizar significa dar preferência a Deus, abrindo espaço a todo custo para a urgência fundamental de sua presença na parte mais íntima de nossa vida. Isso não será uma fonte de estresse adicional, mas, ao contrário, nos permitirá enfrentar nossas tarefas diárias com paz e serenidade.

A importância da oração para a Igreja

Essencial para o desenvolvimento de nossa vida cristã, a oração também é vital para a vida da Igreja e sua missão no mundo. Citando Fernand Ménégoz, o padre Henri Caffarel enfatizou fortemente a importância da oração para o futuro do cristianismo nos seguintes termos:

> Se a teologia persistir em ignorar a importância primordial da oração, se os cristãos se fixarem em uma oração egocêntrica comandada apenas por seus interesses — materiais ou espirituais — e ainda mais se, influenciados por filosofias hostis à oração, renunciarem a ela, nosso século mergulhará na escuridão espiritual e na barbárie científica. Ou o cristianismo conquistará o mundo por meio da oração ou perecerá. Essa é uma questão de vida ou morte para o cristianismo. Por outro lado, se os cristãos redescobrirem a verdadeira oração cristã, que se baseia exclusivamente nos projetos e na glória de Deus, então o cristianismo experimentará uma nova pureza e expansão. Graças a ele, a humanidade alcançará uma civilização superior. [...] A oração é o fenômeno missionário por excelência. A *Ecclesia orans* é a única fonte de progresso real, profundo e duradouro, de progresso que regenera a sociedade juntamente com o indivíduo. E por que a oração é tão poderosa? Porque, mais uma vez, não é uma atividade do homem, mas uma atividade de Deus no homem, na qual o homem está associado (Rm 8,26-27). Cristo disse: "Meu Pai e eu estamos sempre trabalhando" (Jo 5,17-26); o homem que ora se une à atividade divina todo-poderosa dentro de si, entrega-se a ela, coopera com ela e lhe oferece os meios para penetrar em um mundo que, de outra forma, estaria fechado para ela[17].

A oração restaura nosso relacionamento com Deus, e Deus, em resposta, restaura a harmonia e a paz entre as pessoas por meio da oração. Os meios humanos por si sós,

---

[17] Cf. Henri Caffarel, *Présence à Dieu. Cent Lettres sur la Prière*, Saint-Maur, Parole et Silence, 2000, p. 159-161.

sejam eles políticos ou diplomáticos, são impotentes para trazer a unidade entre os homens, que foram infectados por um vírus de desunião desde o pecado original, e, acima de tudo, para trazer a unidade no amor que Jesus pediu tão insistentemente em sua oração sacerdotal (Jo 17,11, 21,24; cf. Jo 13,34-35). A unidade dos filhos de Deus é uma obra que somente o Cristo pode realizar, e que ele realiza por sua obediência na Cruz e o envio do Espírito Santo: somente após o Pentecostes que se disse dos discípulos de Jesus que eles eram um só coração e uma só alma (Atos 4:32). Ninguém pode ser um bom artesão da paz, da harmonia e da unidade a menos que se abra totalmente ao Espírito de Deus por meio da oração, da meditação e da adoração silenciosa da Presença Eucarística. É então que a unidade é gradualmente alcançada e a paz é estabelecida não apenas dentro de nós, mas também ao nosso redor[18].

Colocar a oração antes da ação é necessário se realmente quisermos reconhecer a primazia de Deus. São João da Cruz, em seu *Cântico espiritual*, faz uma severa advertência contra o ativismo que reduziria o papel da oração em favor das obras:

> Que reflitam aqueles que se dedicam à atividade sem medida, que imaginam que vão abranger o mundo com sua pregação e suas obras externas. Eles seriam muito mais úteis para a Igreja e mais agradáveis a Deus, sem mencionar o bom exemplo que dariam, se dedicassem metade do tempo que gastam em atividade a estar diante de Deus em oração; eles então alcançariam muito mais, e a um custo menor, por uma única obra do que por mil tão ativamente perseguidas. Sua

---

[18] Cf. Robert Sarah, *Les devoirs des autorités de l'Église et la vie chrétienne*, Kinshasa, Paulines, 2002, pp. 89-90.

oração lhes renderia a graça e lhes proporcionaria a força espiritual necessária. Sem ela (ou seja, a oração), tudo se reduz a martelar em nada, ou mesmo em absolutamente nada, e às vezes faz mais mal do que bem. Que Deus não permita que o sal comece a ficar insosso (Mt 5,13). Admitamos que, externamente, há alguma coisa boa sendo produzida. No fundo e na substância, não haverá nenhuma, pois é indubitável que o bem é feito somente pela virtude de Deus[19].

■ Jesus, exemplo de oração

Um dos aspectos predominantes da vida de Jesus era a oração. Há muitas anotações nos Evangelhos: "Depois de despedir as multidões, subiu sozinho ao monte para orar" (Mt 14,23). "De manhã, bem antes do amanhecer, ele se levantou, saiu e foi para um lugar deserto, e ali orou" (Mc 1,35). "Ele se retirou para o deserto e orou" (Lc 5,16). "Ele foi para as montanhas para orar e passou a noite inteira orando a Deus" (Lc 6,12). "Fiquem aqui enquanto vou orar" (Mt 26, 36). Os apóstolos seguiram esse exemplo e "perseveravam em oração com Maria, a Mãe de Jesus" (At 1,14).

Jesus nos deu tanto o exemplo pessoal quanto o conteúdo de nossa oração: o "Pai Nosso", essa bela e divina oração que às vezes distorcemos para nos adequar às nossas próprias opiniões teológicas ou ideológicas, mas que ela basta sem ter necessidade de nossos acréscimos ou restrições.

A oração de Jesus, disse Bento XVI, "percorre toda a sua vida, como um canal secreto que irriga sua existência, suas relações, suas ações, e o guia, com progressiva firme-

---

[19] São João da Cruz, *Cântico espiritual*, B, estrofe 29, 3

za, para o dom total de si mesmo, segundo o plano de amor de Deus Pai"[20]:

> No exato momento em que, por meio da oração, Jesus viveu em profundidade sua própria filiação e a experiência da paternidade de Deus (cf. Lc 3,22b), desceu o Espírito Santo (cf. Lc 3,22a), que o guiou em sua missão e que ele manifestaria depois de ser levantado na cruz (cf. Jo 1,32-34; 7,37-39), para que pudesse iluminar a obra da Igreja. Na oração, Jesus viveu em contato ininterrupto com o Pai, a fim de cumprir até o fim seu plano de amor pela humanidade[21].

A demonstração de sua oração intensa, muito pessoal e prolongada após o batismo no Jordão nos ensina, sem muito esforço, como devemos nos abrir aos desejos do Pai, nos conformar à sua vontade e nos entregar ao seu plano de amor por nós.

O lugar para um encontro face a face com Deus é a oração, que nos permite falar com Ele como um homem fala com seu amigo (cf. Ex 33,11). Precisamos urgentemente aprender a orar.

Orar não consiste em recitar belas fórmulas que encontramos nos livros e que temos dificuldade de entender ou de repetir com total sinceridade. Orar é unir-se a Deus com toda a verdade de nosso ser. Significa nos expormos à luz de Deus, que dissipa a escuridão de nosso coração. Orar é colocar-se humildemente e em adoração diante de Deus, sob seu olhar que nos perscruta e conhece nossos corações (Sl 139,23), para deixá-lo maravilhar-se com a be-

---

[20] Bento XVI, Catequese de 30 de novembro de 2011.
[21] *Ibid.*

leza de sua criatura e maravilhar-se com o brilho inaudito de sua santidade (Sl 8,4-7): deixar que Deus olhe para nós e encontrar nossa alegria ao olhar para ele. "Eu olho para ele e ele olha para mim", disse o bom camponês de Ars ao seu pároco.

O que é importante quando oramos não é tanto o que dizemos a Deus, mas sim o trabalho que ele realiza em nós quando permanecemos em silêncio diante dele, quando concordamos em nos deixar curar de nossa falta de amor. Na oração não se trata de colocar nossas mãos em Deus, mas de permitir que Deus coloque suas mãos em nós. Caso contrário, nossa oração será estéril. Essa oração requer silêncio, recolhimento, disponibilidade interior e humildade diante da santidade de Deus. "Nos homens que oram", diz São Cipriano em seu comentário sobre o Pai nosso, "a palavra e o pedido devem ser bem regulados, pacíficos e modestos. Lembremo-nos de que estamos na presença de Deus, que ouve e vê todos os homens, penetrando em tudo o que é secreto e oculto".

Orar é ir para um alto monte, e no Monte Tabor, maravilhados, nos permitimos ser transfigurados à imagem de Deus, nos permitimos ser iluminados pelo Evangelho da glória de Cristo, que é a imagem de Deus. Na oração, a glória e a luz da santidade de Deus serão impressas em nosso rosto, e "somos transformados na mesma imagem, passando de glória em glória, como pelo Senhor, que é o Espírito" (2Cor 3,18). O Espírito de Deus nos revela a nós mesmos, nos desnuda, nos edifica e nos santifica.

A oração é tão boa quanto a vida do coração, porque a oração é o *clamor cordis*, o grito que vem do coração. Como diz Santo Ambrósio:

> Não apenas devemos clamar de coração, mas devemos clamar com todo o nosso coração. Corporalmente, clamar bem é clamar em alta voz; da mesma forma, espiritualmente, clamar bem é clamar com todo o coração se quisermos alcançar grandes resultados e obter do Senhor o que pedimos[22].

Na oração, a alma aspira a ir à fonte de sua bem-aventurança como limalha de ferro a um ímã. A graça e a presença do Espírito Santo em nós tornam secretamente natural esse movimento da alma em direção a Deus. A oração é uma questão de amor, não de palavras ou discursos. Se Deus é de fato o Deus do amor, se Ele é esse fogo devorador, é impossível conhecê-Lo, amá-Lo de verdade, sem ser tomado por esse fogo, levado por essa torrente de amor, engolfado por essa sarça ardente. Orar é nos lançarmos de corpo e alma no amor, em Deus. Deus quer encontrar em nós as mesmas disposições do Coração de Jesus em sua agonia e na Cruz; ele quer todo o nosso coração e todo o nosso ser.

O LOCAL DA ORAÇÃO

Sempre que possível, devemos orar em um local apropriado, que seja sagrado e digno de Deus: uma igreja, uma capela, um local solitário e silencioso. Mas, acima de tudo, o templo onde Deus habita é o próprio cristão. É dentro de nós mesmos que devemos entrar para orar, e é o templo de nos-

---

[22] Santo Ambrósio, *Comentário ao Salmo 118*, cf. Rouet de Journel, Textes ascétiques des Pères, 468.

so corpo que devemos manter consagrado a Deus. Esse corpo que o homem contemporâneo quer mutilar para mudar de sexo, que ele comercializa por meio da prostituição e do tráfico de órgãos. "Não sabeis que vossos corpos são membros de Cristo?" (1Cor 6, 15). O Apóstolo vê no mistério da redenção do corpo realizada por Cristo a fonte de um dever moral especial que obriga os cristãos à pureza, a "usar o corpo com santidade e respeito, não se deixando levar pela paixão, como fazem os pagãos que não conhecem a Deus" (1Ts 4,4-5).

Não é de surpreender que a desfiguração do templo de nossos corpos tenha se espalhado para os templos de pedra que são as igrejas. Em muitos lugares, esses santuários consagrados a Deus são periodicamente transformados em locais de reunião de convívio ou em salas de concerto para entretenimento cultural. E quando os cristãos entram em uma igreja para a celebração litúrgica, quantos reconhecem a presença real de Cristo no tabernáculo e o honram fazendo genuflexão e orando? O local de oração deve reunir as condições de interioridade e adoração, e nossa atitude, respeitosa e recolhida, deve contribuir para criar essa atmosfera.

Disposições interiores

Deus não despreza nossas orações, ele não se cansa de ouvir quando clamamos a ele, mas somos nós que, com muita frequência, nos recusamos a cumprir a primeira condição da oração, que é realmente querer colocar nossa vida em harmonia com sua vontade. Pedimos a Deus que nos livre do pecado e de todas as tentações da carne, mas não temos a intenção de reformar nossos hábitos desordenados ou lutar contra nossa sensualidade. A oração não é passiva; é uma colaboração muito ativa entre a alma e Deus. Se nossa vontade permanecer inerte, nossa oração nada mais é do que uma lista de coisas que gostaríamos de obter de Deus sem nenhum custo para nós, sem nenhum esforço ou sacrifício de nossa parte para mudar radicalmente nossa maneira de viver, pensar e agir. Aqueles que oram para serem libertados da escravidão dos prazeres carnais devem estar preparados, custe o que custar, para usar a força que Deus lhes dará para empreender francamente a libertação do mal.

Se não rejeitarmos com energia e determinação o pecado que habita em nós, se nos contentarmos em multiplicar nossas orações, "como os pagãos que imaginam que, falando muito, serão mais ouvidos" (cf. Mt 6,7), nossa oração não chegará aos ouvidos de Deus.

■ Uma hora de verdade diante de Deus

Orar é cair de bruços diante do Senhor, despido dos disfarces lisonjeiros do orgulho, expondo humildemente nosso pecado diante dele. É pelo fato de o pecado nos envelhecer e enfraquecer nossa beleza original que não podemos mais suportar o olhar de Deus, que nos sentimos nus e feios, como Adão e Eva após o pecado. A oração nos coloca face a face com Deus como somos, nessa nudez absoluta, e a feiura do que em nós vem do pecado aparece em uma luz terrível. Por isso, muitas vezes fazemos como Adão e Eva: fugimos de Deus e nos escondemos na floresta e na folhagem de nossas atividades e obrigações muito importantes e urgentes.

Capítulo 4 | Seguir Jesus no deserto

Mas vamos nos lembrar do que acontece em seguida. Deus chama o homem: "Adão, onde estás?", e o expulsa da folhagem, no sentido literal da palavra. A oração é aquele momento maravilhoso e único em que nos permitimos ser expelidos por Deus, em que nos expomos a Ele, com toda a simplicidade e verdade, como somos, e não como queremos nos ver e parecer aos outros. Experimentamos a pobreza, a miséria e a incerteza. Mas não nos esqueçamos de que essa pobreza é a verdade de nosso ser! Viver essa pobreza diante de Deus é viver um relacionamento autêntico e verdadeiro com ele.

Entretanto, como aconteceu com o povo hebreu no deserto, a oração também é um lugar árido, um lugar de provações, tentações e revoltas. Diante da destituição e da pobreza absoluta em que nossa oração nos deixa, podemos ser tentados a duvidar de Deus, de sua capacidade de zelar por nossa segurança e de garantir nosso futuro. Se Deus permite que isso se levante em nós, é para que possamos entregá-lo a ele e para que nossa oração se torne o lugar onde podemos decantar e purificar nossa interioridade. A oração, portanto, não se trata de dissertar ou orquestrar alguns sentimentos bonitos, mas de conseguir manter o silêncio para ouvir Deus falando conosco; trata-se de deixar que o Espírito Santo nos possua e ore dentro de nós. É claro que a oração é como um deserto, uma terra seca sem água, porque Deus se recusa a se deixar ver por nossa imaginação, nossa sensibilidade e nossa razão, para melhor se entregar à nossa fé.

A oração nos expõe a Deus com toda a nossa pobreza e miséria, mas também com as qualidades e os dons maravilhosos que recebemos dele. Não é diante do temível Juiz que a oração nos coloca aqui embaixo, mas diante do Pai amoroso, pois ele "não exaspera sua ira para sempre, mas se compraz em ser misericordioso. Mais uma vez, ele terá misericórdia de nós, pisoteará nossas iniquidades. Lançará todos os nossos pecados nas profundezas do mar" (Mq 7,18-19). Procurado por sua própria causa, além de todo sentimento em um fervor intenso, Deus encontra na limpidez do coração seu lugar favorito, seu santuário favorito. Entre Deus e nós há uma certa qualidade de relacionamento profundo, íntimo e pessoal que a oração expressa, nutre e fortalece. O que é importante e essencial na oração é essa atitude que nos levará às profundezas de nós mesmos; é esse êxodo interior pelo qual, deixando a superfície de nós mesmos, o lugar da ação, do sentimento, da emoção e da reação imediata, chegamos às profundezas de nosso coração e de nossa interioridade para ali encontrar o Deus que habita em nós. É o pecado que nos expulsa, e é a graça que nos traz de volta. É o pecado que nos expulsa, e é a graça que nos reintroduz.

> O Paraíso terrestre era, por assim dizer, o reino da perfeita interioridade; por sua culpa, o homem foi lançado no mundo da exterioridade. A salvação consistiria, portanto, como acontece com o doente depois de ser curado por Cristo, em voltar para dentro de si mesmo, para sua morada interior, a fim de encontrar paz e estabilidade. Mas esse caminho da interioridade permanece fechado para o pecador, que se exclui da morada de seu coração ao se espalhar pelo mundo. Por casa, geralmente queremos dizer a morada do coração. Daí as palavras de Cristo a um homem que ele havia curado: "Volta para tua casa" (Mc 5,19), pois é certamente apropriado para um pecador, depois de ter sido perdoado, voltar para sua alma, para evitar um novo infortúnio que justamente o atingiria[23].

---

[23] Claude Dagens, *op. cit.*, p. 166-169.

Escuta e recolhimento

Orar, portanto, é embarcar em uma jornada interior em busca de Deus. Temos que nos "reencontrar", ou seja, nos reunir pela raiz, nos unificar dentro de nós mesmos, nos deixar fluir, se assim posso dizer, para as profundezas onde Deus nos acolhe. Lá, sem mais delongas, lidamos somente com ele. Ele abre o diálogo. Muitas vezes, a oração perde o fôlego porque, desde o início, fingimos estar no comando da conversa e logo percebemos que não há muito a dizer. Pelo contrário, como diz Santo Agostinho, "a oração não deve consistir em muitas palavras, mas em muitas súplicas".

De fato, a oração é, acima de tudo, uma acolhida da hóstia interior, uma escuta silenciosa, uma contemplação maravilhosa e uma adoração amorosa Àquele que nos amou primeiro (cf. 1Jo 4,10-19) e quer nos falar apaixonadamente de seu amor. É Deus quem fala primeiro. Ele é a Palavra. Ele é o amor. Ele é o primeiro a nos dizer uma palavra de amor. Nossa fé responde, e nosso coração se abre para o amor. Devemos imitar a atitude de contemplação, aceitação e total disponibilidade da Virgem Maria, para que essa Palavra de amor se encarne em nós.

Santo Agostinho viveu e descreveu essa experiência maravilhosa:

> Tarde te amei, Beleza tão antiga e tão nova! Tu estavas dentro e eu procurava fora; em minha feiura, eu estava correndo em direção à graça de suas criaturas. Tu estavas comigo e eu estava contigo. Elas me mantiveram longe de ti, essas coisas que não existiriam se não existissem em ti. Tu me chamaste, gritaste, venceste minha surdez; brilhaste e dissipou-se minha cegueira; derramaste tua fragrância,

eu a respirei e agora anseio por ti; provei-te, tenho fome e sede de ti; tocaste-me e inflamei-me para obter a paz que está em ti[24].

Para orar, precisamos de "um coração atento" (1Rs 3,9). O silêncio é a condição admirável e indispensável que nos permite conversar intimamente com Deus. Esse silêncio deve ser real e profundo: não apenas a ausência de palavras ou de ruídos, mas a simplificação e a unificação de nosso ser, o recolhimento, a aquiescência íntima, sem palavras nem frases, à ação do Espírito Santo que derrama em nós o amor de Deus (cf. Rm 5,5). Essa passividade, que consiste em nos deixarmos amar no silêncio da oração, é como o ápice da atividade humana.

Depois de ter sido um ato por um período específico de tempo, a oração se torna um estado de vida, um modo de estar no mundo marcado por louvor, ação de graças, adoração e contemplação maravilhada, acima e além dos dons pedidos e recebidos. Nós nos deixamos absorver pelo amor e pela ternura do rosto de Deus, que gentilmente nos assimila a Ele e nos introduz no segredo de Sua intimidade, de modo que, quando saímos desse encontro, olhamos para o mundo, para os acontecimentos e para cada ser humano com os olhos de Deus.

O DESERTO E O COMBATE ESPIRITUAL

Não tenhamos medo de entrar no deserto, como Jesus fez, sob a orientação do Espírito Santo, como parte da

---

[24] Santo Agostinho, *Confissões*, X, 27.161-162.167 (cf. *Liturgie des Heures*, t. 3, *op. cit.*, p. 1270-1272).

batalha de Deus, uma batalha contra nós mesmos e contra este mundo pecaminoso:

> Porque não é contra adversários de sangue e carne que temos de lutar, mas contra os Principados, contra as Potestades, contra os Governantes deste mundo de trevas, contra os espíritos do mal que habitam nos espaços celestiais. É por isso que deveis vos revestir da armadura de Deus, para que, no dia mau, possais resistir e, tendo feito todo o possível, permanecer firmes (Ef 6,12-13).

Nessa batalha, não devemos fugir ou vacilar, mas resistir até o derramamento de sangue (cf. Hb 12,3-4). Não se trata primariamente de uma questão de práticas externas. É claro que devemos fazer penitência e, como Jesus no deserto, envolver nossos corpos em nossa jornada espiritual; mas para isso jornada seja verdadeiramente espiritual, é preciso colocar-se questões importantes: o que Deus está pedindo que eu mude em minha vida, em meu comportamento diário e em meu relacionamento com os outros? O que está prejudicando perigosamente a minha vida e a dos outros, destruindo meu relacionamento com Deus e me impedindo de crescer como filho de Deus? Como posso morrer para o meu pecado e para todas as minhas tendências malignas a fim de ressuscitar com Cristo? Estou firmemente decidido a me tornar santo? Quais são os meios concretos e os compromissos disponíveis para mim, e o que devo fazer para assumi-los? Deus já havia repreendido seu povo, por meio do profeta Isaías, por se contentar com práticas externas:

> Por que jejuamos e não vistes, por que nos mortificamos e não soubestes? Porque no dia em que jejuais, fazeis negócios e oprimis todos os vossos trabalhadores. Jejuais para brigar e discutir, para ba-

ter os punhos com malícia. Não jejueis como fazeis hoje se quiserem fazer com que sua voz seja ouvida no alto! Este é o jejum que me agrada, no dia em que o homem se mortifica? É isso que chamais de jejum, um dia agradável ao Senhor? Não é este o jejum que me agrada: desfazer as cadeias injustas, soltar as ataduras do jugo, libertar os oprimidos e quebrar todo jugo? Não repartirás o teu pão com o faminto, não abrigarás em tua casa o pobre sem teto, não vestirás o nu, se o vires nu, e não te esconderás diante daquele que é a tua própria carne? (Is 58,3-7).

Assim como Israel na época do profeta Oséias, muitos cristãos também acreditam que podem encontrar a salvação em uma penitência fugaz e superficial que não tem futuro. O profeta rejeita essa falsa garantia:

Vinde, voltemos para o Senhor. Depois de dois dias ele nos reanimará, no terceiro dia ele nos levantará e viveremos em sua presença. Conheçamos, esforcemo-nos por conhecer o Senhor; sua vinda é tão certa como a aurora; ele virá para nós como uma chuva, como a chuva da primavera que rega a terra. O que farei contigo, Efraim? O que farei contigo, Judá? Pois vosso amor é como a nuvem da manhã, como o orvalho que logo passa. Por isso, eu os despedaçei pelos profetas, eu os matei pelas palavras da minha boca, e o meu juízo se levantará como a luz. Porque o que me agrada é mais o amor do que o sacrifício, e o conhecimento de Deus mais do que os holocaustos (Os 6,1-6).

A verdadeira penitência, o verdadeiro arrependimento, é a busca da vontade de Deus e a disposição de nos deixarmos moldar por Ele até redescobrirmos a graça de nossa filiação divina. Então, poderemos dizer com Cristo: "Não quiseste sacrifício nem oblação, mas formaste um corpo para mim. Não quisestes holocaustos ou sacrifícios pelos pecados. Então eu vos disse: Eis que venho, pois sou o mencionado no rolo do Livro, para fazer, ó Deus, a tua vontade" (Hb 10,5-7; Sl 40,7-9).

A TENTAÇÃO DE DEIXAR O DESERTO

Enquanto Israel caminhava pelo deserto após a libertação da escravidão no Egito, com a fome, a sede, a insegurança, o sofrimento e o cansaço da jornada, o povo murmurava contra Moisés: "Por que nos fizeste subir do Egito? É para matar de sede a mim, aos meus filhos e aos meus animais?" (Ex 17,3). Muitas vezes ele foi tentado a voltar ao Egito, preferindo a escravidão à liberdade exigente e responsável que lhe era oferecida para construir seu próprio destino com Deus, em uma existência essencialmente litúrgica: "Porventura não havia túmulos no Egito, para que nos levasses ao deserto a morrer? Não te dissemos no Egito: Deixa-nos servir aos egípcios, porque melhor nos é servir aos egípcios do que morrer no deserto?" (Ex 14,11-12).

Quantas vezes nós também preferimos viver como escravos nas mãos de Satanás, desfrutando de alguns bens presentes, em vez de morrer diariamente para nós mesmos, seguindo o exemplo dos santos, no humilde serviço a Deus, com vistas à vida eterna!

A verdadeira liberdade, que consiste em ser capaz de escolher o bem em vez do mal, é um dom de Deus. A caminhada no deserto foi a oportunidade que Deus teve de libertar seu povo da escravidão do pecado e de suas preocupações essencialmente materiais. Da mesma forma, Deus quer educar nossos corações e alimentá-los com seus ensinamentos, para ajudá-los a se estruturarem em seu ser mais íntimo, para se permitirem ser guiados e conduzidos por ele ao longo do caminho da vida. Ele quer nos conscientizar da fome e da pobreza, quer nos conscientizar da benevolência, da ternura e do favor divinos:

> Vós lembrareis de todo o caminho pelo qual o Senhor, vosso Deus, o conduziu por quarenta anos no deserto, a fim de colocar-vos em sua pobreza; assim ele vos testou para saber o que estava em vosso coração e se guardareis ou não seus mandamentos. Ele vos fez pobres, deixou-vos com fome e vos deu o maná para comer, que nem vós nem vossos pais conheciam, para que vós soubésseis que nem só de pão vive o homem, mas de toda palavra que sai da boca do Senhor. O vosso manto não se desgastou em vós, o vosso pé não inchou durante quarenta anos, e sabeis, refletindo, que o Senhor seu Deus vos ensinou como um homem ensina seu filho (Dt 8,2-5).

Aceitemos em caminhar no deserto, sob o olhar atento de Deus, frequentando assiduamente a Escritura, com perseverança na oração e na renúncia libertadora do barulho incessante pelo qual o mundo, com nossa cumplicidade tão facilmente adquirida, quer abafar a voz divina em nosso coração.

Capítulo 5
UM SACRAMENTO PARA A CONVERSÃO

A NECESSIDADE DE SE CONVERTER

Nunca seremos capazes de viver nossa vida cristã plenamente se não permitirmos que Deus nos liberte de nossos pecados, assim como libertou seu povo da escravidão na terra do Egito. Isso é para que nossa existência humana possa se conformar à própria vida da Trindade, para que possamos participar da natureza divina por meio de nossa semelhança com seu Filho, como explica o Concílio Vaticano II:

> Aprouve a Deus, em sua sabedoria e bondade, revelar-se em pessoa e dar a conhecer o mistério de sua vontade (cf. Ef 1,9), pelo qual os homens e as mulheres, por meio de Cristo, o Verbo feito carne, têm acesso ao Pai no Espírito Santo e são feitos participantes da natureza divina (cf. Ef 2,18; 2Pd 1,4). Por meio dessa revelação, o Deus invisível (cf. Cl 1,15; 1Tm 1,17) fala à humanidade em seu amor superabundante, assim como fala a seus amigos (cf. Ex 33,11;

Jo 15,14-15); conversa com eles (cf. Br 3,38), convidando-os e admitindo-os a participar de sua própria vida[1].

Portanto, o que conta é a comunidade de vida com Cristo. O Arcebispo Fulton J. Sheen declarou isso com força e clareza:

> Centrar a vida em Cristo não consiste em cantar hinos, ler as Sagradas Escrituras para abastecer a mente com conhecimento ou cobrir as paredes com lemas piedosos para a edificação do próximo. Não te tornas cristão porque fazes uma boa ação durante o dia, ou porque te declaras um caloroso defensor da religião, ou porque aderes a algum movimento de reforma econômica ou política, mesmo que seja humanamente inspirado pelas melhores intenções. Um cristão é alguém que acredita que Cristo é o Filho de Deus e que possui a vida de Cristo em sua alma. Uma existência verdadeiramente cristã difere da mera honradez humana da mesma forma que uma rosa difere de um cristal em seu padrão de vida. "Aquele que não crê no Filho não terá vida" (Jo 3,36). A vida sempre vem do que é vivo; não pode vir do que é inanimado. A vida humana deve vir de pais humanos, e a vida divina deve ser gerada por Deus[2].

Uma vez que tenhamos reconhecido a meta que estamos buscando, é possível visualizar, em toda a sua radicalidade, o caminho de conversão que devemos seguir para alcançá-la. A Bíblia inteira é um poderoso chamado para iniciar essa conversão. E, como Jonas, tendemos a nos esquivar, a fugir em um barco que nos leva para longe de Deus e dos homens, de nossos irmãos e irmãs e, em última análise, para longe de nós mesmos. Queremos evitar ter de confrontar a Palavra de Deus, que julga, ilumina e nos convida a mudar radicalmente nosso comportamento

---

[1] Concílio Vaticano II, *Dei Verbum*, § 2.
[2] Fulton J. Sheen, *La vie surnaturelle*, Paris, Le Laurier, 2008, p. 37.

e os maus hábitos de nossa vida (Hb 4,12-13). Mas, como Jonas novamente, nessa fuga, encontramos providencialmente a tempestade; e a embarcação em que embarcamos e no fundo da qual dormimos, exausta pelo cansaço dessa fuga interior, violentamente sacudida pela fúria das ondas, ameaça se romper e afundar. A voz da Igreja é como a do capitão da tripulação, que nos incita com veemência: "Por que dormis? Levanta-te e clama a teu Deus! Talvez Deus pense em nós e não pereceremos" (Jó 1,6).

Para aliviar o navio de nossa vida, a voz do Senhor nos convida a lançar ao mar a carga de nossos pecados. Talvez tenhamos de lançar ao mar as coisas que considerávamos mais preciosas em nossa vida, mas que se tornaram pesadas demais e dificultam nossa jornada rumo à santidade: nosso orgulho, nossa presunção, uma vida desonesta e corrupta, nossa tibieza e indiferença em relação às coisas de Deus, nossa falta de progresso na compreensão dos mistérios cristãos. Talvez tenhamos que lançar ao mar uma amizade ou má companhia que seja particularmente prejudicial aos nossos compromissos conjugais ou religiosos? Talvez tenhamos que lançar ao mar "tudo o que a carne produz: fornicação, impureza, devassidão, idolatria, magia, ódio, discórdia, ciúme, ira, contendas, dissensões, divisões, inveja, orgias, banquetes e coisas semelhantes" (Gl 5,19-21). Temos medo de ter de nos libertar de nossa escravidão, de mudar radicalmente nossa vida e a direção de nossa existência. Temos medo de nos deslumbrar com a Revelação desta simples verdade: que os seres humanos foram feitos para amar a Deus com todo o coração, com toda a alma, com toda a mente e com todas as forças, e para amar uns aos outros como Ele nos amou (cf. Mc 12, 29-31; Dt 6, 5). Há um poder de mentira e ódio atuando na massa do homem, um poder que, desde o início, incutiu em seu coração a desconfiança em relação ao Criador e o desejo de viver sem Ele. "O Senhor Deus chamou o homem e lhe disse: 'Onde estás?' Ele respondeu: 'Ouvi tua voz no jardim, tive medo porque estava nu e me escondi'" (Gn 3,9-10). No entanto, é somente quando tivermos dado esse passo que estaremos prontos para encontrar o Deus da verdade e do amor, em oração e lendo a Palavra da vida, para adorá-lo e glorificá-lo. Pois está escrito: "Ao Senhor, teu Deus, adorarás, e só a ele prestarás culto" (Mt 4,10).

Desde o início de seu ministério público, Jesus fez um apelo à conversão: "O tempo está cumprido, e o Reino de Deus está próximo. Convertei-vos e crede no Evangelho" (Mc 1,15). Esse chamado é uma parte essencial da proclamação das Boas Novas. Ele não é dirigido apenas àqueles que não conhecem Cristo e seu Evangelho, mas continua a ressoar na vida dos cristãos, como diz uma antiga homilia:

> Enquanto vivermos na terra, que nos convertamos. Somos barro nas mãos do oleiro. Se o oleiro faz um vaso deformado ou quebrado em suas mãos, ele o refaz; mas se ele já o colocou no forno, não pode fazer mais nada por ele. Assim também nós, enquanto estamos neste mundo, nos convertamos de todo o coração, renunciando ao mal que cometemos nesta vida carnal, para que sejamos salvos pelo Senhor, enquanto ainda temos tempo de nos converter. Pois, depois de deixarmos este mundo, não poderemos mais confessar nossos pecados e nos converter[3].

---

[3] Homilia do século II, citada em *Liturgia das Horas*, t. 4, Paris, Cerf-Desclée de Brouwer-Mame, 1980, p. 286-287.

Essa conversão contínua é o trabalho incessante de toda a Igreja:

> A Igreja contém pecadores em seu próprio seio, por isso ela é santa e sempre chamada a se purificar, prosseguindo constantemente com seus esforços de penitência e renovação. A Igreja prossegue em sua peregrinação em meio às perseguições do mundo e das consolações de Deus, proclamando a cruz e a morte do Senhor até que Ele venha (cf. 1Cor 11,26)[4].

"Conversão", enfatizou Bento XVI, é "uma palavra que deve ser tomada em sua extraordinária gravidade, captando a surpreendente novidade a que nos compromete". E continua:

> O chamado à conversão expõe e denuncia a superficialidade fácil que tão frequentemente caracteriza nosso modo de vida. Conversão significa mudar radicalmente a direção no caminho da vida: não por meio de um simples ajuste, mas mediante uma verdadeira inversão de curso. Conversão significa ir contra a corrente, sendo a "corrente" o estilo de vida superficial, incoerente e ilusório que muitas vezes nos arrasta, nos domina e nos torna escravos do mal e do pecado ou, pelo menos, prisioneiros da mediocridade moral. Na conversão, por outro lado, almejamos o mais alto grau de vida cristã, confiando-nos ao Evangelho vivo e pessoal, que é Cristo Jesus. Sua pessoa é o objetivo final e o significado profundo da conversão. [...] Dessa forma, a conversão revela sua face mais esplêndida e fascinante. Não se trata simplesmente de uma decisão moral que retifica o modo como vivemos nossa vida, mas de uma escolha de fé que nos toca inteiramente na comunhão íntima com a Pessoa viva e concreta de Jesus. Converter-se e crer no Evangelho não são duas coisas diferentes, ou de alguma forma apenas colocadas lado a lado, mas expressam a mesma realidade[5].

---

[4] Concílio Vaticano II, *Lumen gentium*, § 8.
[5] Bento XVI, audiência geral de quarta-feira, 17 de fevereiro de 2010.

RADICALIDADE DA CONVERSÃO CRISTÃ

Diante de Jesus, é preciso se posicionar, não é possível se esquivar: "Não podeis servir a Deus e a Mamom" (Mt 6,24). Devemos segui-lo ou deixá-lo (Jo 6,66). Não há meio termo: ou estás com ele ou contra ele (Mt 12,30; Lc 11,23; Mc 9,40; Lc 9,50). Estar com Ele não é uma vaga opção de sentimento ou uma adesão abstrata a um belo ideal: significa despojar-se de si mesmo para se apegar a Ele. Desde os primórdios do cristianismo, essas escolhas decisivas aparecem: "Pedro respondeu com os Apóstolos: devemos obedecer antes a Deus do que aos homens" (At 5,29; 4,19).

Quando São Paulo explicou o profundo significado do batismo aos cristãos de Roma, ele mostrou a vida cristã como uma passagem da morte para a vida, uma libertação da escravidão do pecado que nos dá a verdadeira liberdade, da qual devemos tirar todas as consequências:

> Se morremos para o pecado, como podemos continuar a viver nele? Ou não sabes que, batizados em Cristo Jesus, todos nós fomos batizados em sua morte? Fomos, pois, sepultados com ele no batismo, para que, como Cristo foi ressuscitado dentre os mortos pela glória do Pai, assim também nós vivamos uma vida nova (Rm 6,2-4).

A vida cristã é incompatível com o pecado. Ela exige que cada um de nós desista de nosso primeiro tipo de vida, que nos despojemos do velho homem, "que se corrompe pelas nossas concupiscências enganadoras, a fim de sermos renovados por uma transformação espiritual De nosso juízo e nos revestirmos do novo homem, criado segundo Deus, em justiça e santidade da verdade" (Ef 4,22-24). Batizados na morte de Cristo, os cristãos são totalmente assimilados a ele: "Entendamos que o nosso velho homem foi crucificado com ele, para que o corpo do pecado se tornasse inútil, a fim de que deixássemos de ser escravos do pecado" (Rm 6,6). Eles são convidados a mostrar por seu comportamento que o pecado não reina mais neles (Rm 6,12-14). Esse é o significado da exortação de São Leão Magno:

> Portanto, rejeitemos o velho homem e seus caminhos, e já que fomos admitidos a participar do nascimento de Cristo, renunciemos ao nosso comportamento carnal. Cristão, esteja ciente de sua dignidade! Já que agora participas da natureza divina, não te degeneres voltando à decadência de tua vida passada. Lembra-te de a quem pertences e de que corpo és membro. Lembra-te de que foste retirado do poder das trevas para a luz e o reino de Deus. Por meio do sacramento do Batismo, tu te tornaste templo do Espírito Santo. Cuidado para não colocar em fuga um hóspede tão nobre por meio de tuas más ações e, assim, cair de volta na escravidão dos demônios, pois fostes redimidos pelo sangue de Cristo[6].

De fato, devemos ousada e corajosamente cortar de nosso comportamento aquilo que não está de acordo com nossa dignidade de filhos de Deus. É assim que São João pode afirmar que aqueles que nasceram de Deus por meio do Batismo não podem mais pecar, porque têm a vida de Deus em si:

> Quem comete pecado também comete iniquidade, pois o pecado é iniquidade [...]. Quem comete pecado é do diabo, porque o diabo é pecador desde o princípio. O Filho de Deus apareceu para destruir as obras do diabo. Todo aquele que é nascido de Deus não comete pecado, porque a sua semente permanece nele; ele não pode pecar, tendo nascido de Deus (1Jo 3,8-9).

---

[6] São Leão Magno, Sermão 21 sobre a Natividade, § 3.

Essa afirmação poderia nos fazer tremer de medo diante das exigências de nossa filiação divina. Mas "da sua plenitude todos nós recebemos graça sobre graça" (Jo 1,16): aquela graça que nos permite realizar o que nossa própria força é incapaz de fazer, porque enquanto durar esta vida terrena, devemos morrer diariamente para o pecado.

O combate é longo, mas a vitória foi conquistada por Cristo, e Santo Agostinho nos encoraja nestes termos:

> Nossa fé assenta-se na ressurreição de Cristo. Os pagãos, os ímpios e os judeus acreditam na paixão do Salvador, mas somente os cristãos acreditam em sua ressurreição. Cristo é a fonte da vida. Foi em nossa direção que essa fonte fluiu; foi para nós que ela morreu. No dia do batismo, essa Fonte jorrou em nós: Onde está a morte agora? Procure-a em Cristo, ela não está lá; ela estava lá, mas morreu nele. Ó Vida suprema, és a morte da morte. Coragem, meus irmãos, em nós também a morte morrerá. O que foi feito primeiro na Cabeça também será feito nos membros; em nós também a morte morrerá[7].

Essa participação na ressurreição de Cristo faz de nossos anos terrenos uma Páscoa perpétua, ou seja, um nascimento contínuo para a vida eterna, por meio dessas mortes diárias que são as provações dolorosas de nossa vida familiar, profissional e social, as consequências de desastres naturais e epidemias, doenças, fracassos, sofrimentos, miséria física e moral, perseguição e martírio sofridos pelo nome de Jesus:

> Pois eles vos entregarão ao Sinédrio e vos açoitarão nas sinagogas, e sereis levados à presença de governadores e reis por minha causa, para que deis testemunho diante deles e dos gentios [...]. E sereis

---

[7] Santo Agostinho, Sermão 233 para a Semana Santa.

odiados por todos por causa do meu nome, mas aquele que permanecer firme até o fim será salvo (Mt 10,17-22).

O SACRAMENTO DA PENITÊNCIA

Rejeitar o pecado com força é uma luta para toda a vida que só podemos sustentar com a força de Cristo e depositando toda a nossa confiança em Jesus misericordioso. Pois houve, há e continuará a haver muitas quedas em nossa vida. Quando voltou para o Pai, Jesus não nos deixou sem recurso, mas confiou à Igreja o poder e a missão de perdoar os pecados em seu nome. Quando o pecado desfigura ou mata a vida de Deus em nós, a confissão nos permite renascer na amizade divina. Ela também é chamada de sacramento da penitência, porque consagra um processo pessoal e eclesial de conversão, arrependimento e satisfação.

Esse sacramento é o cumprimento sacramental do chamado de Jesus à conversão (Mc 1,15), para voltarmos ao Pai (Lc 15,18; Jo 2,12-17), de quem nos afastamos pelo pecado. Longe de Deus, o homem pode por vezes pensar que é feliz com Deus, mas, na realidade, é um ser morto que "abandonou a fonte de água viva para cavar cisternas para si mesmo, cisternas rachadas que não podem reter água" (cf. Jr 2,13). Rejeitar Deus, eliminá-lo de nossa vida diária, não é apenas perder nossos pontos de referência essenciais, mas também morrer a morte mais real e cruel, mesmo que fisicamente continuemos a respirar e a nos mover. O pecado não é apenas a transgressão de um mandamento ou a quebra de uma regra, mas, acima de tudo, uma ofensa contra Aquele a quem devemos tudo, o rompimento de um relacionamento pessoal, o fim injustamente desejado de uma amizade vital. Em termos teológicos, é a rejeição da graça de Deus, do dom de Deus para nós de sua vida. É importante, para a formação de nossa consciência, considerar a dimensão do pecado além da culpa:

> Falar do pecado é situar a culpa moral em um relacionamento com Deus. É a maneira pela qual esse relacionamento é distorcido, ferido e demolido que torna possível discernir a gravidade do pecado. Isso significa que o pecado não afeta apenas a esfera espiritual, ou seja, negligenciar a oração, a prática religiosa, deixar de demonstrar caridade, observar as festas de preceito. Mas isso significa que, se analisar minhas falhas morais em termos de pecado, estarei colocando-as sob o olhar de Deus, em face de seu chamado à santidade[8].

Devemos perseverar em pedir a Deus a graça de nossa conversão. É um processo que começa secretamente no coração, depois se estrutura e, muitas vezes, transforma definitivamente nossa vida pessoal, de modo que ela se torna um louvor a Deus, uma morada do Espírito Santo, o tabernáculo vivo de Jesus-Eucaristia.

No sacramento da Penitência, é a Igreja, a Esposa de Cristo, que nos dá o perdão de nossos pecados, em nome de Deus, por meio do ministério do sacerdote. Isaac de Stella pode, portanto, afirmar:

> Há duas coisas que pertencem somente a Deus: a honra de receber a confissão e o poder de perdoar. Devemos fazer nossa confissão a ele e dele esperar o perdão. Pois somente a Deus pertence o perdão dos pecados; portanto, é somente a Ele que devemos confessá-los. Mas o Todo-Poderoso, o Altíssimo, tendo tomado uma esposa fraca e insignificante, fez daquela serva uma rainha. E colocou-a ao seu

---

[8] Jean-Marie Gueullette, *Vivre avec le Christ. Regards chrétiens sur l'existence humaine*, Paris, Éditions du Cerf, 1994, p. 115.

lado, a que estava ao fundo, a seus pés; pois ela saiu do seu lado e ele a desposou. E assim como tudo o que pertence ao Pai pertence ao Filho e tudo o que pertence ao Filho pertence ao Pai por causa de sua unidade de natureza, assim também o Noivo deu todos os seus bens à Noiva [...]. Assim, ele compartilha a fraqueza e o gemido da esposa, e tudo é comum entre o Esposo e a esposa: a honra de receber a confissão e o poder de perdoar. Essa é a razão das palavras: "Vai e apresenta-te ao sacerdote" (Mt 8,4)[9].

A Igreja não pode perdoar nada sem Cristo; e Cristo não quer perdoar nada sem a Igreja. A Igreja só pode perdoar aqueles que se converteram, ou seja, aqueles que Cristo tocou primeiro. Cristo não perdoará ninguém que despreze a Igreja.

A PERDA DO SENTIDO DE PECADO

A prática do sacramento da penitência tornou-se muito estranha à mentalidade contemporânea, mesmo entre aqueles com aspirações religiosas, e até mesmo entre muitos católicos. Desde os grandes questionamentos da Reforma Protestante, as causas permaneceram as mesmas: a perda do senso da verdade tem como corolário a perda do senso do pecado, como Pio XII viu claramente quando disse em 1946 que "o pecado deste século é a perda do senso do pecado". As escolhas e o comportamento que se opõem seriamente à vontade de Deus agora parecem ser "assuntos pessoais", aos quais não se deve atribuir nenhum sentimento de culpa e nos quais a Igreja não tem por que interferir. Pior ainda, o que costumava ser chamado de crime abominável, como o aborto, agora

---

[9] Isaac de Stella, Sermão, in : *Liturgia das horas*. t. 4, *op. cit.* p. 52-53.

é reivindicado como um direito humano fundamental. A ideia da natureza humana, que atestava o plano de Deus para a humanidade, foi descartada e substituída pela realização individual na autodeterminação absoluta como critério decisivo e definitivo do direito. Minhas escolhas pessoais são assunto meu, e ninguém, muito menos Deus, pode me responsabilizar por elas. Não apenas Deus não é mais aquele que determina, conhece e revela o que é consistente com a dignidade e a grandeza do homem, mas o homem só se sente digno e grande em oposição a qualquer norma recebida de cima. Ele quer se sentir como Deus, criar a si mesmo, tornar-se, aos seus próprios olhos, o centro e a medida de todas as coisas.

Em sua exortação apostólica pós-sinodal *Reconciliatio et pœnitentia*, de 2 de dezembro de 1984, o Papa João Paulo II fez uma análise rica, mas não exaustiva, da perda do senso de pecado. O Papa começou apontando que o homem contemporâneo vive sob a ameaça de um "eclipse da consciência, um entorpecimento ou anestesia das consciências". O significado do pecado está de fato enraizado na consciência do homem, cuja profundidade ele revela. De acordo com São João Paulo II, ele está intimamente ligado ao significado de Deus, conhecido e percebido como Criador, Senhor, Salvador e Pai, e, portanto, como um "ponto de referência interior decisivo". O significado do pecado é, então, desenvolvido por meio da educação humana e cristã, que nos permite assumir "tudo o que é verdadeiro e nobre, tudo o que é justo e puro, tudo o que é digno de amor e honra, tudo o que se chama virtude e merece louvor" (Fl 4,8). À luz da

Capítulo 5 | Um sacramento para a conversão

Palavra de Deus, as diferentes faces do pecado aparecem em sua verdadeira luz de oposição a Deus, de rebelião contra o Pai celestial.

O enfraquecimento progressivo do senso de pecado que acompanha o escurecimento da consciência é ligado por João Paulo II a certos componentes da cultura contemporânea, que podemos detalhar a seguir.

Em primeiro lugar, há o secularismo, ou seja, um movimento de ideias e costumes que impõe um humanismo que desconsidera totalmente Deus. Esse tema da "morte de Deus" habita os tempos modernos desde que o poeta alemão Johann Paul Richter, em um texto famoso, evocou como um pesadelo o anúncio "de que não há Deus", colocado na boca do próprio Cristo, que, depois de sua morte na cruz, subiu acima dos sóis e desceu até os confins do abismo, sem descobrir nada além do vazio. Uma vez que matamos Deus, e os homens são agora "órfãos", toda a atividade humana está agora concentrada apenas no bem-estar material do homem, que, tendo se tornado adulto, não precisa mais de nenhum guardião divino. Levado pela embriaguez de sua liberdade absoluta, consumo e prazer, no turbilhão do ativismo e da produção de riqueza material, ele constrói um mundo sem Deus, onde o pecado não existe. Ao perder de vista o mistério de Deus, perdemos de vista o nosso próprio mistério, que somente Deus desvenda, revela e ilumina. De fato, diz Bento XVI, "o homem, que é criado à imagem de Deus, cai, como consequência de seu abandono de Deus, na região da dessemelhança, em uma distância de Deus onde ele não mais O reflete, e onde ele se torna, assim, não apenas dessemelhante de Deus, mas também de sua verdadeira natureza como homem"[10].

A direção tomada pelo desenvolvimento de certas ciências humanas ajudou a obscurecer o significado do pecado. A psicologia moderna, em particular, é geralmente marcada por uma preocupação em evitar a culpa e frustrar a espontaneidade das escolhas pessoais, a ponto de excluir a própria ideia de culpa pessoal. A responsabilidade pelos erros e fracassos é então transferida para o ambiente social, a educação e as circunstâncias: "À força de ampliar as inegáveis influências e condicionamentos do ambiente e das condições históricas sobre o homem, as ciências humanas limitam sua responsabilidade a ponto de não reconhecer sua capacidade de realizar e assumir atos verdadeiramente humanos, e em consequência, a possibilidade de pecar"[11]. Alguns membros da Igreja, impressionados com esse discurso, substituíram o chamado ao arrependimento e à conversão por um Evangelho que não incomoda ninguém, traindo as grandes ambições que Deus tem para o homem ao chamá-lo à perfeição. Mas isso deixa as pessoas de nosso tempo insatisfeitas; elas anseiam por princípios e ensinamentos claros, sólidos e verdadeiros, de que muitos sentem que a Igreja detém o segredo em meio a este mundo em crise.

São João Paulo II apontou então para uma mudança na ética decorrente do relativismo histórico: os critérios para o valor moral de uma ação sempre evoluíram e sempre evo-

---

[10] Bento XVI, discurso na reunião com o mundo da cultura, Collège des Bernardins, 12 de setembro de 2008.
[11] São João Paulo II, *Reconciliatio et paenitentia*, 2 de dezembro de 1984.

luirão, tornando impossível afirmar que existem "atos intrinsecamente ilícitos e maus, independentemente das circunstâncias em que são realizados pelo sujeito". Tudo o que resta à cultura ocidental é a chamada ética "consensual", que é inconsistente, radicalmente ambivalente e desprovida de qualquer conteúdo estável. O apagamento dos pontos de referência e a dissolução das responsabilidades individuais em um contexto social ou histórico "sufoca tanto a noção de pecado que quase acabamos dizendo que o pecado existe, mas não sabemos quem o comete". É também a obliteração de Deus, com quem o pecado e a culpa desaparecem.

Além desses fatores, de acordo com o Papa, há erros intelectuais e pastorais por parte de certos homens da Igreja, em reação a excessos do passado:

> Em vez de verem o pecado em toda parte, não o distinguem mais em lugar algum; em vez de enfatizarem demais o medo do castigo eterno, pregam um amor a Deus que exclui qualquer castigo merecido pelo pecado; em vez da severidade com que se esforçam para corrigir as consciências errôneas, defendem um respeito tal pela consciência que suprime o dever de dizer a verdade. E por que não acrescentar que a confusão criada nas consciências de muitos fiéis pelas diferenças de opinião e de ensino na teologia, na pregação, na catequese, na direção espiritual, sobre questões sérias e delicadas da moral cristã, acaba por diminuir, quase a ponto de apagar, o verdadeiro significado do pecado? E não devemos ignorar certas deficiências na prática da penitência sacramental, como a tendência de obscurecer o significado eclesial do pecado e da conversão, reduzindo-os a realidades puramente individuais; ou o perigo, ainda não totalmente evitado, do ritualismo rotineiro que priva o sacramento de seu pleno significado e eficácia educativa.

Restaurar uma compreensão adequada do pecado é a primeira maneira de lidar com a grave crise espiritual que as pessoas enfrentam hoje. Mas o senso de pecado só será restabelecido por um claro apelo aos princípios inalienáveis da razão e da fé que a doutrina moral da Igreja sempre defendeu[12].

Para redescobrir o significado do pecado, devemos absolutamente retomar as palavras da própria pregação de Jesus: "A plenitude do tempo chegou, o reino de Deus está próximo: convertei-vos e crede no evangelho" (Mc 1,15). Com essas palavras, Cristo prefigurou a chocante revelação da imensidão do amor de Deus e da infinita gravidade do pecado que seria o sacrifício voluntário de sua Paixão.

Desinteresse pelo sacramento da penitência

Infelizmente, mesmo entre aqueles que afirmam acreditar no Evangelho, poucos chegam a pedir sinceramente o perdão de Deus no sacramento da penitência. Há várias razões para isso.

Em primeiro lugar, é sem dúvida um sinal de que estamos nos tornando cada vez mais superficiais, absorvidos pela busca de bens materiais e pelo desejo de sermos autossuficientes, adotando assim as atitudes de um autêntico ateísmo prático. A queda vertiginosa no número de denominações faz parte da tragédia mais ampla do abandono da fé e do desinteresse pela missa aos domingos e dias de festa.

Além disso, com o desaparecimento virtual do jejum eucarístico, a prática de receber a comunhão foi gradualmente se dissociando da confissão: as exigências feitas à preparação física para receber esse sacramento foram relaxadas a tal ponto que a preparação espiritual rapidamente

---
[12] São João Paulo II, *op. cit.*, § 18.

passou a ser completamente negligenciada. Muitos cristãos hoje comungam sem antes pedir o perdão sacramental por seus pecados. A escandalosa inadequação da catequese e da pregação sobre a Eucaristia fez com que uma proporção significativa dos que se dizem católicos afirmasse não acreditar na Presença Real. Para eles, a missa se tornou uma refeição festiva, uma reunião de convívio em que todos reivindicam o direito de ter acesso à comunhão sacramental. É por isso que, na Liturgia da Palavra, quando o décimo primeiro capítulo da Primeira Carta aos Coríntios é lido, os versículos 27 a 29 foram omitidos, onde São Paulo nos adverte contra a falta de discernimento quando nos aproximamos do Corpo de Cristo?

> Portanto, quem comer o pão ou beber o cálice do Senhor indignamente será culpado do Corpo e do Sangue do Senhor. Portanto, cada um faça prova de si mesmo, e assim coma deste pão e beba deste cálice; porque quem come e bebe (indignamente), sem discernir o Corpo do Senhor, come e bebe a sua própria condenação (1Cor 11,27-29).

No entanto, esses três versículos levam a uma conclusão sublime, com grande coerência, o ensinamento que São Paulo nos transmite e que remonta ao próprio Senhor.

É também a falta de uma formação séria no mistério da Igreja e na economia sacramental que multiplica o número daqueles que não aceitam mais nenhum intermediário entre eles e Deus, ou que se afastam dos sacramentos em revolta com os escândalos criados por um pequeno número de sacerdotes cuja conduta é hedionda e execrável.

Muitos padres preferem passar o tempo fazendo outras coisas do que sentados no confessionário esperando que os penitentes rezem o breviário ou o rosário. Nas homilias e no ensino catequético, há pouca ou nenhuma menção ao pecado original, ao pecado mortal, ao tentador, ao purgatório, ao inferno ou à punição divina. Os fiéis não são mais confrontados com a luta onipresente entre o bem e o mal, o conflito entre a luz e as trevas que é tão fortemente expresso no Evangelho de São João. Deus é aquele Amor vago, universal e etéreo cuja intervenção no curso das coisas e dos eventos não é mais concebível.

O próprio mistério da Encarnação não é mais visto primariamente como redentor, mas como uma espécie de revelação ao homem de sua própria humanidade. Correlativamente, as provações e o sofrimento humanos não são mais valorizados como meios providenciais de reparação de pecados e ofensas contra Deus e o próximo. Para muitos cristãos, a salvação é praticamente redefinida em termos de realização ética e emocional, acompanhada de um compromisso de transformar o mundo e lutar pelo bem-estar humano, pela justiça e pela proteção ambiental. A missão de ensino de Cristo é artificialmente separada de seu papel redentor como vítima expiatória, redimindo a humanidade de seus pecados ao preço de seu sangue e morte na cruz. A partir disso, a confissão tornou-se apenas mais um exercício espiritual, quase independente de qualquer soteriologia, com uma concepção de "reconciliação" que foi amplamente despojada de qualquer aspecto de justiça e reparação.

Estas são, pelo menos, as tendências fundamentais que estão na raiz da mudança de comportamento entre os cristãos, mesmo que as situações concretas sejam certamente mais complexas[13]. Tudo isso levou a uma perda do significado do pecado, da qual o desinteresse pela confissão sacramental é uma consequência lógica e inevitável.

REDESCOBRIR O VERDADEIRO SIGNIFICADO DO ARREPENDIMENTO

O perdão divino é oferecido com generosidade superabundante, mas é o arrependimento que está em falta. Nas palavras de Dom Léon A. Elchinger, "temos poucos pecadores". Ninguém quer admitir que é um pecador. Em vez disso, culpamos os outros, proclamando-nos vítimas de nossa hereditariedade, nosso ambiente, a sociedade, os políticos, o governo ou certas categorias profissionais. Até mesmo as palavras com as quais começamos a celebração do Santo Sacrifício da Missa: "Preparemo-nos para a celebração da Eucaristia reconhecendo que somos pecadores", muitas vezes parecem ser uma fórmula vazia, sem consistência, uma rotina inconsciente que não leva a nenhum exame sério de nossas vidas ou ao verdadeiro arrependimento de nossos pecados.

No entanto, o arrependimento é uma das marcas registradas da dignidade da pessoa humana, responsável por suas ações. A maneira como dissolvemos nossa própria culpa na interação de circunstâncias e determinismos socioculturais é autodestrutiva. O sentimento de culpa é uma marca da grandeza da liberdade humana que é criminoso tentar suprimir. E quando os indivíduos não sabem mais

---

[13] Cf. *Pratiques de la Confession. Des Pères du désert à Vatican II. Quinze études d'histoire*, Paris, éditions du Cerf, 1983, p. 260-269.

como se arrepender, como um país pode voltar atrás em suas falhas? A comunidade de pecadores que ela forma carrega a culpa das "estruturas de pecado" que construiu por meio do relativismo moral, do consumismo excessivo, da dominação e do esmagamento dos fracos por imperativos econômicos e tecnológicos. A própria Igreja não é uma reunião de justos, mas de pecadores movidos pelo desejo de conversão; assim, os Apóstolos escolhidos por Jesus eram homens frágeis, sem educação e sem cultura (At 4,13), lentos para entender, briguentos e ambiciosos, marcados por todas as fraquezas humanas que também são nossas.

O arrependimento é, portanto, um ponto de partida insubstituível para uma reforma moral genuína. O arrependimento vai além do arrependimento. Significa aceitar ser colocado de volta na estrada pelo próprio Deus, a fonte de nossa verdadeira liberdade e dignidade. Portanto, reconhecer humildemente nossos pecados e arrepender-se deles não é uma degradação ou humilhação. Devemos superar uma concepção estreita do pecado, que no passado contribuiu para anestesiar ou deformar a consciência moral de muitos cristãos. Os crentes estavam muito presos a uma rede de proibições exigentes e, às vezes, infantis. O pecado era visto como uma "entidade abstrata", como uma mancha, um ponto escuro em uma alma branca, enquanto que, antes de tudo, é uma deterioração em nosso relacionamento pessoal com Deus: "Pequei contra ti e contra ti somente" (Sl 51,6). É porque Deus não quer que destruamos algo importante em nós mesmos ou nos outros que o pecado o desagrada. Reconciliar-se com Deus não pode ser uma atitude antiquada e inútil; pelo contrário, é um ato restaurador, recriador e regenerativo: "Desvia o teu rosto das minhas iniquidades, [Senhor], e apaga todo o meu mal. Deus, cria em mim um coração puro. Deus, cria em mim um coração puro, restaura em meu peito um espírito inabalável. Não me afastes da tua presença; não retires de mim o teu espírito santo" (Sl 51,11-12). De fato, se muitos cristãos perderam o senso de pecado, é porque não veem mais como seu comportamento se relaciona com seu relacionamento com Deus[14].

■ CONFLITO E RECONCILIAÇÃO

A vida humana só é feliz se for vivida sob o signo da reconciliação. Nossa experiência diária mostra que não pode haver existência humana sem conflitos. Os conflitos são a origem do conflito inicial entre nossos primeiros pais e o Criador. O obscurecimento do significado do pecado foi acentuado justamente pelo abandono, na catequese e na pregação, do ensinamento sobre o insondável mistério desse pecado original. E desde a segunda geração da humanidade, um ódio mortal opôs Caim a seu irmão Abel. No entanto, Deus havia advertido Caim: "Por que estás com raiva e por que teu rosto está abatido? Se estiveres bem disposto, não levantarás tua cabeça? Mas se não estiveres bem disposto, não está o pecado à porta, uma fera à espreita que o cobiça; podes vencê-lo?" (Gn 4,6-7). O primeiro pecado prejudica nossos relacionamentos humanos e parece destinado a romper irremediavelmente as relações

---

[14] Cf. Bernard Rey, *Pastorale et célébrations de la Réconciliation*, Paris, Éditions du Cerf, 1999, p. 52-53.

entre Deus e a humanidade, se Deus não intervir para nos lembrar do que é bom, nos perdoar e nos reconciliar.

Tensões e divisões muitas vezes violentas dentro das famílias, lutas sociais, guerras acompanhadas de atrocidades bárbaras, batalhas ferozes pelo poder político e econômico, inimizades e destruição mútua até mesmo dentro da Igreja Católica: que mistério insondável é o do pecado do homem e do perdão de Deus!

Instruída pelos Evangelhos e pelas cartas de São Paulo, a Igreja ensina que o perdão e a reconciliação são uma iniciativa exclusiva de Deus em Cristo Jesus:

> Portanto, se alguém está em Cristo, é uma nova criação: o antigo não existe mais, um novo se apresenta. E tudo isso provém de Deus, que nos reconciliou consigo mesmo por meio de Cristo e nos confiou o ministério da reconciliação. Pois foi Deus quem, em Cristo, reconciliou o mundo consigo mesmo, não mais levando em conta as falhas dos homens, mas colocando em nós a palavra da reconciliação. Somos, portanto, embaixadores de Cristo; é como se Deus estivesse exortando por nosso intermédio. Nós lhes rogamos em nome de Cristo: reconciliai-vos com Deus (2Cor 5,17-20).

■ A RECONCILIAÇÃO NA BÍBLIA

O único desejo de Deus é reconciliar o mundo e restaurar nossa aliança com ele. Os profetas proclamaram seu chamado à conversão e à santidade: "Sede santos, porque eu, o Senhor vosso Deus, sou santo" (Lv 19,1-2). Somos lembrados, em particular, das palavras do profeta Joel no início de cada período da Quaresma:

> Voltai-vos para mim de todo o coração, com jejum, lágrimas e contrição. Rasgai os vossos corações, não as vossas vestes, e voltai para

o Senhor, vosso Deus, porque ele é terno e misericordioso, tardio em se irritar e cheio de amor, e abandona o castigo. [...] Congregai os anciãos, congregai os jovens e as criancinhas! Que o noivo saia de sua casa, que a noiva saia de seu quarto. Chorem os sacerdotes, ministros do Senhor, entre a porta e o altar. Que eles digam: Senhor, tem misericórdia do teu povo. Não entregues tua herança aos insultos e às zombarias dos gentios. Por que diriam eles entre os povos: Onde está o teu Deus? (Jl 2,12-18).

A reconciliação tem sido o cerne da Revelação desde o Antigo Testamento. A linguagem falada por Deus às suas criaturas inclui sete palavras que brotam constantemente de seu coração: amor, misericórdia, ternura, perdão, conversão, reconciliação e vida. Assim, Miquéias exclama:

Que Deus há como tu, que tiras a culpa, que perdoas o crime, que não manténs tua ira para sempre, mas tens prazer em mostrar misericórdia? Mais uma vez, tende misericórdia de nós! Apagai nossas faltas, lançai todos os nossos pecados nas profundezas do mar! (Mq 7,18-20).

E o salmista:

[O Senhor] não nos trata segundo as nossas iniquidades, nem nos retribui segundo os nossos pecados. Como os céus estão elevados acima da terra, assim é grande o seu amor para com aqueles que o temem; como o oriente está longe do ocidente, ele afasta de nós os nossos pecados (Sl 103,10-12).

Essa revelação é cumprida no Novo Testamento: a morte e a ressurreição de Cristo, que veio para salvar os pecadores e não para puni-los, dão testemunho intenso, vivo e concreto do fato de que Ele não é um Deus de ira. Jesus, com sua morte na cruz, paga nossa dívida e redime o mundo: "Pois na cruz", escreve Santo Agostinho, "uma grande coisa foi realizada. Foi ali que a bolsa que continha o preço do nosso resgate foi aberta: quando seu lado foi aberto pela lança que o atingiu, o que jorrou foi o preço do universo"[15]. E antes de passar deste mundo para o Pai, ele confiou a seus discípulos a missão de pregar a conversão e o perdão dos pecados em seu nome a todas as nações, começando em Jerusalém (cf. Lc 24,47). Em Deus, o desejo de perdoar, de nos receber como o filho pródigo de volta em casa, de poder finalmente derramar em nosso coração o amor insondável que ele tem por nós, borbulha como fogo em um vulcão, muito antes da confissão de nossos pecados.

A Bíblia também nos fala sobre o perdão e a reconciliação entre as pessoas, que são essenciais para a paz e a harmonia interiores, ao passo que o prazer ilusório de destruir os outros por meio de calúnias, invectivas, difamações, mentiras e todo tipo de manobras hostis não deixa nada além de amargura, que corrói o coração. A história de José, que encerra o livro de Gênesis (caps. 37-50), é uma história de reconciliação dentro de uma família que passou por uma oposição dramática. José, o perfeito prenúncio de Jesus, é ciumento, odiado e vendido por seus próprios irmãos. Mas, movido por uma profunda emoção e pelo sentimento de pertencer à mesma família, ele consegue perdoá-los e, assim, restaurar a harmonia e a unidade de uma família destruída pelo ciúme e pelo ódio. Jesus leva esse ensinamento até o fim, pedindo que saibamos perdoar uma ofensa grave repetida até setenta vezes sete vezes (Mt 18,21-22). Ele mesmo deu um exemplo disso na cruz, quando orou em favor de seus carrascos: "Pai, perdoa-lhes, pois não sabem o que fazem" (Lc 23,34).

---

[15] Santo Agostinho, Sermão 329, 1.

Portanto, Deus está sempre pronto a perdoar nossos pecados, desde que nos arrependamos e tomemos o caminho de volta à casa do Pai. Mas esse retorno requer conversão, ou seja, a vontade efetiva de renunciar radicalmente aos nossos pecados e mudar nossa vida, como Ezequiel afirma claramente:

> Quanto ao ímpio, se ele renunciar a todos os pecados que cometeu, observar todas as minhas leis e praticar a justiça e a retidão, ele viverá, não morrerá. Não mais nos recordaremos dos crimes que cometeu, ele viverá por causas da justiça que praticou; teria eu, pois, prazer na morte do ímpio, diz o Senhor Deus, e não em vê-lo renunciar aos seus caminhos e viver? (Ez 18, 21-23).

Deus quer se reconciliar com cada um de seus filhos. A palavra "reconciliação" evoca a decisão, por parte daqueles que tiveram um profundo desentendimento, de se aproximarem sinceramente um do outro a fim de encontrar a paz e a verdadeira amizade em um perdão mútuo duradouro. Embora não apareça nos Evangelhos, é usada por São Paulo para falar de nossa justificação, mas dessa vez se refere a uma relação assimétrica: é Deus que perdoa e somos nós que temos um caminho a percorrer em direção a Ele, daí a expressão "reconciliar-se" (cf. 2Cor 5,20) e a passiva "fomos reconciliados" (Rm 5,10). Deus, a quem ofendemos diariamente e a todo momento com nossos pecados, toma para si a responsabilidade de nos oferecer seu perdão, pois sabe que somos pó. Como o pai do filho pródigo, ele sempre mantém os olhos fixos no horizonte, na esperança de nos ver voltar para ele. E assim que nos vê de longe, fica tomado de compaixão, corre até nós e nos abraça por um longo tempo antes mesmo de nos ouvir pedir perdão (cf. Lc 15,11-32). Ezequiel já nos disse:

> Portanto, dizei à casa de Israel: Assim diz o Senhor Deus! Não é por vossa causa, ó casa de Israel, que estou fazendo isso, mas por causa do meu santo nome, que profanastes entre as nações para as quais viestes. Santificarei meu grande Nome, que foi profanado entre as nações onde o profanastes [...]. Aspergirei água pura sobre vós, e sereis purificados; de toda a vossa imundície e de toda a vossa sujeira vos purificarei. E vos darei um coração novo e vos infundirei um espírito novo; retirarei vosso coração de pedra e vos darei um coração de carne. E vos infundirei meu espírito, e farei que andeis em meus estatutos, e guardeis os meus juízos, e os observeis (Ez 36,22-23, 25-27).

Portanto, reconciliar-se com Deus no sacramento da Penitência não pode ser um processo antiquado e inútil, limitado a uma experiência psicológica que, na melhor das hipóteses, é reconfortante e, na pior, humilhante e repulsiva. Além disso, a reconciliação sincera com alguém sempre traz alegria, paz e um novo sopro de vida. Jesus disse: "Haverá mais alegria no céu por um pecador que se arrepende do que por noventa e nove justos que não precisam se arrepender" (Lc 15,7). Então, por que tão poucas pessoas hoje em dia pedem sinceramente o perdão de Deus nos confessionários? Por que eles preferem "encher a barriga de alfarroba comida por porcos", em vez de voltar para Deus e dizer: "Pai, pequei contra o céu e contra ti; não mereço mais ser chamado de teu filho" (Lc 15,11-21)? Tornamo-nos superficiais, inconscientes de nossa própria autodestruição e convencidos de que não precisamos de Deus.

Os benefícios da confissão

No mistério da cruz, todo o horror e a gravidade do pecado são revelados a nós, mas também, e ao mesmo tempo, a imensidão do amor e da misericórdia divinos oferecidos a nós. Somos dignos de todo o sangue de Cristo. "De fato, fomos comprados por um alto preço", escreve São Paulo aos Coríntios (1Cor 6,19-20). Não tenhamos medo de recorrer ao sacramento da penitência sempre que possível! Quando estiver oprimido por seus pecados, aproxime-se de Deus, que está esperando por ti, no confessionário, na pessoa do sacerdote. Deus o usa para renová-lo, curá-lo e dar-lhe a vida novamente. Não olhe para o homem que é o sacerdote, para sua aparência ou para seus próprios pecados. Pois, como diz São Paulo:

> O que é fraqueza para o mundo, Deus o escolheu para confundir o que é forte; o que é sem merecimento no mundo, e o que é desprezado, Deus o escolheu; o que não é, para reduzir a nada o que é, a fim de que nenhuma carne se glorie diante de Deus. Porque, por ele, estais em Cristo Jesus, que se tornou para vós sabedoria de Deus, justiça, santificação e redenção (1Cor 1,27-30).

Quando sucumbirmos à tentação, quando rompermos seriamente nossa amizade com Deus, recorramos com confiança ao sacramento de sua misericórdia, contando com a poderosa intercessão da Virgem Maria e de todos os santos. Então, Ele nos reconstruirá e nos dará um novo coração e um novo espírito. E como Deus conhece bem "o que há no homem", também receberemos ajuda especial dele contra a tentação, para a bela batalha da fé contra Satanás e o espírito do mundo.

Não devemos ter vergonha de nos confessar. A confissão encanta o coração de Deus, porque é uma oportunidade para que seu coração paternal abrace o filho pródigo por muito tempo, mate o bezerro cevado para celebrar seu retorno e nos devolva nossa filiação divina, essa riqueza única de nossa existência, que é o fundamento de nossa fraternidade dentro da Igreja, como explica o prelado do Opus Dei, Monsenhor Fernando Ocáriz:

> Por meio da graça santificante, essa filiação nos introduz na vida divina da Santíssima Trindade: somos filhos do Pai no Filho por meio do Espírito Santo. "Pela graça do batismo, fomos feitos filhos de Deus. Por essa livre decisão divina, a dignidade natural do homem foi incomparavelmente elevada; se o pecado destruiu prodígio, a Redenção o reconstruiu de maneira ainda mais admirável, levando-nos a participar ainda mais intimamente da filiação divina do Verbo"[16]. [...] Em última análise, a filiação divina "está presente em todos os pensamentos, em todos os desejos, em todos os afetos"[17]. E ela necessariamente se estende à fraternidade. Assim, é o próprio Espírito Santo que testifica ao nosso espírito que somos filhos de Deus (Rm 8,16). Esse testemunho é o amor filial de Deus em nós, o que implica o amor fraterno[18].

A confissão nos reintroduz na casa e na família de Deus, nos faz experimentar o amor do Pai por seus filhos e, assim, nos reconcilia com toda a Igreja.

Se permanecermos em silêncio, se não estivermos dispostos a ir ao confessionário para nos abrirmos ao sacerdote, que está ali em nome de Deus, e humildemente, franca e sinceramente confessarmos nossas falhas, com verdadeiro arrependimento, então experimentaremos o peso que o pecado coloca em nossa consciência, tão bem evocado pelo salmista:

> Estava calado, e os meus ossos se consumiam em bramidos todo o dia. De noite e de dia a tua mão estava sobre mim; o meu coração se tornou em restolho no calor do verão. Eu te dei a conhecer a minha culpa; não

---

[16] Fernando Ocáriz, Carta aos fiéis da Prelazia, 19 de março de 1967, nº 93.
[17] Francis, *Fratelli tutti*, 3 de outubro de 2020.
[18] Fernando Ocáriz, Carta aos fiéis da Prelazia, 28 de outubro de 2020.

escondi o meu erro. Eu disse: "Irei ao Senhor e confessarei meu pecado". E tu me absolveste do meu pecado e me perdoaste (Sl 32,3-5).

Se não quisermos que nossa vida permaneça como escuridão e contradição, incoerência e falsificação vergonhosa, devemos olhar corajosamente para as ações de nossa vida e enfrentar cada verdade, por mais terrível que seja, pedindo a Deus que nos ajude. Não podemos ser pecadores salvos pela graça se não formos capazes de reconhecer que somos pecadores e de ter a humildade de confessar isso diante do sacerdote, ministro de Cristo e administrador dos mistérios de Deus (cf. 1Cor 4,1), dando assim expressão concreta ao nosso arrependimento.

■ Frequência da confissão

A confissão anual é um dos mandamentos da Igreja:

> Todo fiel que tenha atingido a idade da discrição deve confessar, pelo menos uma vez por ano, os pecados graves dos quais tem conhecimento. Qualquer pessoa que tenha conhecimento de ter cometido um pecado mortal não deve receber a Sagrada Comunhão, mesmo que esteja muito contrito, sem antes ter recebido a absolvição sacramental, a menos que tenha um motivo justo para receber a Comunhão e não lhe seja possível ter acesso a um confessor. As crianças devem receber o sacramento da Penitência antes de receber a Sagrada Comunhão pela primeira vez[19].

Além desse mínimo indispensável, a Igreja recomenda a confissão frequente de nossos pecados. De fato, como ensina o Catecismo, a confissão regular de nossos pecados veniais "ajuda-nos a formar nossa consciência", ou seja, a tor-

---

[19] *Catecismo da Igreja Católica*, § 1457.

ná-la mais delicada e mais sensível à ofensa cometida contra Deus, "a lutar contra nossas más inclinações, a deixar-nos curar por Cristo e a progredir na vida do Espírito". Recebendo mais frequentemente, por meio deste sacramento, o dom da misericórdia do Pai, somos levados a ser misericordiosos como Ele (cf. Lc 6,36)". E o Catecismo cita Santo Agostinho:

> Aquele que confessa seus pecados já está agindo com Deus. Deus acusa teus pecados; se também os acusas, te unes a Deus. O homem e o pecador são, por assim dizer, duas realidades: quando ouves falar do homem, foi Deus quem o criou; quando ouves falar do pecador, foi o próprio homem quem o criou. Destruí o que fizeste para que Deus possa salvar o que ele fez [...]. Quando começas a odiar o que fizeste, é quando suas boas obras começam, pois acusas tuas más obras. O início das boas obras é a confissão das más obras. Realizas a verdade e vens para a Luz[20].

Para experimentar o perdão e a misericórdia de Deus, devemos nos esforçar para manter nossos olhos fixos nele, para que ele possa nos mostrar o caminho de volta que sua Palavra abriu quando o ouvimos implorar paternalmente: "Voltai para mim de todo o coração, com jejuns, lamentos e lágrimas. Voltai ao o Senhor, vosso Deus, pois ele é amoroso e compassivo, lento para se irar, cheio de misericórdia e perdoa o mal" (Jl 2,12-13).

O GRANDE PERIGO DA VIDA ESPIRITUAL: LASSIDÃO E ROTINA

"Bem-aventurados os pobres de espírito, bem-aventurados os que choram... Bem-aventurados sereis quando vos insultarem, perseguirem e disserem falsamente todo tipo

---

[20] *Catecismo da Igreja Católica*, § 1458.

de mal contra vós por minha causa" (Mt 5,2-11). Ao proclamar essa mensagem sem precedentes, deslumbrante até mesmo em suas exigências, Jesus nos mostra o caminho que leva à perfeição e à santidade. O caminho das bem-aventuranças é áspero, árduo e exigente. Jesus nos conduz em seus passos. Com ele, temos de passar pelo sofrimento e pela morte para entrar no mistério da vida. Mas o fervor com que começamos a jornada da vida interior é rapidamente ameaçado pela tibieza e pela rotina. Ela se insinua insidiosamente, como um verme roedor que silenciosa e progressivamente se enterra e devora por dentro, criando um horrível vazio em nosso interior. A indiferença nos rouba toda a consistência, toda a energia, todo o entusiasmo e todo o desejo de continuar nossa jornada rumo às alturas onde Deus nos espera. Ela nos deixa na mediocridade, na indiferença espiritual, na indiferença a Deus. Não é necessário que uma pessoa afligida pela tibieza cometa grandes pecados para experimentar a ruína de seu ser espiritual. Sua inércia é suficiente.

A rotina é irmã da tibieza. Ela nos torna impermeáveis à graça, como Péguy diz com razão:

> Há algo pior do que ter um pensamento ruim, é ter um pensamento pronto. Há algo pior do que ter uma alma ruim e até mesmo fazer uma alma ruim, é ter uma alma pronta. Há algo pior do que ter uma alma perversa, é ter uma alma habituada. [...] Mas as piores aflições, as piores baixezas, até mesmo o pecado, são frequentemente defeitos na armadura do homem, defeitos na armadura através da qual a graça pode penetrar na armadura da dureza do homem. Mas nessa armadura inorgânica do hábito, tudo escorrega e toda espada é embotada[21].

---

[21] Charles Péguy, *Note conjointe*, Paris, Gallimard, p. 96.

A falta de vontade e a rotina levam à covardia, à negligência, ao descuido e à morte gradual. É por isso que Deus, que é tão cheio de perdão e ternura pelos pecadores, tem algumas palavras muito duras para dizer aos mornos: "Conheço teu comportamento: não és frio nem quente — por que não és um ou outro? Portanto, como és morno, nem quente nem frio, vou vomitá-lo de minha boca" (Ap 3,15-16).

RECOMEÇAR TODOS OS DIAS

A única maneira de nos protegermos contra a indiferença é decidir começar de novo todos os dias, nunca descansando no que achamos que adquirimos. Jesus nos advertiu: "Se alguém quiser vir após mim, renuncie a si mesmo, tome cada dia a sua cruz e siga-me" (Lc 9,23). A cruz todos os dias, para ressuscitar todos os dias! São Jerônimo acrescenta:

> Não apenas em tempos de perseguição ou quando surge a possibilidade de martírio, mas em toda circunstância, tarefa, pensamento, palavra, neguemos o que éramos antes e confessemos o que somos agora, uma vez que nascemos de novo em Cristo[22].

Para realmente passar das trevas para a luz (cf. Ef 5,8-10), devemos abandonar o que éramos antes e começar a viver plenamente nossa filiação divina. A conversão é o trabalho de um momento; a santificação é a tarefa de uma vida inteira. Portanto, é essencial estarmos prontos para começar de novo todos os dias, com o ímpeto renovado de nossa primeira conversão.

---

[22] São Jerônimo, Carta 121,3 (PL 22,1013).

Capítulo 5 | Um sacramento para a conversão

Essa disposição de começar sempre de novo exige a verdadeira humildade, que desiste de contar os sucessos e de olhar para trás para ver até onde chegamos; ela se esquece completamente de si mesma, porque deixou de ser importante aos seus próprios olhos e somente Deus importa para ela. O modelo supremo dessa humildade infantil é a Santíssima Virgem Maria, cuja humildade pode ser considerada a explicação de sua perfeita pureza.

Uma mãe inocente, simples, infantil e pura, com uma alma cristalina. Essas palavras soam como a imagem que a Tradição formou dessa jovem mãe de status social humilde, mas completamente cheia de Deus. Entre tantos textos sobre a Virgem Maria nos últimos vinte séculos, gostaria de citar estas linhas de Georges Bernanos, que expressam muito bem o que estou tentando dizer aqui:

> Ela é nossa mãe, certamente. Ela é a Mãe da raça humana, a nova Eva. Mas ela também é sua filha. O velho mundo, o mundo doloroso, o mundo antes da graça, embalou-a por muito tempo em seu coração desolado — séculos e séculos — na obscura e incompreensível expectativa de uma *Virgo Genitrix*... Por séculos e séculos, ele protegeu com suas mãos velhas e carregadas de crimes, suas mãos pesadas, a maravilhosa menina cujo nome ele nem sabia. Uma garotinha, essa Rainha dos Anjos! E ela permaneceu assim, não esqueças! A Idade Média entendeu isso, a Idade Média entendeu tudo. A santidade de Deus, a simplicidade de Deus, a assustadora simplicidade de Deus que condenou o orgulho dos anjos! [...] A Virgem Santíssima não teve triunfos nem milagres. Seu Filho não permitiu que a glória humana a tocasse, mesmo com a ponta mais fina de sua grande asa selvagem. Ninguém jamais viveu, sofreu ou morreu de forma tão simples e com tão profunda ignorância de sua própria dignidade, uma dignidade que, no entanto, a coloca acima dos anjos. Afinal de contas, ela nasceu sem pecado — que solidão surpreendente! Uma fonte tão límpida e tão pura que ela sequer podia ver sua própria

imagem nela refletida, feita para a alegria exclusiva do Pai — oh, solidão sagrada! [...] É certo que nossa pobre espécie não vale muito, mas a infância ainda mexe com seu interior, a inocência dos pequenos a faz baixar os olhos — seus olhos que conhecem o bem e o mal, seus olhos que viram tantas coisas! Mas, afinal, é apenas inocência. A Virgem era a Inocência. [...] O olhar da Virgem é o único olhar verdadeiramente infantil, o único olhar de criança verdadeira que já olhou para nossa vergonha e nossa desgraça. Sim, meu pequeno, para rezar a ela adequadamente, tens que sentir esse olhar sobre ti mesmo, que não é bem o da indulgência — pois a indulgência não vem sem alguma experiência amarga —, mas de terna compaixão, de dolorosa surpresa, de sabe-se lá que outro sentimento, inconcebível, inexprimível, que a torna mais jovem do que o pecado, mais jovem do que a raça da qual ela surgiu e, embora seja uma Mãe pela graça, a Mãe das graças, a mais jovem da raça humana[23].

Recomeçar humildemente a cada dia não significa que consideramos a luta diária leviana ou que deixamos de atribuir valor e seriedade a ela. Pelo contrário, as Escrituras falam com frequência do temor de Deus no qual nossa existência deve ocorrer. Não é o medo de seus castigos que está em questão: é antes o grande respeito que devemos ter, a consciência de nossa humildade e de nossa miséria e, portanto, também da extraordinária gratuidade da salvação de Deus. O que move os cristãos é o amor demonstrado na pessoa de Cristo, que nos ensina a amar todas as pessoas e toda a criação. Esse amor não é superficial, porque chegou até o derramamento de sangue, e é por isso que nossa vida cristã deve se desenvolver em um clima de responsabilidade e seriedade. "Não vos deixeis enganar, Deus não se deixa escarnecer", nos adverte São Paulo (Gl 6,7).

---

[23] Georges Bernanos, *Journal d'un Curé de campagne* [*Diário de um pároco de aldeia*], Paris, Plon, 1936, p. 231-232.

Temos que nos decidir. Não podemos viver com as duas velas que, segundo um ditado popular, todo homem carrega: uma para São Miguel, outra para o demônio. Temos de apagar a vela do demônio. Nossa vida deve ser consumida pela queima total a serviço do Senhor, e isso é decidido novamente todos os dias.

O DIFÍCIL PRIVILÉGIO DA LIBERDADE

O homem é a maior maravilha da criação visível, porque é inteligente e livre, capaz de conhecer e dar de si mesmo; mas ele possui esse grande privilégio como que em germe, e cabe a ele aprender seu uso adequado e, por assim dizer, conquistá-lo, dia após dia, em sua plenitude.

A Constituição *Gaudium et spes* resume o pensamento da Igreja sobre a natureza da verdadeira liberdade. O texto é admiravelmente estruturado e excepcionalmente claro:

> O homem sempre se volta livremente para o que é bom. Nossos contemporâneos têm essa liberdade em alta estima e a perseguem ardentemente. E com razão. Muitas vezes, porém, eles a valorizam de uma forma que não é correta, como a licença para fazer qualquer coisa, desde que seja do seu agrado, até mesmo o mal. Mas a verdadeira liberdade é, no homem, um sinal privilegiado da imagem divina. Pois Deus quis deixar o homem entregue a si mesmo, para que ele possa buscar seu Criador por conta própria e, aderindo livremente a ele, completar-se em uma plenitude bem-aventurada. A dignidade do homem, portanto, exige que ele aja de acordo com uma escolha consciente e livre, movida e determinada por uma convicção pessoal e não meramente sob o efeito de impulsos instintivos ou restrições externas. O homem alcança essa dignidade quando se liberta de toda escravidão às paixões, escolhendo livremente o que é bom, e caminha em direção ao seu destino, cuidando para realmente obter os meios com sua engenhosidade. Entretanto, é somente com

a ajuda da graça divina que a liberdade humana, ferida pelo pecado, pode ser efetiva e plenamente ordenada em direção a Deus. E cada pessoa terá de prestar contas de sua própria vida perante o tribunal de Deus, de acordo com o bem ou o mal que tiver feito[24].

O homem só se tornará verdadeiramente livre se trabalhar, com a graça divina, para restaurar em si mesmo a imagem e a semelhança de Deus, que foram danificadas pelo pecado. Em outras palavras, é a entrada na vida cristã que dá acesso à verdadeira liberdade, que é a escolha espontânea do que é bom. Quanto mais fazemos o bem", diz o *Catecismo da Igreja Católica*, "mais livres nos tornamos. Não há verdadeira liberdade a não ser no serviço do bem e da justiça. A escolha da desobediência e do mal é um mau uso da liberdade e leva à escravidão do pecado (cf. Rm 6,17)"[25].

O homem só é plenamente homem quando escolhe o que é bom, quando oferece sua liberdade e seu amor em homenagem a Deus. Saber dizer "sim" a Deus é, inseparavelmente, ter a coragem de dizer "não" a todas as formas modernas de idolatria e às miragens de prazer prometidas pela desordem moral. A Igreja hoje é confrontada com uma grande quantidade de miséria moral e social, grande parte dela resultado de um desejo de destruir o sistema de valores humanos e cristãos que os séculos passados conseguiram estabelecer da melhor forma possível, para substituí-la por uma absolutização errônea da liberdade. Confusamente consciente de que a liberdade é um privilégio

---

[24] Concílio Vaticano II, *Gaudium et spes*, § 17.
[25] *Catecismo da Igreja católica*, § 1733.

divino, o homem contemporâneo gostaria de tomar o lugar de Deus, o legislador e mestre de tudo. Ele quer redefinir sua natureza, seu sexo, para estabelecer soberanamente o que é certo ou errado, mesmo que isso signifique tornar um crime abominável um direito imprescritível, como o aborto "legalizado, seguro e acessível a todos". O homem moderno quer ser absolutamente autônomo em relação a Deus e suas leis. "Ele desafia o Senhor; cheio de justiça própria, o homem sem Deus não busca mais: 'Deus não é nada' é todo o seu engano" (Sl 10,3-4). Diante disso, os cristãos devem agir com ousadia, trabalhar com grandeza, nobreza e heroísmo, e mostrar a esperança que há dentro deles (cf. 1Pd 3,15). Eles não podem deixar de fazer com que suas vozes sejam ouvidas em questões que afetam nossa compreensão da pessoa humana e de sua dignidade. Eles devem revelar às pessoas de hoje o que realmente é a liberdade e como somente Jesus a dá: "Se o Filho vos libertar, sereis verdadeiramente livres" (Jo 8,36). Ele nos liberta, antes de tudo, de nós mesmos, da escravidão do pecado e da morte, para nos introduzir na vida íntima da Santíssima Trindade.

Viver plenamente o Evangelho, reproduzir a imagem do Filho de Deus em nossas vidas, deixar que Jesus Cristo penetre em nossas vidas, em nossas sociedades, em nossas estruturas políticas e econômicas, em nossas culturas, em nossas pesquisas científicas e tecnológicas e em todos os setores da existência humana, ajudar as pessoas a abrirem de par em par as portas para Cristo, para que Ele possa torná-las verdadeiramente livres — essa é a exigente tarefa do cristão, sua missão diária.

A GRAÇA DE DEUS, UM MISTÉRIO DE AMOR LIVRE

Para cumprir esse árduo programa, podemos contar com a graça de Deus. Com muita frequência, imaginamos Deus como aquele que pesa as ações boas e ruins em uma balança impiedosamente precisa e que sempre nos considerará leves demais. Em vez disso, os Evangelhos nos mostram um Deus que nos inunda com graça e misericórdia. Cada um de nós pode e deve chegar a dizer com São Paulo: "É pela graça de Deus que sou o que sou" (1Cor 15,10; cf. 2Cor 4,15; Rm 5,15).

A graça é "o favor, a ajuda gratuita que Deus nos dá para respondermos ao seu chamado: tornar-nos filhos de Deus (cf. Jo 1,12-18), filhos adotivos (cf. Rm 8,14-17), participantes da natureza divina (cf. 1Pd 1,3-4), da vida eterna (cf. Jo 17,3), [...] o dom gratuito que Deus nos dá de sua vida infundida pelo Espírito Santo em nossa alma para curá-la do pecado e santificá-la"[26].

Deus derrama seu amor por mim por pura generosidade e liberalidade. Nada o obriga a fazer isso, mas também nada pode impedi-lo, nem mesmo meus pecados e minha infidelidade. Pelo contrário, quanto maior for nossa pobreza, quanto maior for o vazio de nossa alma, maior será o derramamento de seu amor e de sua ternura. Quem são os homens na Bíblia que Deus ama com um amor particularmente tenaz e misericordioso? Jacó, que ousou pegar Deus pela mão e lutar com Ele (Gn 32,23-32). Davi, um rei que era assassino e adúltero, mas que foi capaz de reconhecer seu pecado e se tornar "um homem segundo o coração de

---

[26] *Catecismo da Igreja católica*, § 1996 e 1999.

Deus" (cf. 1Sm 13,14). Pedro, o discípulo que traiu Jesus, blasfemou e jurou com imprecações: "Não conheço esse homem" (Mt 26,69-75). Paulo, o grande missionário que foi recrutado nas fileiras daqueles que torturavam os cristãos. Deus aguarda e estende a mão para seus filhos, onde a recusa do amor e da comunhão os prende ao isolamento, ao ódio mútuo e à divisão, para convidá-los à sua mesa, ao banquete da alegria e da misericórdia. Mas será que vou atender a esse convite? Será que sou realmente capaz de me desvencilhar do domínio alienante dos ídolos modernos e determinado a viver como um homem livre da verdadeira liberdade, que "não se torna uma desculpa para a carne" (Gl 5,13)? Fomos libertados para amar e viver em amor e verdade.

O AMOR E A MISERICÓRDIA

Quando o homem não consegue viver de acordo com o dom da liberdade, ele a usa para pecar, o que é uma forma de abrir mão dela aos poucos. Mas sempre resta a possibilidade de fazer novamente a escolha de Deus, de se levantar para continuar a jornada: esse é o dom da misericórdia divina.

A Palavra de Deus nos revela seu amor e sua generosidade para com a humanidade, a maneira como ele nos ama sem cálculos, de acordo com a medida de seu coração e não de acordo com nossos méritos. A perfeita gratuidade desse amor, sua medida transbordante, muitas vezes nos surpreende, escandaliza e revolta. Por exemplo, na parábola dos trabalhadores da vinha, que foram contratados em diferentes horas do dia, o dono da vinha deu a todos o salário integral. Aqueles que haviam "suportado o fardo do dia com o seu calor" (Mt 20,12) não foram roubados, pois receberam o que havia sido combinado: um centavo. Mas eles estão insatisfeitos com a escandalosa matemática da graça. Eles não aceitam que o dono da vinha pague doze vezes mais do que merecem aos malandros ociosos que ficaram parados na praça do vilarejo durante a maior parte do dia. Nós também podemos, às vezes, murmurar contra o Senhor quando ele derrama suas graças e seu amor sobre pessoas que consideramos indignas e não merecedoras. Se fizermos isso, corremos o risco de não entender o ponto do ensinamento de Jesus: Deus distribui dons gratuita e generosamente, não salários. Ninguém é pago de acordo com seu mérito, porque ninguém pode alegar ter dado satisfação por suas próprias capacidades, as condições exigidas por Deus para progredir em direção ao seu amor. Se fôssemos pagos com base na justiça, todos nós acabaríamos no inferno.

A graça divina não está sujeita à lógica dos números, da lucratividade e dos cálculos. É um presente gratuito de Deus por causa da morte de Jesus para nossa salvação. Judas e Pedro já eram os mais calculistas dos discípulos de Jesus. Judas provavelmente tinha mais habilidade e capacidade com números, caso contrário os outros não o teriam escolhido para ser o tesoureiro. Pedro, por outro lado, era muito atento aos detalhes, sempre tentando determinar com precisão o significado que Jesus queria dar às suas palavras. Durante a pesca milagrosa de peixes, ele fez um inventário meticuloso da pesca, arrastando a rede para a praia, "cheia de peixes grandes, cento e cinquenta e três deles" (Jo 21,1-11; cf. Lc 5,4-10). Mas era sobretudo na questão do perdão que ele queria números precisos: "Senhor, quantas vezes meu irmão pode pecar contra mim e eu o perdoo? Perdoá-lo-ei sete vezes? (Mt 18,21). Pedro achou que estava sendo magnânimo, porque os rabinos da época sugeriam que se podia perdoar até três vezes, mas não mais do que isso. Mas Jesus respondeu: "Não te digo sete vezes, mas setenta vezes" (Mt 18,21-22), ou, de acordo com alguns manuscritos, "setenta vezes sete"; mas em ambos os casos, está claro que o número dado significa que o perdão não pode ser contado. Além disso, a pergunta de Pedro deu origem a outras parábolas de Jesus nas quais os números têm o mesmo valor simbólico, como a do servo que devia dez mil talentos: uma soma exorbitante, absolutamente impossível de pagar, que só pode ser dada gratuitamente.

Por meio dessas imagens ousadas e quase exageradas, Jesus quer nos revelar que Deus nos perdoou dívidas infinitas, e que ser cristão é imitar Deus em sua misericórdia sem medida, excessiva; é encontrar, como ele, sua alegria em amar e perdoar: "Pois essa misericórdia lhe permite se desdobrar além de todas as medidas, além de todas as exigências, e sua felicidade é proporcional à propagação do bem que está nele, ao amor que ele dá"[27]. Ser cristão, portanto, é perdoar o que é imperdoável, porque Deus nos perdoou o que era imperdoável. Não é preciso ter lido todos os livros da Bíblia para entender que, por um lado, Deus nos ama e, por outro, nosso comportamento é repugnante para ele:

---

[27] Marie-Eugène de l'Enfant-Jésus, *La joie de la miséricorde*, Bruyères-le-Châtel, Nouvelle Cité, 2008, p. 76-79.

> Estou satisfeito com os holocaustos de carneiros e com a gordura dos bezerros... Não tragam mais oblações vãs: elas são uma fumaça insuportável para mim...! Não suporto a falsidade e a solenidade. Minha alma odeia as vossas cerimônias e as vossas reuniões... Quando estenderdes as mãos, desviarei os olhos; não importa quantas vezes orardes, eu não escutarei. Vossas mãos estão cheias de sangue; lavai-vos e purificai-vos! Tirai vossas ações iníquas de minha vista! Deixei de fazer o mal e aprendei a fazer o bem! (Is 1,11-17).

No entanto, Deus não pode e não ficará desanimado, porque seu coração é maior do que o nosso: "Como os céus são mais altos do que a terra, assim são os meus caminhos mais altos do que os vossos caminhos, e os meus pensamentos mais altos do que os vossos pensamentos" (Is 55,8-9). Ele se reconcilia com o homem, perdoa, vem correndo até nós e se lança ao nosso pescoço para nos abraçar longa e ternamente como um pai que transborda de amor.

Para nos fazer sentir a profundidade de sua ternura, as Escrituras usam a linguagem das emoções e nos mostram Deus se equilibrando entre as ternas reminiscências do tempo de amor (Os 2,16ss; Ez 16) e as solenes ameaças de julgamento que ele tem o direito de proferir contra seu povo infiel (Ez 20; 22; 23): "Porquanto se recusaram a voltar para mim, a espada se enfurecerá nas suas cidades, destruirá as suas fechaduras, devorará por causa dos seus desígnios" (Os 11,6). Mas então, quase no meio da frase, um grito de amor irrompe de seu coração:

> Meu povo se apega à sua infidelidade: eles são chamados, mas nenhum deles se levanta! Como posso abandoná-lo, Efraim? Como posso entregá-lo, Israel? Como posso tratá-lo como Admá, torná-lo como Zeboim? Meu coração está perturbado, todas as minhas entranhas tremem. Não darei vazão ao furor da minha ira, não tornarei

a destruir Efraim, pois sou Deus e não homem, sou o Santo entre vós e não virei com furor (Os 11,7-9).

Dessa forma, Deus nos desafia a amar e perdoar os outros. Ele revela sua própria misericórdia com um realismo quase chocante na história do próprio profeta. Ele pede a Oséias que se case com Gômer, uma mulher depravada que, depois de lhe dar três filhos, o abandona para ir viver com outro homem e até mesmo se prostituir — uma imagem concreta de nossa própria infidelidade a Deus. E é aí que Deus diz a Oséias para aceitá-la de volta: "Volte, ame uma mulher que é amada por outro e comete adultério" (Os 3,1).

Oséias, o marido enganado que, infelizmente, havia se tornado motivo de chacota e piada do mundo, aceitou sua esposa de volta e a reintroduziu em seu lar. Eu mesmo fui confidente e testemunha comovida de duas situações semelhantes. Elas consolidaram minha fé no mistério da Cruz, onde Deus se entrega por aqueles que o traíram e rejeitaram. É contemplando a cruz que aprendemos a amar sem medida e a perdoar como Deus.

Essa passagem de Oséias sempre me comove profundamente. Fico maravilhada com o fato de Deus estar disposto a suportar tamanha humilhação apenas para me falar do amor incondicional que transborda de seu coração por mim. Ele destrói meu pecado e me inunda de graça: "Como posso abandoná-la? Meu coração está sobrecarregado, todas as minhas entranhas tremem".

São Paulo usou outras palavras para descrever o mesmo poder do amor diante do pecado: "Onde o pecado abundou o superabundou a graça" (Rm 5,20). Depois de seu encontro com Cristo na estrada de Damasco, ele nunca mais se afastou das garras da graça, que o penetrou como uma espada até o mais profundo de seu ser. É por isso que a palavra "graça" aparece em suas cartas desde a primeira ou segunda frase. Paulo sempre tinha essa palavra em seus lábios, porque ele sabia o que aconteceria se pensássemos que merecíamos o amor de Deus. Um dia, tomaríamos consciência de nossa pecaminosidade e de nossa impotência para corrigi-la e, de repente, sentiríamos que não éramos dignos desse amor, e o chão cederia sob nossos pés, mergulhando-nos na angústia e no desespero. Para evitar isso, São Paulo deu testemunho a Timóteo da gratuidade do amor que o havia transformado, o blasfemador e perseguidor dos cristãos:

> Dou graças àquele que me deu força, Cristo Jesus, nosso Senhor, que me julgou digno de me chamar ao seu serviço, eu que outrora fui blasfemo, perseguidor e injuriador. Mas recebi misericórdia porque agi por ignorância, um estranho à fé; e a graça de nosso Senhor transbordou com a fé e o amor que há em Cristo Jesus. Cristo Jesus veio ao mundo para salvar os pecadores, dos quais eu sou o primeiro. E, se houve misericórdia para comigo, foi para que em mim, o primeiro, Jesus Cristo manifestasse toda a sua paciência, fazendo de mim um exemplo para os que nele hão de crer para a vida eterna (1Tm 1,12-16).

Bem ciente do aparente escândalo da graça, São Paulo se esforça para explicar como Deus fez as pazes com toda a humanidade. Para nós, em toda justiça, um criminoso deve pagar por sua culpa: um assassino não pode ser simplesmente libertado porque se desculpou. De fato, um preço foi pago, mas pelo próprio Deus, para reconquistar o amor de sua criatura: "É no mistério da Cruz que o poder irresistível da misericórdia do Pai celestial é totalmente revelado. Para reconquistar o amor de sua criatura, ele estava disposto a pagar um preço muito alto: o sangue de seu único Filho"[28].

A graça custou o preço exorbitante do Calvário: "De fato, fostes comprados" (1Cor 6,20)[29], "com sangue precioso, como de um cordeiro sem culpa nem defeito, Cristo" (1Pd 1,18-20).

Em seu grande afresco cinematográfico *O Último Imperador*, Bernardo Bertolucci ambientou a infância do último imperador da China em um cenário de conto de fadas, banhado em luxo, com mil eunucos à sua disposição para satisfazer todos os seus desejos. "O que acontece quando és culpado de um erro?", pergunta seu irmão, que se juntou a ele na Cidade Proibida. "Quando eu cometo um erro ou faço algo estúpido, é outra pessoa que é punida", responde o menino imperador. Para demonstrar isso, ele quebrou um vaso, e um dos criados foi imediatamente chicoteado. O oposto acontece no mistério da Redenção: quando os servos se desviam, é o rei que é punido. "O justo, meu servo, justificará as multidões, carregando nossas culpas" (Is 53,11); "Ele mesmo carregou em seu corpo as nossas culpas sobre o madeiro, para que, mortos para as nossas culpas, pudéssemos viver para a justiça" (1Pd 2,24). Deus realmente nos ama e pagou com sua vida para provar isso: "A prova de que Deus nos ama é que Cristo morreu por nós, quando ainda éramos pecadores" (Rm 5,8).

---

[28] Bento XVI, Mensagem para a Quaresma de 2007, 21 de novembro de 2006.
[29] Cf. também Rm 3,24ss ; 7,23; At 20,28; Ef 1,7; Hb 9,12; At 1,5; 5,9.

Devemos nos deixar persuadir de que as parábolas da misericórdia dizem respeito a cada um de nós pessoalmente: eu realmente sou a ovelha perdida que o pastor foi procurar, deixando o rebanho na montanha; eu realmente sou o filho pródigo por quem o Pai vasculha o horizonte, aguardando ansiosamente meu retorno, cheio de esperança. Sou o servo cujas dívidas foram perdoadas. Sou o amado de Deus. Se Deus é amor, por que eu deveria me surpreender com o fato de ele me amar intensamente, quando sou inconstante, inconstante, instável e infiel? Deus conhece os caminhos pelos quais nos conduz e sabe como usar até mesmo nossos pecados para nos levar a ele. Portanto, quando Deus olha para a curva da minha vida, ele não vê um curso irregular, às vezes em direção ao bem, às vezes em direção ao mal, mas um caminho harmonioso que leva à eternidade. No Livro da Vida, o nome de Maria Madalena foi inscrito tanto por sua incontinência quanto o da Santíssima Virgem Maria por sua pureza; e o nome de Paulo, que desembainhou a espada contra Cristo, tanto quanto o de Pedro, que queria usá-la para defender Jesus (Mt 26,51-54). Pois o Livro da Vida não foi escrito progressivamente, palavra por palavra, linha por linha, mas entregue como um todo.

Implorar pela misericórdia e conceder o perdão

O profeta Joel nos incentiva a buscar o perdão de Deus para nossos pecados: "Voltai-vos para mim de todo o coração, jejuando, chorando e lamentando [...]. Voltai-vos para o Senhor, o seu Deus, pois ele é misericordioso e compassivo, lento para se irar, abundante em misericórdia e se arrepende do mal" (Jl 2,12-13). Deus deseja isso ainda mais do que nós mesmos: "Digo, Palavra do Senhor, ó Palavra do Senhor, que não quero que o pecador morra, mas que se converta e viva" (Ez 18,12-13). E ele nos dá a certeza de sua misericórdia: "Convertei-vos, casa de Israel, por causa de sua iniquidade. Dizei aos filhos do meu povo: se os vossos pecados subirem da terra ao céu, se forem mais vermelhos que o carmim e mais negros do que um vestido de luto, se vos voltardes para mim de todo o vosso coração e disserdes: 'Pai', eu vos ouvirei como um povo santo"[30].

Somos, de fato, os filhos pródigos, que se afastaram do Pai para desperdiçar nossa herança, com a absurda pretensão de viver em absoluta independência, livres de toda lei moral. Somos filhos rebeldes, "filhos da ira" (Ef 2:3), desobedientes, "um povo rebelde que se revoltou contra mim; até hoje eles e seus pais se levantaram contra mim, e os filhos são de rosto duro e obstinados de coração" (Ez 2,2-5). O tempo desta vida efêmera nos é concedido como uma oportunidade favorável para nos reconciliarmos com Deus e com nossos irmãos e irmãs, especialmente aqueles com quem um encontro fraterno, sereno e pacífico parece impossível. Mesmo que, humanamente, não tenhamos a força, a coragem ou a humildade para perdoar, devemos nos deixar guiar pelo Espírito Santo, que é capaz de reavivar até mesmo o que estava morto e ressequido (cf. Ez 37,1-15). Portanto, insiste São Paulo, "em nome de Cristo, nós lhes pedimos: deixai-vos reconciliar com Deus" e até mesmo com seu inimigo (cf. 1Cor 5,20-21), aquele que ofendemos

---

[30] Carta de São Clemente de Roma aos Coríntios.

ou que nos humilhou e feriu gravemente. Deus dará o primeiro passo para nos ajudar a voltar para Ele e para nossos irmãos e irmãs. O próprio Deus nos acompanha para irmos ao encontro daquele que nos ofendeu e abranda nosso coração para que sejamos capazes e felizes de oferecer, por nossa vez, o perdão que ele nos concede incansável e generosamente: "No momento oportuno, eu te ouvi; no dia da salvação, eu vim em teu auxílio. Este é o tempo aceitável, este é o dia da salvação" (2Cor 6,2; cf. Is 49,8).

Capítulo 6
AMAR-SE COMO O CRISTO À IGREJA

Após receber o batismo de João, depois de seu retiro no deserto em oração, ascetismo e meditação na Palavra de Deus, Jesus começou sua vida pública e sua pregação, que inaugurou com o sinal da água transformada em vinho na festa de casamento em Caná.

Essa aparição da realidade do casamento no Evangelho não é a primeira: Maria, quando foi visitada pelo Anjo e concebeu o Verbo Encarnado em seu ventre, estava "desposada com um homem chamado José, da casa de Davi". Mas há algo mais explícito no episódio das bodas de Caná, no pleno reconhecimento e na santificação concedidos por Cristo à realidade natural e muito humana do matrimônio, que se torna assim o grande mistério que encantará São Paulo.

Antes de entrar no cerne da questão, gostaria de aproveitar esta oportunidade para enfatizar que renovar nossa visão do sacramento do matrimônio exige que renovemos nossa visão das mulheres. Ao observar a terna veneração e o grande respeito que Jesus demonstrou por sua Mãe, a Virgem de Nazaré, o povo cristão entendeu que toda mulher é como um ícone daquela que foi elevada à dignidade de *theotokos*, aquela que pode ser chamada de "Mãe de Deus", pois foi ao Filho de Deus que ela deu à luz como um homem entre os homens. Uma vez que em Maria a natureza da mulher foi restaurada e ampliada dessa forma, a mulher, a admirável companheira do homem, é novamente chamada a manifestar as qualidades de ternura, paciência, gentileza, escuta, aceitação, abnegação, coragem, dedicação, gratuidade e generosidade de que a humanidade tão desesperadamente precisa. Que insulto à sua dignidade são a pornografia, a prostituição e os anúncios em que ela é apresentada como um objeto de prazer, a ser descartado quando nos cansamos dela! Como Maria nos foi dada por Jesus como nossa Mãe, devemos considerar toda mulher como nossa mãe, como nossa irmã; nossa consideração pelas mulheres deve ser repleta de profundo respeito, pureza, gratidão e admiração filial. Nosso amor pelas mulheres deve ser um amor santo e puro, que não se origine do peso do desejo carnal, mas da pureza que liberta o espírito, como dizia São Bernardo. As mulheres devem ser amadas, honradas e respeitadas, porque elas são a expressão viva da ternura de Deus. É por isso que uma mulher não pode ser repudiada (cf. Mt 19,3-9).

A INSTITUIÇÃO DO MATRIMÔNIO EM RISCO

É realmente muito importante, quem quer que sejamos e qualquer que seja a nossa vocação na Igreja de Deus, dar uma nova olhada no sacramento do matrimônio. Estamos testemunhando uma transformação radical da sociedade ocidental e um preocupante enfraquecimento do casamento no início do terceiro milênio cristão, quando os proponentes da teoria do gênero, os engenheiros sociais e a governança global querem dar o direito de passagem a "todas as formas de família" resultantes de várias formas de uniões e práticas homossexuais.

A referência ao plano de Deus para a humanidade, conforme manifestado tanto na natureza humana quanto na Revelação divina, e conforme traduzido pelo Magistério da Igreja, tornou-se um sinal de contradição no continente europeu, que não apenas esqueceu suas raízes, mas está buscando desenvolver sistemas legais projetados para apagar sistemática e definitivamente os traços do cristianismo. Estamos vivendo em meio a uma ditadura do relativismo, marcada pela alegada ausência de estruturas objetivas e obrigatórias para o pensamento e a moral. No entanto, há uma referência tácita universalmente compartilhada às ideias de Nietzsche, que proclamou a morte de Deus e convidou o homem a salvar a si mesmo, e de Freud, que vê o homem como escravo de seus impulsos vitais mais básicos:

> De acordo com a lógica freudiana, o pai, a civilização, suas instituições e leis, o sistema educacional, as várias formas de autoridade, o governo, os padrões morais, a religião, Deus, nosso superego, nos impedem de dar rédea solta à nossa vitalidade sexual; eles são repressivos. [...] É fácil entender [então] como a revolução sexual na cultura ocidental provocou a morte do cônjuge, o único para toda a vida, substituído por uma multiplicidade de parceiros temporários. Com o pai, a mãe e o marido perdendo seu lugar socialmente legítimo, a família foi violentamente abalada e seus alicerces foram abalados. [...]. E o vácuo criado pela morte cultural de Deus, do pai, da mãe, do marido, da es-

posa e da criança permitiu que os engenheiros sociais reconstruíssem o ser humano sobre novas bases puramente seculares: o gênero[1].

Diante dessa demolição da instituição da família, aqueles que têm a missão de expressar o ensinamento da Igreja nem sempre conseguiram manter sua força e coerência e se refugiaram em posições ambíguas, com o resultado de que hoje há muita confusão entre os fiéis sobre esse assunto. A editora do livro de Thibaud Collin, *Le mariage chrétien a-t-il encore un avenir? Pour en finir avec les malentendus*, [O casamento cristão ainda tem futuro? Para acabar com os mal-entendidos] começa seu resumo do livro da seguinte forma:

> O casamento está em crise. Ele está sendo minado pelo aprofundamento da lógica moderna dos direitos individuais medidos pelos desejos, instáveis por natureza. O preço dessa insuportável leveza é a fluidez das uniões e a fragilidade das vidas pessoais[2].

Segundo o autor desse livro, a Igreja enfrenta hoje dois grandes desafios: o de acolher todos os feridos pelo amor conjugal, a fim de curar suas feridas e conduzi-los em verdade ao verdadeiro médico e Pastor de nossas almas, Jesus Cristo, que dá o verdadeiro sentido da vida e o verdadeiro Amor; e o de integrar e acompanhar as famílias em situação irregular, sem desarticular ou demolir o ensinamento perene e imutável da Igreja sobre a fé e a moral. Portanto, há uma necessidade urgente de redescobrir a inteligência desse ensinamento a fim de responder a esses dois desafios.

---

[1] Cf. Marguerite A. Peeters, *Le gender : une norme politique et culturelle mondiale*, Dialogue Dynamics ASBL, 2012, p. 18-19.
[2] Cf. Thibaud Collin, *Le mariage chrétien a-t-il encore un avenir ? Pour en finir avec les malentendus*, Paris/Perpignan, Artège, 2018, contracapa.

O SENTIDO CRISTÃO DO MATRIMÔNIO

O Concílio Vaticano II resumiu o ensinamento da Igreja sobre o matrimônio da seguinte forma:

> A profunda comunidade de vida e de amor que o casal forma foi fundada e dotada de leis próprias pelo Criador; ela é estabelecida sobre o pacto dos cônjuges, isto é, sobre seu consentimento pessoal irrevogável. Uma instituição, confirmada pela lei divina, nasce assim, aos olhos da própria sociedade, do ato humano pelo qual os cônjuges se dão e se recebem mutuamente. Para o bem dos cônjuges, de seus filhos e da sociedade como um todo, esse vínculo sagrado está além da imaginação humana. Pois o próprio Deus é o autor do matrimônio, que tem uma variedade de valores e propósitos próprios, todos eles da maior importância para a continuidade da raça humana, para o progresso pessoal e o destino eterno de cada membro da família, para a dignidade, estabilidade, paz e prosperidade da família e da sociedade humana como um todo. E é por sua própria natureza que a instituição do matrimônio e o amor conjugal estão ordenados à procriação e à educação que, como um cume, constituem sua coroação. O homem e a mulher que, pelo pacto matrimonial, "já não são dois, mas uma só carne" (Mt 9,6), ajudam-se e apoiam-se mutuamente através da íntima união das suas pessoas e atividades; tomam assim consciência da sua unidade e aprofundam-na cada vez mais. Essa união íntima, dom mútuo de duas pessoas, não menos que o bem dos filhos, exige a total fidelidade dos cônjuges e requer sua unidade indissolúvel. Cristo Senhor derramou bênçãos sobre esse amor multifacetado, que brota da fonte divina da caridade e é constituído à imagem de sua união com a Igreja. Da mesma forma que Deus iniciou uma aliança de amor e fidelidade com seu povo (Os 2; Jr 3, 6-13; Ez 16; 23; Is 54). Assim, agora, o Salvador dos homens, o Esposo da Igreja (Ef 5,27; 2Cor 11,2; Ap 19,7-8) vem ao encontro dos cônjuges cristãos por meio do sacramento do matrimônio. Ele continua a habitar com eles para que os cônjuges, por sua mútua doação, possam se amar em perpétua fidelidade, assim como Ele mesmo amou a Igreja e se entregou por ela[3].

---

[3] Concílio Vaticano II, *Gaudium et spes*, § 48.

A Igreja não inventou o matrimônio. Ele existe desde as origens do mundo, em todas as civilizações e culturas, com a característica de uma união firme e definitiva, selando uma doação mútua dos cônjuges que é completa e sem retorno; foi assim que Jesus pôde responder aos fariseus, que o questionaram sobre a possibilidade do divórcio:

> Não lestes que o Criador os fez homem e mulher desde o princípio, e que disse: "O homem deixará seu pai e sua mãe e se unirá à sua mulher, e os dois se tornarão uma só carne"? Portanto, eles não são mais dois, mas uma só carne. Pois bem! O que Deus uniu, o homem não deve separar (Mt 19,4-6).

Os primeiros cristãos se casaram de acordo com os costumes de sua época, provavelmente sem a necessidade de uma cerimônia religiosa especial. Isso parece ser confirmado pela famosa passagem da *Carta a Diogneto*:

> Os cristãos não se distinguem dos outros homens pelo país, língua ou costumes [...]. Eles vivem em cidades gregas e em cidades bárbaras, de acordo com o destino de cada uma delas; eles se conformam com os costumes locais em relação a roupas, alimentos e o resto de suas vidas, ao mesmo tempo em que demonstram as leis extraordinárias e verdadeiramente paradoxais de seu modo de vida. Cada um deles vive em seu próprio país, mas como estrangeiros domiciliados. Eles cumprem todos os seus deveres como cidadãos e carregam todos os seus fardos como estrangeiros. Toda terra estrangeira é uma pátria para eles, e toda pátria é uma terra estrangeira para eles. Eles se casam como qualquer outra pessoa; têm filhos, mas não abandonam seus recém-nascidos. Eles se sentam em uma mesa comum, mas não é uma mesa qualquer. Eles estão na carne, mas não vivem de acordo com a carne[4].

---

[4] *Carta a Digneto*, in: *Liturgia das horas*, t. 2, Paris, Cerf-Desclée de Brouwer-Mame, 1980, p. 651-652.

Em todos os lugares, desde o início, o casamento tem sido considerado muito importante pelos cristãos, como uma comunidade íntima de vida e amor, baseada no consentimento livre, pessoal e irrevogável dos cônjuges, aberta à transmissão da vida. Mas, em seguida, assumiu uma nova dimensão:

> A aliança matrimonial, pela qual um homem e uma mulher constituem entre si uma comunidade para a vida, ordenada por seu caráter natural ao bem dos cônjuges e à geração e educação dos filhos, foi elevada entre os batizados por Cristo Senhor à dignidade de sacramento[5].

A INDISSOLUBILIDADE DO MATRIMÔNIO

Essa nova dignidade do matrimônio cristão envolve a fidelidade dos cônjuges um ao outro na mesma fidelidade de Jesus Cristo à sua Igreja, que é para ela "o mesmo ontem, hoje e eternamente" (Hb 13,8).

Já no Antigo Testamento, o casamento é uma das imagens preferidas para descrever o amor de Deus pela humanidade, em palavras cheias de amor e promessa:

> Eu a seduzirei, a levarei ao deserto e falarei ao seu coração. Lá eu lhe devolverei seus vinhedos e farei do Vale de Acor uma porta de esperança. Ali ela responderá como nos dias de sua juventude, como no dia em que subiu da terra do Egito. "Naquele dia", diz o Senhor Deus, "vós me chamareis de 'meu Noivo', e não me chamareis mais de 'meu Baal' [...]. Naquele dia farei uma aliança com eles [...]. Desposar-te-ei comigo para sempre; desposar-te-ei comigo em retidão e justiça, em benignidade e misericórdia; desposar-te-ei comigo em fidelidade, e conhecerás o Senhor Deus" (Os 2,16-18, 20-22).

---

[5] *Código de Direito canônico*, cân. 1055, §1.

O mesmo se aplica ao tempo da Redenção e da vinda da graça: o casamento entre pessoas batizadas é como um reflexo do vínculo de amor que une Cristo e a Igreja para sempre, uma união santa, profundamente sagrada e inviolável. É por isso que, de agora em diante, é na presença do sacerdote que os cônjuges se entregam definitivamente um ao outro: Cristo, que amou a Igreja e se entregou por ela, os une indissoluvelmente e lhes dá, até a morte, a graça que os ajudará a manter seu dom mútuo na força e no impulso do amor divino. Esse é o significado da exortação de São Paulo aos cristãos de Éfeso:

> Maridos, amai vossas mulheres como Cristo amou a Igreja: a si mesmo se entregou por ela, para a santificar, purificando-a com a lavagem da água que vem com a palavra; porque queria apresentá-la a si mesmo toda resplandecente, sem mácula nem ruga, nem coisa semelhante, mas santa e imaculada. Da mesma forma, os maridos devem amar suas esposas como a seus próprios corpos. Amar sua esposa é amar a si mesmo. Pois ninguém odeia sua própria carne; pelo contrário, nós a alimentamos e cuidamos bem dela. É exatamente isso que Cristo faz pela Igreja: não somos nós membros de seu Corpo? Eis que um homem deixará seu pai e sua mãe e se unirá à sua mulher, e os dois se tornarão uma só carne: esse é um mistério de grande alcance; quero dizer que se aplica a Cristo e à Igreja (Ef 5,25-33).

São Paulo exorta os maridos a não respeitarem um vínculo puramente legal, mas a amarem suas esposas com o mesmo amor que Cristo tem pela Igreja. De agora em diante, o relacionamento entre os cônjuges cristãos é regido pelo mistério da salvação realizado na morte e na ressurreição de Cristo, que, colocando-se inteiramente de lado, se entregou sem reservas por amor ao Pai e à humanidade (Fl 2,6-11). Não pode haver relacionamento entre os cônjuges que não seja inspirado por essa abnegação total em favor do outro. Dessa forma, São Paulo ajuda os cristãos a deixar para trás a estrutura puramente legal e formal do casamento, bem como a mera conveniência social, e entrar no mundo da oferta e da doação de si mesmo, do amor livre, sincero e total, como o Senhor deu o exemplo com seu sacrifício, e como a Igreja dá o exemplo com sua fidelidade até o fim do mundo.

São João Crisóstomo sugeriu que o noivo deveria dizer o seguinte à esposa:

> Eu a tomei em meus braços, amo-te e prefiro-te à minha própria vida. Pois a vida atual não é nada, e meu sonho mais ardente é passá-la contigo, para que tenhamos a certeza de não nos separarmos na vida futura. [...] Coloco teu amor acima de tudo, e nada seria mais doloroso para mim do que não ter os mesmos pensamentos que os teus[6].

CONSTRUINDO A FIDELIDADE AMOROSA AO LONGO DO TEMPO

O casamento é, portanto, um pacto entre um homem e uma mulher que remete ao vínculo irrevogável de amor entre Cristo e sua Igreja, e dele extrai seu caráter estável e indissolúvel. Essa união deve corresponder a uma real complementaridade entre os cônjuges: é preciso que haja em ambos uma qualidade de coração uma riqueza interior que pode ser objeto da admiração e do desejo da outra pessoa de possuí-la em comum com o amado, em uma complementaridade fecunda e frutífera. Mas mesmo quando

---

[6] São João Crisóstomo, Homilia sobre a Epístola aos Efésios, 20, 8; citado no *Catecismo da Igreja católica*, § 2365.

existe essa feliz correspondência, o amor perseverante de toda uma existência não é evidente. Não é exagero dizer que o matrimônio, em seu objetivo evangélico de absoluta fidelidade e indissolubilidade, é uma "loucura"; nem mais nem menos, de fato, do que o celibato sacerdotal com vistas ao Reino dos Céus.

É inevitável que as provações inerentes a toda vida humana deem origem a sofrimentos que podem levar a dificuldades nos relacionamentos e até mesmo a fortes tensões que degeneram em conflitos, mesmo em um lar onde os cônjuges se amam com ternura. A essas dificuldades soma-se o exemplo, infelizmente disponível em todos os lugares em nosso tempo, da multiplicação de divórcios, coabitação e situações de coabitação que excluem não só o casamento religioso, mas também o casamento civil. Sentimo-nos incapazes de oferecer a alguém o que talvez não sejamos mais amanhã; a fidelidade parece uma atitude contrária à vida, que pressupõe movimento e mudança permanente. Nesse caso, como seria possível e legítimo um compromisso duradouro, definitivo e irreversível? Quando a vida em comum perde o frescor emocional inicial, parece se tornar uma estrutura sufocante, inimiga da liberdade e uma ameaça ao equilíbrio pessoal, que deve ser questionada e rompida de uma vez por todas.

Charles Péguy escreveu com razão que a virtude que se tornou mais rara nos tempos modernos é a fidelidade. No entanto, ela é a condição *sine qua non* da convivência humana, seja na família, na sociedade ou em escala internacional, porque sem ela não pode haver confiança. Quanto à fidelidade entre os cônjuges, ela é inseparável do amor. Uma vez que o entusiasmo inicial tenha se dissipado, o amor deve continuar a perdurar e durar para sempre. Para que isso aconteça, os cônjuges devem estar apegados ao que está além das aparências no outro e constituir uma riqueza que não passa. O amor, então, não é mais uma manifestação instintiva. É uma escolha ponderada de amar, não importa o que aconteça, no sucesso ou no fracasso, na saúde ou na doença, e traduzir esse amor em serviço, compartilhando alegrias e sofrimentos, reunindo todas as riquezas e todas as pobrezas. É a disposição de dar a vida por aqueles que amamos (cf. Jo 15,13). "Mas a questão fundamental permanece", pergunta Dom Léon-Arthur Elchinger:

> Podemos nos comprometer a ser fiéis a alguém de forma totalmente definitiva? Embora algumas pessoas pensem que a fidelidade absoluta é uma "loucura", os crentes acreditam que isso é possível. Como Deus é eternamente fiel e convida as pessoas a serem assim, os crentes envolvem Deus em sua decisão. Eles pedem a ajuda de Deus quando decidem se entregar definitivamente a alguém. É a esperança de Deus em nossa fidelidade que dá às pessoas a coragem de se comprometerem a ser totalmente fiéis. Assim, assumir um compromisso vitalício se torna uma expressão da esperança cristã inscrita no mais profundo de nosso ser e que deve permitir aos cristãos ostentar, sem mentiras ou hipocrisia, o belo nome de "fiel"[7].

Uma vez que é à união de Cristo e da Igreja que o sacramento do matrimônio se refere, cabe à Igreja dar o exemplo e o ensinamento sobre o tema do amor autêntico, ensinando às pessoas "o que significa amar, quais são as condições, as consequências e as implicações do amor e quais podem ser suas falsificações e ilusões"[8].

---

[7] Léon-Arthur Elchinger, *Je plaide pour l'homme*, Paris, Fayard, 1976, p. 193-196.
[8] François Varillon, *Joie de croire, joie de vivre*, Paris, Éditions du Cerf, 1981, p. 142.

Em certos contextos socioculturais, a esterilidade de um casal é, às vezes, fonte de grandes dificuldades e tensões, mesmo entre cônjuges cristãos, especialmente se eles não se alimentam regularmente da Palavra de Deus e dos sacramentos para ter a força de compreender o mistério de sua união e qual é "a largura, o comprimento, a altura, a profundidade e o conhecimento do amor de Cristo, que excede todo conhecimento" (Ef 3,18-19). "O amor não se irrita [...] perdoa todas as coisas, crê em todas as coisas, espera todas as coisas, suporta todas as coisas. O amor nunca passará" (cf. 1Cor 13,4-8). Quando a fé está viva, nenhuma dificuldade deve levar à infidelidade ou ao divórcio. As Escrituras falam de muitos casais que experimentaram a esterilidade: Elcana e Ana (1Sm 1,1-8), Manoá e sua esposa (Jz 13,1-24), Zacarias e Isabel (Lc 1,5-25). Embora tenham recebido de Deus a dádiva milagrosa de um filho, eles deram testemunho de fidelidade em tempos de provação, prontos para aceitá-la até o fim.

Infelizmente, a tragédia dos casamentos desfeitos tornou-se uma realidade dolorosa em todas as camadas da sociedade. Um cônjuge é abandonado pelo outro. Os filhos ficam machucados, confusos e dilacerados. Eles não têm mais uma família, porque a mãe e o pai a destruíram. O divórcio é um câncer terrível que destrói simultaneamente a família e a sociedade, porque se opõe à autenticidade do amor humano, que vai além dos estados variáveis de sensibilidade para alcançar o status de uma realidade espiritual indestrutível.

Esse amor pleno e duradouro entre o homem e a mulher é o plano de Deus para a família humana, e foi isso que Jesus lembrou de forma inequívoca aos fariseus:

Desde o princípio da criação, Deus os fez homem e mulher. Assim, o homem deixará seu pai e sua mãe, e os dois se tornarão uma só carne. Portanto, eles não serão mais dois, mas uma só carne. Pois bem! O que Deus uniu, que o homem não separe. Quando os discípulos voltaram para casa, perguntaram-lhe novamente sobre isso. E ele lhes disse: quem repudia sua mulher e se casa com outra comete adultério com esta, e se uma mulher se divorcia de seu marido e se casa com outro, ela comete adultério com ele (Mc 10,5-12).

A SITUAÇÃO DAS PESSOAS DIVORCIADAS

A impossibilidade de se casar novamente após a separação é um ensinamento que o mundo não quer ouvir ou aceitar, mas que a Igreja é obrigada a manter firmemente em fidelidade ao seu Senhor.

Essa insistência da Escritura sobre a indissolubilidade do matrimônio tem raízes teológicas profundas: Deus faz os cônjuges, ao torná-los uma só carne, para serem, por meio de sua união indefectível, serem testemunhas da aliança entre ele e toda a criação, da amizade que ele oferece eternamente à raça humana.

Em Israel, como em todas as civilizações e sob todos os céus, o divórcio havia se tornado um direito reconhecido como uma medida normal para regular a moral; e, além disso, ao escrever a carta de repúdio exigida pela Torá, um israelita piedoso podia se considerar livre da Lei. Jesus não aceitou essa situação: sua acusação de "dureza de coração" por essa recusa em ser fiel à verdade de suas origens atesta isso claramente. Ele devolve com força o casamento às condições desejadas por Deus, porque somente elas estão de acordo com a profunda dignidade do homem e da mulher:

Ao proibir totalmente o divórcio, Jesus ousa proibir o que a Lei autoriza — e não por uma observância menor, mas com relação a uma das principais instituições legais desta sociedade. Ele ousa afirmar que um homem que segue fielmente a Lei, fazendo a coisa certa quando se divorcia de sua esposa e se casa novamente, está de fato cometendo adultério. Quando nos damos ao trabalho de pensar sobre o que a proibição do divórcio por Jesus implica, é confuso. Jesus tem a audácia de ensinar que o que a Lei autoriza e organiza é, de fato, o pecado do adultério. Em outras palavras, ao seguir conscientemente as regras da Torá sobre divórcio e novo casamento, um homem judeu comete um pecado grave contra um dos mandamentos do Decálogo, o mandamento que proíbe o adultério (Ex 20,14; Dt 5,18). Isso não é pouca coisa! Pelo menos, de acordo com o Pentateuco, é uma ofensa capital. Aqui, como em nenhum outro lugar em seu ensinamento em forma de *halakah* — a proibição de jurar é o único outro exemplo — Jesus, o judeu, está em conflito com a Torá de Moisés, como era entendida e praticada no judaísmo convencional, antes, durante e depois de sua época[9].

As palavras firmes de Jesus mostram claramente que a lei positiva do Antigo Testamento que autoriza a dissolubilidade do casamento é um sério obstáculo à plenitude da Revelação do mistério da Aliança que Ele veio cumprir. A poligamia de fato que resulta do novo casamento, e que ele não teme chamar de adultério, é uma forma imperfeita que deve ser superada a fim de redescobrir a pureza do plano de Deus, antes que o pecado o desfigurasse no homem.

"Essa plenitude da Revelação", observou Aline Lizotte, "foi dada à humanidade e confiada à Igreja, que deve ser sua testemunha fiel, preservar seu depósito e nutrir o povo cristão pelo qual é responsável. Somente a Igreja católica hoje defende perfeita e fielmente não só a indissolubili-

---

[9] John P. Meier, *Un certain Juif, Jésus. Les données de l'histoire*, t. IV, "La loi et l'Amour", Cerf, 2000, p. 95.

dade do matrimônio, mas a realidade do matrimônio tal como Deus o concebeu desde o início, como união estável de um homem e de uma mulher, cujo consentimento mútuo, expresso publicamente diante de Deus e dos homens, implica entre eles uma comunhão radical dos dons recebidos, com vistas à transmissão da vida. No seio da Igreja de Cristo, as outras formas de união sexual, mesmo que contenham elementos que lhes permitam assemelhar-se ao matrimônio sacramental, constituem objetivamente obstáculos à plenitude da vida conjugal, tal como foi querida pelo Criador e afirmada por Cristo"[10].

A ressalva formulada por Jesus ("exceto no caso de adultério") significa que, em certos casos muito graves de infidelidade, o cônjuge prejudicado pode se separar do outro, mas isso não lhe dá a licença para contrair uma nova união. Um homem ou uma mulher que repudia seu cônjuge jamais poderá se casar novamente.

A resposta de Jesus aos fariseus deixou os discípulos perplexos diante da intransigência dessa doutrina:

> Eles lhe disseram: "Se esta é a condição do homem para com a mulher, não convém casar". Jesus respondeu: "Nem todo mundo entende essa palavra, mas aqueles a quem ela é dada. Pois há eunucos que nasceram assim desde o ventre de sua mãe, há eunucos que se tornaram eunucos pela ação dos homens, e há eunucos que se fizeram eunucos por causa do Reino dos Céus. Quem puder entender, que entenda" (Mt 19,10-12).

Para obter o Reino dos Céus e a recompensa eterna, devemos ser capazes de todo sacrifício e renúncia. É isso

---

[10] Aline Lizotte, editorial para o boletim informativo da *Association pour la Formation Chrétienne de la Personne*, outubro de 2014.

que devemos ensinar em nome de Deus, com gentileza e respeito, mas também com clareza e firmeza.

As razões para as exigências da Igreja

A missão da Igreja é difícil e está além da força humana. Mas proclamar o Evangelho não é um título de glória para a Igreja; é uma necessidade (1Cor 9,16). Ela deve absolutamente transmitir esse ensinamento que o mundo não quer ouvir, não apenas no que diz respeito ao casamento, mas também aos mistérios cristãos em geral: a encarnação, a morte e a ressurreição de Deus feito homem, a transubstanciação, a mudança da substância do pão e do vinho para a do Corpo e Sangue de Cristo, tudo isso é loucura para o mundo. Assim como não pode acreditar que o batismo na água nos dá um novo nascimento e nos torna filhos de Deus, o mundo não pode aceitar que o casamento seja tão sagrado e definitivo que romper essa união livremente desejada e consentida equivale a romper o que o próprio Deus uniu, tornando qualquer união subsequente adúltera. Essas coisas chocam o mundo e fazem com que ele descreva o ensinamento da Igreja como "rígido", "fundamentalista", "intransigente" e, portanto, "inaceitável".

Mas será que a Igreja pode mudar seu ensinamento sobre o casamento porque o mundo moderno rejeita a Revelação divina? As palavras de pastores, bispos e padres às vezes podem ser ambíguas. Nesses casos, precisamos compará-las com a fonte, ou seja, as palavras de Jesus e a Tradição da Igreja desde o início. É a fé em Jesus Cristo, e não a opinião de um homem, que deve nos guiar. No dia de nosso batismo, não adotamos opiniões cristãs, mas fomos adotados por Aquele que é o único que pode se definir como "o Caminho, a Verdade e a Vida" (Jo 14,6). Jesus é absolutamente claro sobre essa questão: "Quem se divorciar de sua mulher, a não ser por adultério, e se casar com outra, comete adultério" (Mt 19,9). Existe apenas um magistério, o da Revelação, explicado pelos Padres da Igreja e pelo ensinamento sucessivo e constante dos Papas e dos Concílios:

> De fato, o que a Igreja tentou em seus decretos conciliares, senão ensinar com maior precisão o que antes se acreditava com toda a simplicidade, pregar com maior insistência as verdades que até então eram pregadas com mais frouxidão e, finalmente, honrar com maior cuidado o que antes era honrado com tranquila segurança? Isso é o que a Igreja católica, provocada pelas novidades dos hereges, sempre fez pelos decretos de seus Concílios, e nada mais: o que ela havia recebido de seus ancestrais somente por meio da Tradição, ela também desejou transmitir à posteridade em documentos escritos, ela resumiu em poucas palavras muitas coisas, e — na maioria das vezes para esclarecer a inteligência — caracterizou com termos novos e apropriados tal artigo de fé que nada tinha de novo[11].

A Igreja, portanto, não pode ensinar outra coisa, e em nenhum caso o contrário, pois seu Senhor mesmo declarou: "A minha doutrina não é minha, mas daquele que me enviou" (Jo 7,16-17). A Igreja recebe tudo de Jesus Cristo e toma tudo dele; ela só pode ficar em segundo plano diante dele, mas em hipótese alguma pode tomar o lugar dele e inventar um ensinamento que não tenha recebido dele, dos Apóstolos e da Tradição.

A certeza de nossa fé pode ser resumida nisto: o cristianismo é fundado inteiramente em Jesus Cristo.

---

[11] São Vicente de Lérins, *Commonitorium*, cap. 23.

Portanto, que ninguém afirme ser seu mestre, pois tendes apenas um mestre, Cristo (cf. Mt 23,10). Há uma forte tentação de usurpar a autoridade de Jesus e de interpretar sua palavra de acordo com princípios liberais e relativistas, a fim de agradar ao mundo. Mas, como diz São Paulo, "pois não somos como a maioria que adultera a Palavra de Deus; pelo contrário, falamos em Cristo diante de Deus com toda a pureza, como enviados de Deus" (2Cor 2,17). Sim, adquirimos o hábito de tentar adaptar o Evangelho ao mundo para manter nosso lugar no mundo ocidental de hoje. Mas ninguém deve se esquecer de que o único progresso doutrinário que existe na Igreja não consiste em negar hoje o que acreditávamos ontem, mas em apagar as falsas dobras para redescobrir, além das inevitáveis deformações e falsificações, a fé católica e a autêntica Tradição da Igreja, porque, como diz a epístola aos Hebreus, "Jesus Cristo é o mesmo ontem, hoje e eternamente. Não vos deixeis levar por doutrinas diversas e estranhas" (Hb 13,8-9).

Então, qual é a situação dos cristãos que, depois de se separarem de um cônjuge com o qual estavam validamente casados, entraram em uma nova união civil? Respondo com as palavras do Cardeal Journet:

> A Igreja [não excomunga seus filhos que cederam], uma vez que a intenção deles não é renegá-la, apostatar. Ela simplesmente os abandona à sua própria decisão, que não é de acordo com Cristo, como eles bem sabem, mas de acordo com o mundo. Portanto, enquanto essa decisão persistir, que eles não peçam à Igreja que os receba nos sacramentos de Cristo. Sua missão é fornecê-los fielmente[12].

---

[12] Charles Journet, *Le Mariage indissoluble*, St-Maurice, Éditions St-Augustin, 1968.

A Igreja não deve dar a Eucaristia aos divorciados recasados porque os divorciados recasados estão em um estado em que se permitiram desconsiderar a Palavra de Cristo: "O que Deus uniu, que o homem não separe" (Mt 19,6). Como resultado, eles não podem mais ser sinais vivos, como cônjuges, do Mistério Pascal do Amor do Pai pela humanidade reconciliada. Talvez a despeito de si mesmos, o estado de suas vidas atesta a recusa em aderir a essa Palavra que suscita aqueles que são casados sacramentalmente para serem o sinal revelador do Mistério Pascal de Cristo.

Como administradora dos mistérios de Deus, a Igreja é chamada a guardar o depósito da fé. "Portanto", diz o Apóstolo Paulo, "sejamos considerados servos de Cristo e administradores dos mistérios de Deus. Mas o que se exige dos administradores, em última análise, é que cada um seja considerado fiel. Quanto a mim, não me importa ser julgado por vós ou por qualquer tribunal humano [...] o meu juiz é o Senhor" (1Cor 4,1-4).

A Igreja não julga os divorciados e recasados; ela simplesmente pede que eles tenham a honestidade e a franqueza de reconhecer que não foram capazes de ser fiéis a um mandamento que nos vem de Deus por meio de Jesus Cristo. Eles ainda são seus filhos, e ela continua a amá-los. Mas os sacerdotes que dão a Eucaristia a divorciados recasados estão traindo seriamente a Igreja e o Senhor Jesus. Como Judas, eles vendem Jesus por trinta moedas de prata a fim de serem vistos pelo mundo como misericordiosos, abertos e compreensivos. Na verdade, eles estão arruinando a vida espiritual dos divorciados recasados ao dar-lhes a Eucaristia em seu atual estado de ruptura, involuntária, é claro, mas objetiva e real, com os ensinamentos de Jesus sobre o casamento. Isso contradiz o próprio sacramento: a união radical dos cônjuges é, de fato, a imagem da união de Cristo e da Igreja, verdadeiramente manifestada na Eucaristia. Em nenhum caso o homem pode separar o que Deus uniu; nem a Igreja pode mudar o significado da Eucaristia. Isso seria uma falsa misericórdia.

Pelo contrário, os sacerdotes devem recordar o ensinamento que remonta ao Senhor e aos Apóstolos: "Que o matrimônio seja honrado por todos, e o leito conjugal livre de contaminação, pois Deus condena os sexualmente imorais e os adúlteros" (Hb 13,4). E São Paulo:

> Quanto aos casados, isto é o que eu ordeno, não eu, mas o Senhor: que a mulher não se separe do marido, e, se dele se separou, que não se case de novo, nem se reconcilie com o marido, e, da mesma forma, que o marido não se divorcie da mulher (1Cor 7,10-11).

Essas palavras inspiradas pelo Espírito Santo foram proclamadas na Igreja por mais de dois mil anos e ainda são reconhecidas como uma norma obrigatória de disciplina sacramental e a vida prática dos fiéis. Mudar a linguagem hoje seria uma triste revelação, de acordo com a própria Escritura:

> Toda pessoa inspirada que se recusa a proclamar o evangelho de Jesus Cristo não pertence a Deus: ela tem o espírito do Anticristo, de cuja vinda fostes informados e que agora está no mundo. "Vós, meus filhinhos, pertenceis a Deus e vencestes essas pessoas, pois aquele que está em vós é maior do que aquele que está no mundo.

Eles pertencem ao mundo; é por isso que falam a língua do mundo, e o mundo os ouve. Nós pertencemos a Deus: aquele que conhece a Deus nos ouve; aquele que não pertence a Deus não nos ouve. É assim que distinguimos entre o espírito da verdade e o espírito do erro" (1Jo 4,3-6).

FUNDAMENTOS TEOLÓGICOS DA DISCIPLINA USADA PARA DIVORCIADOS RECASADOS

Esse ensinamento sobre a santidade e a indissolubilidade do matrimônio, com suas consequências para a prática pastoral, foi mantido na Igreja até a exortação apostólica de São João Paulo II, *Familiaris consortio*.

O cardeal Angelo Scola explicou claramente os fundamentos teológicos dessa doutrina, enfatizando o vínculo entre a Eucaristia e o sacramento do matrimônio, "o sacramento do amor nupcial entre Cristo e a Igreja". De fato, ele explica, o relacionamento conjugal entre Cristo e a Igreja não é apenas um modelo para o dom recíproco dos cônjuges, mas o próprio fundamento do matrimônio: O "sim" que os cônjuges cristãos dão um ao outro para sempre não pode ser fundado solidamente sobre "as areias movediças de sua liberdade", mas somente sobre o vínculo nupcial entre Cristo e a Igreja; assim, a referência à Eucaristia não é algo extrínseco ao matrimônio, mas tem um caráter fundacional para ele.

É lamentável, em sua opinião, que essa doutrina não tenha sido mais explícita nos documentos mais recentes do Magistério:

Em *Amoris laetitia*, como nas duas assembleias sinodais de 2014 e 2015, a relação fundamental entre a Eucaristia e o matrimônio não é destacada, e isso, em minha opinião, é uma ausência dolorosa. [...] De qualquer forma, essa ausência permitiu que a *Amoris laetitia* se abrisse a um vasto campo de interpretações aventureiras e irresponsáveis, causando enormes danos ao Povo de Deus. [...] A não-admissibilidade dos divorciados recasados à Eucaristia não é uma punição que possa ser suspensa ou reduzida; ela reside no próprio caráter do matrimônio cristão que, como já disse, repousa sobre o fundamento do dom eucarístico de Cristo, o Esposo, à Igreja, a Esposa. Segue-se daí que qualquer pessoa que tenha se excluído da Eucaristia ao entrar em uma nova união só pode recuperar o acesso ao sacramento da Eucaristia vivendo em perfeita castidade, como afirma o Papa João Paulo II na Exortação *Familiaris consortio*. Mas não há nenhuma referência a isso na *Amoris laetitia*. Ela não diz que essa prescrição não é mais válida, mas também não diz que ela ainda é válida. Ela é simplesmente ignorada. Ao mesmo tempo, somos lembrados de que a Eucaristia, como disse Santo Ambrósio, "não é um prêmio para os perfeitos, mas um remédio generoso e um alimento para os fracos". É verdade que a Eucaristia também tem uma função de cura, mas essa afirmação não pode ser usada fora do que a Constituição dogmática conciliar *Lumen gentium*, sobre a Igreja, diz, no § 11, sobre a natureza eclesial dos sacramentos[13].

O Cardeal Scola está aqui ecoando fielmente o ensinamento de Bento XVI na exortação pós-sinodal *Sacramentum caritatis*, que retomou a posição expressa pelos Padres sinodais sobre a Eucaristia: Depois de recordar que "o vínculo fiel, indissolúvel e exclusivo que une Cristo e a Igreja, e que encontra a sua expressão sacramental na Eucaristia, está relacionado com o fato antropológico original pelo qual o homem deve estar unido definitivamente a uma mulher e vice-versa", os Padres tomaram as consequências para a indissolubilidade do matrimônio:

---

[13] Angelo Scola, *Ho scommesso sulla libertà*, Milão, Solferino, 2018, p. 155-157.

CAPÍTULO 6 | AMAR-SE COMO O CRISTO À IGREJA

Se a Eucaristia exprime o caráter irreversível do amor de Deus pela sua Igreja em Cristo, compreendemos por que ela implica, em relação ao sacramento do matrimônio, a indissolubilidade à qual todo amor verdadeiro só pode aspirar. A atenção pastoral que o Sínodo reservou às situações dolorosas em que se encontram muitos fiéis que, depois de terem celebrado o sacramento do matrimônio, se divorciaram e contraíram uma nova união, é, portanto, mais do que justificada. Trata-se de um problema pastoral espinhoso e complexo, um verdadeiro flagelo no atual contexto social, que está afetando cada vez mais os próprios círculos católicos. A bem da verdade, os pastores são obrigados a discernir as várias situações, a fim de fornecer a ajuda espiritual mais adequada aos fiéis envolvidos. O Sínodo dos Bispos confirmou a prática da Igreja, baseada na Sagrada Escritura (cf. Mc 10, 2-12), de não admitir aos sacramentos os divorciados recasados, porque o seu estado e condição de vida contradizem objetivamente a união de amor entre Cristo e a Igreja, que é significada e posta em prática na Eucaristia. No entanto, os divorciados recasados, apesar de sua situação, continuam a pertencer à Igreja, que os segue com atenção especial, desejando que desenvolvam, na medida do possível, um estilo de vida cristão, por meio da participação na missa, mas sem receber a comunhão, pela escuta da Palavra de Deus, pela adoração eucarística e pela oração, pela participação na vida da comunidade, pelo diálogo confiante com um sacerdote ou guia espiritual, pela devoção à caridade e às obras de penitência, pelo compromisso com a educação de seus filhos[14].

Se lermos a exortação *Amoris laetitia* sob essa luz, não veremos que o documento sugere uma modificação da doutrina anterior com relação ao acesso aos sacramentos para divorciados recasados. Se o Papa Francisco tivesse considerado necessário romper seriamente com a Tradição sobre esse assunto, teria sido bastante surpreendente se ele o tivesse feito em uma simples nota de rodapé (a famosa nota 351).

---

[14] Bento XVI, *Sacramentum caritatis*, § 29.

Exortação aos cristãos divorciados recasados

Seguindo os passos do Papa Bento XVI, gostaria de tomar a minha vez, com um coração afetuoso e muito paternal, de assegurar a todos aqueles que se encontram nessa situação dolorosa as minhas orações, especialmente no momento da celebração da Eucaristia, e de dirigir-lhes esta exortação: queridos cristãos divorciados recasados, não pensem que a Igreja, sua santa Mãe, é intransigente, dura e sem piedade. Cada um de vós tem motivos para ficar triste e censurá-la por ser rígida e desumana. Mas, ao fazer isso, correis o grande risco de acabar acusando Cristo e o Evangelho de serem desumanos, rígidos e intransigentes e, de fato, concordar com o príncipe deste mundo.

Não culpeis vossa mãe, a santa Igreja. Ainda sois seus filhos. Amai-a como ela vos ama: com ternura, como uma mãe ama seus filhos. Ela ama a todos nós, mas nem sempre da maneira que gostaríamos de nos sentirmos amados, porque ela conhece nosso verdadeiro bem. Quantas vezes já experimentaste isso com seus próprios filhos! Amai Jesus, lede seu Evangelho, ouvi vossa Igreja. Não tenteis vos aproximar dos sacramentos se não quiseres ou se achares que não podeis mudar vossa situação. Mas vinde e visitai Jesus presente no tabernáculo, real e substancialmente, com seu Corpo, seu Sangue, sua alma e sua divindade. Ele vos ouvirá quando, para suplicar-lhe, repetires a oração tão íntima do publicano, que muitas vezes eu mesmo gosto de repetir: "Meu Deus, tem piedade de mim, pecador" (Lc 18,13)[15].

---

[15] Consulte Charles Journet, *Le Mariage indissoluble*, op. cit., p. 23-24.

Fazei todo o bem que puderes; espalhai o máximo de luz e paz ao vosso redor. O grande sinal de sua humildade, o grande sinal de esperança de que nos deixará é não abrigar em vosso coração ou em vossas palavras qualquer amargura ou rancor contra a Igreja de Jesus Cristo, que continua a amá-los como seus filhos.

Conclusão

Permitam-me concluir esta reflexão relembrando a descrição feita pelos Padres do Vaticano II sobre o valor insubstituível da família cristã:

> A família cristã, porque é produto do matrimônio, imagem e participação da aliança de amor que une Cristo e a Igreja, manifesta a todos os homens a presença viva do Salvador no mundo e a verdadeira natureza da Igreja, tanto pelo amor dos cônjuges, pela sua generosa fecundidade, pela unidade e fidelidade do lar, como pela cooperação amistosa de todos os seus membros[16].

Em vista dessa grandiosa missão da família cristã, a contemplação da Sagrada Família de Nazaré nos ajudará cotidianamente nas lições práticas que ela nos dá e que São Paulo VI apontou durante sua visita pastoral a Nazaré:

> Antes de tudo, uma lição de silêncio. Que a estima pelo silêncio, essa admirável e indispensável condição do espírito, renasça em nós que somos assaltados por tanto clamor, preocupação e gritaria em nossa vida moderna barulhenta e hipersensibilizada. Ensine-nos a necessidade e o valor da preparação, do estudo, da meditação, da vida pessoal e interior e da oração que somente Deus pode ver em segredo.

---

[16] Concílio Vaticano II, *Gaudium et spes*, 48.4.

Uma lição sobre a vida familiar. Que Nazaré nos ensine o que é a família, sua comunhão de amor, sua beleza austera e simples, seu caráter sagrado e inviolável; que aprendamos de Nazaré o quão doce e insubstituível é a formação que recebemos ali; que aprendamos qual é seu papel social primordial.

Uma lição de trabalho. Nazaré, ó casa do filho do carpinteiro, é aqui que queremos compreender e celebrar a lei severa e redentora do trabalho humano; aqui restabelecer a consciência da nobreza do trabalho; aqui recordar que o trabalho não pode ser um fim em si mesmo, mas que sua liberdade e nobreza provêm, além de seu valor econômico, dos valores que o finalizam[17].

---

[17] São Paulo VI, Homilia, 5 de janeiro de 1964.

Capítulo 7
SANTIFICA-OS NA VERDADE

O que é um sacerdote? Se sentirmos, juntamente com toda a Tradição da Igreja, que o mistério de sua profunda identidade vai além do simples serviço funcional da instituição eclesial, devemos olhar para o mistério do próprio Cristo. Como ensina a Epístola aos hebreus, há apenas um Sacerdote perfeito e definitivo da Nova Aliança: Cristo. Esse único Sacerdote exerce seu sacerdócio na Igreja por meio do ministério de bispos e sacerdotes que se sucedem no decorrer do tempo, mas o sacerdócio permanece único em sua realidade, de modo que o sacerdote é *alter Christus*, outro Cristo, e até mesmo *ipse Christus*, o próprio Cristo. A verdade de seu ser sacerdotal, em todas as épocas e em todas as latitudes, sempre residirá na profundidade de sua identificação com Cristo Jesus.

Antes de começar, gostaria de convidar o leitor não--sacerdote a não ceder facilmente à tentação de pular este capítulo, sob o pretexto de que ele não lhe diz respeito diretamente. As linhas que se seguem são importantes para todos os homens e mulheres batizados, não apenas porque muitas das recomendações feitas aos sacerdotes podem ser transpostas para qualquer cristão, mas também porque uma melhor compreensão do que é um sacerdote poderia ajudar os fiéis leigos a adotar uma atitude correta em relação a ele que o ajude a viver à altura de sua vocação. Talvez muitas aberrações e naufrágios angustiantes e retumbantes pudessem ter sido evitados por uma conscientização do respeito exigido pela alta vocação sobrenatural do sacerdote e pela fragilidade humana muito real em que ela deve se desenvolver; respeito que deve ser traduzido concretamente em uma certa delicadeza de comportamento no vestuário, na linguagem e nas atitudes, e por uma preocupação em evitar o excesso de familiaridade. Os sacerdotes precisam da ajuda que todos os fiéis podem e devem lhes dar.

Um sacerdócio de amor

O sacerdócio de Cristo traz, antes de tudo, a marca de um imenso amor: o amor do Pai, a cujo plano ele aderiu sem reservas desde o primeiro momento de sua encarnação até sua morte na cruz. E esse amor do Pai é a fonte de seu amor pelos homens e mulheres que ele vem salvar, como explica São Gregório Magno ao comentar este versículo do quarto Evangelho: "Eu sou o Bom Pastor. Conheço as minhas ovelhas e as minhas ovelhas me conhecem" (Jo 10,14):

> Em nossa passagem, o Senhor acrescenta imediatamente: "Assim como o Pai me conhece, eu conheço o Pai, e dou a minha vida pelas minhas ovelhas", como se dissesse claramente: o que prova que co-

nheço o Pai e sou conhecido por ele é que dou a minha vida pelas minhas ovelhas: em outras palavras, mostro o quanto amo o Pai pelo amor que me faz morrer pelas minhas ovelhas[1].

Da mesma forma, em cada um dos sacerdotes da Nova Aliança, o amor incondicional de Cristo é traduzido em amor pelas pessoas confiadas aos seus cuidados, como São João Crisóstomo vê expresso na cena da aparição do Senhor Ressuscitado no lago de Tiberíades:

> Cristo, dirigindo-se ao corifeu dos Apóstolos, disse-lhe: "Pedro, tu me amas?", e, tendo assentido com a cabeça, acrescentou: "Se me amas, apascenta as minhas ovelhas". O Mestre pergunta ao discípulo se ele o ama, não para aprender isso de sua boca — como poderia perguntar, ele que penetra o coração —, mas para nos ensinar o quanto ele se preocupa em cuidar de suas ovelhas [...]. "Pedro", disse Jesus, "tu me amas mais do que estes?" Mas ele poderia ter lhe dito: "Se me amas, prepara-te para jejuar, deitar-se no chão, fazer longas vigílias, defender os oprimidos, ser um pai para os órfãos e um protetor para suas mães". O que ele realmente está dizendo? "Apascenta minhas ovelhas"[2].

É o amor, portanto, que está na fonte do sacerdócio da Nova Aliança, pois o amor coloca na posição de mediador primeiro Cristo, que ama o Pai e, portanto, aqueles que o Pai ama, e depois os sacerdotes que amam Cristo e, portanto, aqueles que Cristo veio salvar a fim de cumprir a vontade do Pai.

O ministério pastoral na Igreja não é, portanto, de forma alguma uma função, como se o sacerdote fosse sim-

---

[1] São Gregório Magno, Homilia, in: *Liturgia das horas*, t. 2, Paris, Cerf-Desclée de Brouwer-Mame, 1980, p. 581.
[2] São João Crisóstomo, *Sur le sacerdoce*, II,1, 47, "Sources chrétiennes" 272, Paris, Éditions du Cerf, 1980, p. 105.

plesmente delegado a uma tarefa ritual bem definida, que, uma vez concluída, o deixa livre de qualquer obrigação para com a Igreja e as almas. O sacerdócio foi instituído para a pregação do Evangelho e para restabelecer a comunhão com Deus por meio do sacrifício e da oração; ele tem sua fonte mais profunda em um amor supremo por Cristo: apascentar as ovelhas é um ato de amor. Aqueles que recebem esse ofício sabem que, de agora em diante, estão ligados para sempre a Cristo e às suas ovelhas. Ele não pode mais ir aonde quiser: não é mais senhor de seu próprio tempo nem de si mesmo. À imagem do próprio Cristo, é entregando sua vida totalmente aos cuidados das ovelhas que lhe foram confiadas que o pastor prova que ama o Pai.

A vida sacerdotal, portanto, manifesta e exige um amor muito grande pelo Senhor e pelas almas, que é resumido nas famosas palavras do Cura d'Ars, São João Maria Vianney: "O sacerdócio é o amor do coração de Jesus".

■ Dom e abandono a Deus

O amor e a doação andam de mãos dadas: "Amar", disse Santa Teresa do Menino Jesus, "é dar tudo e dar a si mesmo". A vida do sacerdote é dada a Deus como um todo, sem compartimentação ou reserva, para ser transformada por Ele e estar inteiramente à Sua disposição. Bento XVI escreve:

> Pensei que deveria apresentar o sacerdote do Novo Testamento como alguém que medita a Palavra, e não como um "artesão da adoração". É verdade que meditar na Palavra de Deus é uma tarefa importante e fundamental do Sacerdote de Deus na Nova Aliança. No entanto, essa Palavra se tornou carne. Meditar a seu respeito significa sempre se alimentar da carne que nos é dada na santíssima Eucaristia como

pão do céu: meditar na Palavra, na Igreja da Nova Aliança, significa sempre se abandonar à carne de Jesus Cristo. Essa entrega implica aceitar nossa própria transformação por meio da Cruz[3].

Abandonar-se à carne de Jesus significa entrar em uma configuração total com Cristo. O sacerdote é obrigado a fazer tudo o que estiver ao seu alcance para permitir que Cristo brilhe por seu intermédio, como já disse São João Crisóstomo:

> A alma do sacerdote deve ser mais pura do que os raios do sol, para que o Espírito Santo nunca o abandone, e para que ele possa dizer: Não sou eu que vivo, mas é Cristo que vive em mim[4].

Naturalmente, essa comunhão de vida com Cristo é a vocação de todo cristão que participa do mistério do sacerdócio universal de Jesus Cristo ("Ele fez de nós um reino de sacerdotes para seu Deus e Pai" — Ap 1,6), sendo chamado a unir ao sacrifício de Cristo a oferta de toda a sua vida, como nos lembra São Pedro Crisólogo:

> Ouçamos a admoestação do Apóstolo: "Eu vos conjuro a oferecer vossos corpos". Com esse pedido, o Apóstolo levou todos os homens ao ápice do sacerdócio: "ofereçam vossos corpos como sacrifício vivo". Que função sem precedentes, a do sacerdócio cristão! Nele, o homem é, ao mesmo tempo, vítima e sacerdote; o homem não precisa procurar fora o que deve sacrificar a Deus; o homem traz consigo e dentro de si o que deve oferecer a Deus como sacrifício; a vítima permanece a mesma, enquanto o sacerdote também permanece o mesmo; a vítima que é imolada permanece viva, e o sacerdote não morre porque deve oficiar. [...] Seja, portanto, o sacrifício e o sacerdote de Deus. Não negligencies o dom concedido a ti pela soberania divina. Vista o manto da santida-

---

[3] Bento XVI, Robert Sarah, *Des profondeurs de nos cœurs*, Paris, Fayard, 2020, p. 44-45 [cf. *Do profundo de nossos corações*. São Paulo, Fons Sapientiae, 2020].
[4] São João Crisóstomo, *Sur le sacerdoce*, VI, 2, 9, *op. cit.*, p. 307.

de; coloque o cinto da castidade; deixe que Cristo venha e cubra sua cabeça; deixe que a Cruz impressa em sua testa o proteja sempre; coloque em seu coração o mistério do conhecimento divino; deixe que o incenso de sua oração queime incessantemente; tome posse da espada do Espírito; faça de seu coração um altar. E assim, apresente seu corpo a Deus, ofereça-o destemidamente como um sacrifício[5].

Se esse é o dever de todo cristão, quanto mais o do sacerdote que recebeu a ordenação que lhe dá o poder e a missão de agir *in persona Christi*, de dizer "eu" no lugar de Jesus, em sua Pessoa, quando diz: "Isto é o meu corpo", ou: "Eu te absolvo de todos os teus pecados". É um mistério de abandono mútuo entre o sacerdote e Jesus, um mistério de amor entre os dois. Jesus abandona a si mesmo e permite que o sacerdote diga "eu" em seu lugar; e o sacerdote abandona a Jesus tudo o que ele é, toda a sua pessoa, para que nele Jesus possa dizer aqui e agora: "Isto é o meu corpo", "Eu te absolvo de todos os teus pecados". Essa troca de amor exige grande santidade do sacerdote.

A EXIGÊNCIA DE SANTIDADE DO SACERDOTE

Cristo é a fonte de toda a santidade: ele é o Imaculado que torna sua Mãe imaculada, porque ela foi preservada da mancha hereditária do pecado original no primeiro momento de sua concepção e foi preservada porque dela nasceria o próprio Filho de Deus: ela extrai sua pureza imaculada da pureza de seu Filho, que é nosso Sumo Sacerdote "santo, inocente, imaculado, doravante separado dos pecadores, exaltado mais alto que os céus" (Hb 7,26).

---

[5] São Pedro Crisólogo, Homélie sur le sacerdoce spirituel, *in* : *Liturgia das horas*, t. 2, op. cit., p. 595-596.

Nós, sacerdotes, estamos bem cientes de que não somos santos, inocentes e imaculados como ele e, ainda assim, somos designados por ele para representá-lo entre os homens. Temos plena consciência de nossos muitos pecados e de nossa indignidade, mas nossa vocação continua sendo a mesma: reproduzir em nossa vida a santidade imaculada de Cristo; brilhar, nas palavras de São João Crisóstomo, com a pura luz do sol que é Cristo. Maria é o nosso modelo aqui, a quem o Apocalipse descreve como "a mulher vestida de sol" (Ap 12,1). Maria não é o sol; ela é envolvida por ele, recebendo e refletindo sua luz. O sacerdote também não é o sol, mas é chamado a fazer com que o Sol da justiça, Cristo Jesus, brilhe em sua vida. O Cura d'Ars disse ao seu bispo: "Se quiseres converter tua diocese, deves fazer de todos os seus párocos santos. O padre deve estar constantemente envolto no Espírito Santo, assim como está em sua batina"[6]. A santidade deve ser como o manto com o qual ele se cobre.

A identificação com Cristo é um dom dado ao sacerdote, mas é também um dever, uma tarefa, para que ele possa dizer com São Paulo: "Para mim, viver é Cristo" (Fl 1,21); e ainda: "Eu vivo, mas já não sou eu que vivo, mas é Cristo que vive em mim. Esta minha vida presente na carne, vivo-a na fé no Filho de Deus, que me amou e por mim se entregou" (Gl 2,20). Assim como Jesus expia os pecados dos homens, também o sacerdote, seguindo o árduo caminho do ascetismo cristão, deve trabalhar em sua

---

[6] Bernard Nodet, *Jean-Marie Vianney, Curé d'Ars, sa pensée, son cœur*, Paris, Éditions du Cerf, 2007, p. 102.

própria santificação para poder trabalhar efetivamente na dos outros[7].

O Papa João Paulo II falou vigorosamente sobre essa necessidade de conversão e santificação que é imposta a todos os sacerdotes — uma conversão diária que consiste em "retornar à própria graça de nossa vocação", "prestando contas de nosso serviço, nosso zelo, nossa fidelidade [...] e também de nossas negligências e pecados, nossa pusilanimidade, nossa falta de fé e esperança, nossa maneira de pensar apenas de forma humana e não à maneira de Deus"[8]. No final do Grande Jubileu do Ano 2000, ele escreveu novamente, dessa vez dirigido a todos os batizados e, portanto, *a fortiori* aos sacerdotes, que "seria um erro contentar-se com uma vida medíocre, vivida sob o signo de uma ética minimalista e de uma religiosidade superficial"[9]. O sacerdote, de fato, nessa grande marcha de toda a Igreja rumo à santidade, não pode se contentar em ficar para trás ou se deixar levar pelo movimento geral: cabe a ele liderar e preceder aqueles pelos quais é responsável. Esse já era o ensinamento claro do Concílio Vaticano II:

> Os sacerdotes são ministros de Cristo Cabeça para construir e edificar todo o seu Corpo, a Igreja, como colaboradores da Ordem Episcopal: é por isso que o sacramento da Ordem os configura a Cristo Sacerdote. É verdade que, mediante a consagração batismal, os sacerdotes, como todos os cristãos, já receberam o sinal e o dom de uma vocação e de uma graça que lhes tornam possível e necessário, apesar de sua fraqueza humana, lutar pela perfeição de que fala o Senhor: "Sede perfeitos como é perfeito o vosso Pai celestial" (Mt

---

[7] Cf. Pio XII, Exortação Apostólica *Menti Nostrae*, 23 de setembro de 1950.
[8] São João Paulo II, Carta aos sacerdotes na Quinta-feira Santa de 1979.
[9] São João Paulo II, *Novo Millennio Ineunte*, 6 de janeiro de 2001, § 30 e 31.

5,48). Mas os sacerdotes são obrigados a adquirir essa perfeição de uma maneira especial: ao receberem a Ordem Sagrada, eles foram consagrados a Deus de uma maneira nova para serem instrumentos vivos de Cristo, o eterno Sacerdote, com o poder de continuar ao longo do tempo a ação admirável pela qual, em seu poder soberano, ele restaurou toda a comunidade cristã. Uma vez que, a seu modo, ele assume o lugar do próprio Cristo, todo sacerdote é dotado de uma graça especial; essa graça o torna mais capaz de se esforçar, por meio do serviço do povo que lhe foi confiado e de todo o povo de Deus, em direção à perfeição d'Aquele que ele representa. É também por meio dessa graça que sua fraqueza de homem carnal é curada pela santidade d'Aquele que se fez para nós Sumo Sacerdote, "santo, inocente, imaculado, separado dos pecadores" (Hb 7,26)[10].

Aceitar essa vocação é colocar toda a vida em risco, porque o Senhor não se contenta em compartilhar. Ele vomita aqueles que não são nem frios nem quentes (Ap 3, 15-16). Ele quer tudo. Tudo ou nada! A resposta à vocação sacerdotal não tem sentido se não incluir a disposição de dar tudo a Deus, de se conformar a Cristo em sua vida e em sua morte, de se tornar santo como ele mesmo é santo. Para os sacerdotes, essa jornada de conversão e santificação pessoal será uma luta diária, uma jornada para toda a vida, longa, exigente e cruciante. Pois compartilhar a vida santa de Cristo é compartilhar sua cruz: "Estou crucificado com Cristo. Eu vivo, mas não sou eu que vivo, é Cristo que vive em mim" (Gl 2,19-20).

■ SANTIDADE E CONSAGRAÇÃO SACERDOTAL

Seguindo esse conceito de santidade sacerdotal, em sua homilia da Missa Crismal na Quinta-feira Santa de

---

[10] Concílio Vaticano II, *Presbyterorum Ordinis*, § 12.

2009, Bento XVI refletiu sobre o aspecto de autoconsagração que a santidade assume para os sacerdotes. Vale a pena citar aqui sua meditação sobre os temas interligados de santidade e consagração na oração de Cristo após a Última Ceia ("Por eles me consagro, para que também eles sejam consagrados pela verdade" — Jo 17,19):

> Para entendê-la, precisamos, antes de tudo, explicar o que as palavras "santo" e "santificar/consagrar" significam na Bíblia. "Santo": essa palavra indica, acima de tudo, a própria natureza de Deus, seu modo muito especial de ser, sua divindade, que é exclusiva dele. Somente Ele é o verdadeiro e autêntico Santo no sentido original. Consagrar algo ou alguém significa, portanto, entregar essa coisa ou essa pessoa como propriedade exclusiva de Deus, retirando-a da estrutura do que é nosso e introduzindo-a em seu domínio, de modo que não mais nos pertença, mas seja totalmente de Deus. [...] No Antigo Testamento, a entrega de uma pessoa a Deus, ou seja, sua "santificação", é identificada com a ordenação sacerdotal e, dessa forma, também é definido em que consiste o sacerdócio: é uma transferência de propriedade, é ser tirado do mundo e entregue a Deus! Isso destaca as duas direções que fazem parte do processo de santificação/consagração. O sacerdote é retirado dos laços do mundo e entregue a Deus e, portanto, a partir de Deus, ele deve estar disponível para os outros, para todos. Quando Jesus diz: "Eu me consagro", ele se faz tanto sacerdote quanto vítima. É por isso que Bultmann está certo ao traduzir "Eu me consagro" como "Eu me sacrifico". Entendemos agora o que acontece quando Jesus diz: "Eu me consagro por eles"? Esse é o ato sacerdotal pelo qual Jesus — o homem Jesus, que é um com o Filho de Deus — se entrega ao Pai por nós. É a expressão do fato de que ele é tanto sacerdote quanto vítima. Eu me consagro — eu me sacrifico: essa expressão abissal, que nos dá um vislumbre da intimidade do coração de Jesus Cristo, deve ser objeto constante de nossa reflexão. Ela abrange todo o mistério de nossa redenção. E também contém a origem do sacerdócio da Igreja, do nosso sacerdócio.

Isso levanta para cada sacerdote a questão de sua própria fidelidade a essa pertença ao Senhor. Ser consagrado na verdade é ser imerso na palavra de Deus, como Jesus explica imediatamente: "Tua palavra é a verdade". Daí o exame de consciência proposto por Bento XVI:

> Estamos realmente imersos na palavra de Deus? Ela é realmente o alimento que nos sustenta, ainda mais do que o pão e as coisas deste mundo? Nós realmente a conhecemos? Nós a amamos? Interiormente, estamos tão preocupados com essa palavra que ela realmente molda nossa vida e informa nosso pensamento? Ou nosso pensamento é constantemente moldado por tudo o que é dito e feito no mundo atual? Sabemos como aprender com Cristo a humildade que corresponde à verdade de nosso ser e a obediência que se submete à verdade, à vontade de Deus? "Consagra-os com a verdade; tua palavra é a verdade": essas palavras, que nos introduzem ao sacerdócio, iluminam nossas vidas e nos chamam a nos tornarmos cada vez mais discípulos dessa verdade, que é revelada na palavra de Deus.

Finalmente, uma vez que Jesus é a Palavra, a Palavra de Deus encarnada, ser consagrado por imersão na Palavra de Deus significa ser imerso Nele e identificado com Ele:

> Jesus não disse de si mesmo: "Eu sou a verdade" (cf. Jo 14,6)? [...] Consagrá-los com a verdade — o que significa, no sentido mais profundo: torná-los unos comigo, o Cristo. Vinculai-os a mim. Atrai-os a mim. E, de fato, em última análise, há apenas um sacerdote da Nova Aliança, o próprio Jesus. E o sacerdócio dos discípulos, portanto, só pode ser uma participação no sacerdócio de Jesus. Portanto, o fato de sermos sacerdotes nada mais é do que uma maneira nova e radical de estarmos unidos a Cristo. Substancialmente, isso nos foi dado para sempre no sacramento. Mas esse novo selo em nosso ser pode se tornar para nós um julgamento de condenação se nossa vida não se desenvolver na verdade do sacramento. As promessas que renovamos hoje dizem que nossa vontade deve ser direcionada dessa forma: *Domino Iesu arctius coniungi et conformari, vobis metipsis abrenuntiantes* [sede intimamente unidos e conformados ao Senhor Jesus, renunciando a vós mesmos]. Estar unido a Cristo implica renúncia. Implica que não queremos impor nosso jeito ou nossa vontade; que

não queremos nos tornar isso ou aquilo, mas que nos abandonamos a Ele, sem nos preocuparmos com onde ou como Ele quer nos usar. "Eu vivo, mas não sou eu que vivo, é Cristo que vive em mim" (Gl 2,20), diz São Paulo sobre esse tema.

Essa renúncia à realização pessoal, à independência pessoal, é cara para começar, mas é um caminho repleto de alegrias:

> De fato, em meio a essas renúncias, que a princípio podem ser motivo de sofrimento, experimentamos a alegria crescente da amizade com Ele, de todos os pequenos e às vezes grandes sinais do amor que Ele nos dá continuamente. "Quem perde sua vida a encontra" (Mt 10,39).

O exemplo do Cura d'Ars

Os santos tiveram uma consciência muito viva dessa identificação com Cristo e dessa profunda unidade com Ele; assim foi, de modo esclarecedor para todo sacerdote, com o santo Cura d'Ars, João Maria Vianney, que Bento XVI nos convidou ardentemente a imitar:

> Em Jesus, pessoa e missão tendem a coincidir: toda a sua ação salvífica foi e é a expressão do seu "eu" filial que, desde toda a eternidade, está diante do Pai em uma atitude de amorosa submissão à sua vontade. Em uma analogia humilde, mas real, o sacerdote também deve se esforçar para obter essa identificação. Mas também não podemos ignorar a extraordinária fecundidade produzida pelo encontro entre a santidade objetiva do ministério e a santidade subjetiva do ministro. O santo Cura d'Ars dedicou-se imediatamente a esse trabalho humilde e paciente de harmonizar sua vida como ministro com a santidade do ministério que lhe foi confiado, chegando ao ponto de decidir "viver" materialmente em sua igreja paroquial. [...] O santo Cura d'Ars soube também "habitar" ativamente em todo o território de sua paróquia. Ele visitava sistematicamente todos os doentes e

suas famílias; organizava missões populares e festas patronais; coletava e administrava doações financeiras para suas obras de caridade e missionárias [...]. Interessava-se pela educação das crianças[11].

O Cura d'Ars havia de fato se tornado Cristo no meio de seu povo, o Bom Pastor que cuida de suas ovelhas. Atento e paternal, ele rezava e oferecia sacrifícios e mortificações para a salvação dos pecadores e para sua própria salvação. Não considerava a vida de oração e penitência como um "assunto privado" do sacerdote, mas como a condição de sua eficácia e fecundidade pastoral, precisamente porque o sacerdote não pode fazer nada por si mesmo; é na medida de sua intimidade com Cristo que ele pode fazer tudo, e de maneira surpreendente, *cum Christo, et in Christo*. Jesus disse isso a seu próprio povo na noite da primeira ordenação ao sacerdócio:

> Eu sou a videira e vós os ramos. Aquele que permanece em mim, e eu nele, esse dá muito fruto; porque sem mim nada podeis fazer. Se alguém não permanece em mim, é lançado fora como um ramo e murcha; é recolhido e lançado no fogo e queimado. Se permanecerdes em mim e as minhas palavras permanecerem em vós, pedi o que quiserdes e o tereis (Jo 15,5-7).

Para o Cura d'Ars, permanecer em Cristo significava claramente compartilhar de seus sofrimentos redentores. Com Cristo, intimamente configurado a ele, o sacerdote se oferece como sacrifício, reza e expia com Jesus. Essa também era a convicção de São Josemaría Escrivá: "Os meios mais seguros de fazer a vontade de Jesus, antes mesmo de

---

[11] Bento XVI, Carta para o início do Ano Sacerdotal, por ocasião do 150º aniversário do *Dies natalis* do Cura d'Ars, 19 de junho de 2009.

qualquer ação ou esforço pessoal, são: rezar, rezar, rezar; expiar, expiar, expiar".

O CELIBATO SACERDOTAL

A necessidade particular do sacerdote de intimidade e identificação pessoal com Cristo lança luz direta sobre a questão do celibato sacerdotal. O sacerdote foi escolhido em Jesus Cristo, desde antes da fundação do mundo, para ser santo e imaculado em sua presença, em amor (cf. Ef 1,4), a fim de oferecer o sacrifício eucarístico na pessoa de Cristo. Ao oferecer o sacrifício de Cristo, ele se oferece ao mesmo tempo que Cristo. Assim, seu coração e seu corpo pertencem exclusivamente a Deus e somente a Ele, de modo que nenhum outro vínculo humano deve monopolizá-los:

> A celebração regular e, muitas vezes, cotidiana da Eucaristia muda radicalmente a situação dos sacerdotes na Igreja de Jesus Cristo. De agora em diante, toda a vida deles está em contato com o mistério divino. Isso exige exclusividade em relação a Deus. Portanto, exclui outros vínculos que, como o matrimônio, abrangem toda a vida. Da celebração diária da Eucaristia, que implica um estado permanente de serviço a Deus, surgiu espontaneamente a impossibilidade de um vínculo matrimonial. Poderíamos dizer que a abstinência sexual, que era funcional, transformou-se por si mesma em abstinência ontológica. Assim, sua motivação e significado foram alterados por dentro e em profundidade[12].

Permitam-me abordar essa questão do celibato sacerdotal mais uma vez, em grande parte nas palavras do Papa João Paulo II[13]. Ele lembrou que esse tema havia sido dis-

---

[12] Bento XVI, Robert Sarah, *Des profondeurs de nos cœurs, op. cit.*, p. 48-49.
[13] São João Paulo II, Carta aos sacerdotes para a Quinta-feira Santa de 1979.

cutido em profundidade e de forma abrangente durante o Concílio Vaticano II e, posteriormente, na encíclica *Sacerdotalis caelibatus* de Paulo VI, na Instrução para a Formação ao Celibato Sacerdotal publicada pela Congregação para a Educação Católica em 1974; podemos acrescentar a essa lista a exortação apostólica *Pastores dabo vobis* que ele mesmo escreveu em 1992 e, finalmente, o livro publicado por Bento XVI e por mim com o título *Das profundezas de nossos corações*.

São João Paulo II se esforçou para dar conta da decisão tomada há tantos séculos pela Igreja latina sobre o celibato dos sacerdotes, de sua constância em mantê-la até hoje e de seu desejo de permanecer fiel a ela no futuro, sem procurar substituir o valor decisivo do Evangelho, Tradição e do Magistério da Igreja, os critérios adotados pelas objeções que foram levantadas contra o celibato sacerdotal até hoje, critérios cuja relevância e base antropológica devem, ao contrário, ser examinados criticamente. Essas objeções, que se intensificaram no período pós-conciliar, diminuíram consideravelmente desde então. A publicidade que elas estão recebendo atualmente talvez seja o sinal mais claro da perda de influência sentida por aqueles que defendem um questionamento radical do celibato sacerdotal: é um caso de "*sauve-qui-peut* [*salve-se quem puder*]". Não é de surpreender que essas ideias tenham eco em uma sociedade altamente secularizada: O próprio Jesus, ao apresentar seu ensinamento aos discípulos sobre a renúncia ao casamento em vista do Reino dos Céus, acrescentou estas palavras significativas: "Quem puder entender, que entenda" (Mt 19,12).

A Igreja latina, referindo-se ao exemplo do próprio Cristo, ao ensinamento dos Apóstolos e a toda a Tradição que lhe é própria, mantém para todos aqueles que recebem o sacramento da Ordem Sagrada é a exigência de renunciar ao matrimônio por causa do Reino dos Céus. Respeita também as diferentes práticas que existem em outras tradições legítimas dentro da Igreja universal, mas guarda zelosamente essa herança que lhe é própria, apesar de todas as contradições a que essa fidelidade possa expô-la e dos sinais de fraqueza e crise que certos padres ou mesmo certos bispos possam ter demonstrado sobre esse ponto em diferentes momentos. Certamente temos consciência de que carregamos esse tesouro em vasos de argila (cf. 2Cor 4,7); mas sabemos muito bem que é um tesouro.

Acrescentemos aqui que viver o celibato sacerdotal implica que o sacerdote cultive ativamente, ao longo de sua vida, a virtude da castidade própria de seu estado. De fato, a admiração que sempre acompanha o dom do sacerdócio pode ser seguida por sentimentos de acomodação à mentalidade do mundo, que tendem a enfraquecer, entorpecer e depois extinguir o ardor apostólico, o fogo do nosso amor e da nossa oferta ao Senhor e, finalmente, a identidade sacerdotal. Para se proteger contra isso, o sacerdote deve procurar se assemelhar a Cristo, obediente, pobre e casto, fazendo de toda a sua vida uma oferta pura e agradável a Deus. Sua castidade não pode ser reduzida à observância dos regulamentos eclesiásticos. Ela é a pedra de toque e a manifestação da radicalidade e da totalidade exigidas pelo amor em sua mais alta expressão oblativa. Consciente de que vivia em uma civilização de excesso de trabalho, ativismo desenfreado e erotismo, ele se apoiava constantemente em Jesus, a rocha de sua vida, por meio da oração. Ele precisa estar sempre vigilante para evitar a superficialidade, a sedução das aparências e o espírito do mundo. Ele deve cultivar a beleza da liturgia, permitindo que ela desenvolva toda a sua sacralidade e dignidade eminente sem interferir para se exibir. Dessa forma, o culto à beleza eterna o impedirá de ser seduzido pelas belezas passageiras deste mundo.

"Se a Igreja latina", continua João Paulo II, "vinculou o dom do sacerdócio hierárquico e ministerial à prática do celibato em vista do Reino dos Céus, é porque o celibato não é apenas um sinal escatológico: ele também tem grande significado social na vida presente, para o serviço do povo de Deus. Por meio de seu celibato, o sacerdote se torna 'um homem para os outros'". É claro que a vida do homem que decide se tornar marido e pai é também uma vida doada aos outros, doada à sua esposa e aos filhos aos quais eles deram vida juntos. Mas o dom que o sacerdote faz de sua vida, renunciando a essa paternidade própria dos esposos, dirige-se à família universal dos filhos de Deus, que o Bom Pastor confia aos seus cuidados pastorais como filhos que ele gera na dor (cf. 1Cor 4,15; Gl 4,19), e que esperam receber do sacerdote atenção, cuidado e amor. Para estar disponível para esse dom, o coração do sacerdote deve ser livre, e o celibato que ele assume é tanto a condição quanto o sinal dessa liberdade em vista do serviço. "Dessa forma", conclui São João Paulo II, "ele mostra que o sacerdócio hierárquico e ministerial está intimamente ordenado ao sacerdócio comum dos fiéis".

O sacerdote, homem de oração

Embora o sacerdote deva ser livre para se dedicar inteiramente ao serviço do rebanho, esse ministério nunca deve ser separado de sua fonte, que é, como lembramos acima, o amor de Cristo. Nessa perspectiva, é útil lembrar, neste mundo de agitação, ativismo frenético e rejeição de Deus, que o sacerdote é, antes de tudo, consagrado à oração e um sinal da presença de Deus. Ele deve manter o incenso de sua oração aceso incessantemente, manter seu coração e seus lábios puros e estar constantemente diante do Senhor em escuta e contemplação. Devido à missão extremamente difícil que assumem, os bispos e sacerdotes devem levar uma vida intensa de oração e considerar a liturgia como uma escola de adoração. Mesmo quando estiverem exaustos por seu ministério e sem fôlego, eles nunca devem parar de orar, orar em oração e adorar. Pois existe uma coisa chamada adoração exausta: sentir-se capaz de nada mais do que se jogar no chão e adorar[14].

Durante o Concílio Vaticano II, uma das propostas de redação do decreto *Presbyterorum Ordinis* continha a declaração de que os sacerdotes deveriam permanecer em oração dia e noite, *die noctuque orantes*. Mas alguns padres se opuseram a essa expressão, alegando que ela trazia a marca de um certo triunfalismo. Portanto, ela foi excluída, com o argumento de que era impossível orar dia e noite.

Essa anedota é reveladora. A oração dia e noite é frequentemente mencionada nas Escrituras: "Bem-aventura-

---

[14] Cf. Dom Hugh Gilbert, *Conférences monastiques sur l'Année liturgique*, Éditions de Solesmes, 2020, p. 72.

do o homem que se compraz na lei do Senhor, e a medita dia e de noite" (Sl 1,1-2); "Senhor, Deus da minha salvação, de dia eu te invoco, e de noite me ponho diante de ti" (Sl 88,2); "É bom dar graças ao Senhor, tocar o teu nome, ó Altíssimo, proclamar o teu amor pela manhã, a tua fidelidade pelas noites" (Sl 92,2-3); e seu coração adverte o salmista a não afrouxar a oração durante a noite (Sl 16,7). No Evangelho de Lucas, encontramos a figura da profetisa Ana, que "não saía do Templo, servindo a Deus dia e noite em jejum e oração" (Lc 2,37); o próprio Jesus orava dia e noite ("subia aos montes para orar e passava a noite inteira orando a Deus" — Lc 6,12). Ele os exortou a fazer o mesmo, concluindo a parábola da viúva importuna: "Deus não faria justiça aos seus escolhidos que clamam a ele dia e noite, enquanto ele é paciente com eles" (Lc 18,7). São Paulo recomenda que os cristãos de Tessalônica orem sem cessar (1Ts 5,17), e testifica que "noite e dia pedimos a Ele, com toda a sinceridade, que volte a ver o vosso rosto e que corrija o que ainda falta na vossa fé" (1Ts 3,10).

É um fato universal na experiência espiritual da Igreja que há um vínculo necessário entre santidade e oração. São João Crisóstomo disse que "é óbvio para todos que é simplesmente impossível viver virtuosamente sem a ajuda da oração"[15]. Precisamos redescobrir a verdade dessas primeiras declarações.

Sei que a experiência dos confinamentos sanitários impostos durante a pandemia da COVID-19 permitiu que muitos padres e religiosos redescobrissem sua vocação

---

[15] São João Crisóstomo, *De praecatione*, 1.

para a oração e a intercessão, e peço ao Senhor que isso possa continuar. Isso certamente é parte do que o Senhor quis dizer ao mundo, à sua Igreja e aos seus sacerdotes, durante essa grande e dolorosa provação para o mundo inteiro. Isso nos permitiu parar por um momento e examinar nossos relacionamentos reais com Deus e com as pessoas mais próximas a nós, nas famílias e na sociedade. Isso nos deu a oportunidade de distinguir entre o que é essencial em nossas vidas e o que as atrapalha. Ao celebrar a Eucaristia sem assistência visível, em um encontro íntimo e face a face com Deus, muitos padres redescobriram o significado da intercessão e seu papel como mediadores entre Deus e as pessoas. Não tendo mais que celebrar na presença do povo, eles reaprenderam a voltar seu olhar para o Oriente, ou seja, para o Senhor que está por vir. Pois, como Orígenes explicou, "a propiciação vem do Oriente. De lá vem o homem cujo nome é Oriente, que se tornou mediador entre Deus e os homens. Portanto, sois convidados a olhar sempre para o Oriente, onde o Sol da justiça nasce para vós, onde a luz sempre brilha para vós"[16]. Precisamos nos lembrar de tudo isso depois da crise, se não quisermos voltar à agitação e ao frenesi dos assuntos mundanos, a essas liturgias humanas e tagarelas, a esse encontro estéril face a face entre o padre e os fiéis.

Os sacerdotes são feitos para estar constantemente diante de Deus, para adorá-Lo, glorificá-Lo e servi-Lo. Que todos os sacerdotes aprendam novamente a passar seus dias e noites em oração, na solidão e no silêncio oferecidos para a salvação das almas e, assim, redescubram sua

---

[16] Orígenes, Homilia sobre Levítico, in: *Liturgida das horas*, vol. 2, *op. cit.* p. 217.

identidade mais profunda: eles não são principalmente líderes de reuniões ou comunidades, mas homens de Deus, homens de oração, adoradores em espírito e em verdade da Majestade Divina, contemplativos que se oferecem ao amor de Deus no silêncio da alma.

São João Paulo II, em sua carta de Quinta-feira Santa aos sacerdotes em 1979, acrescentou esta conclusão às linhas que recordamos sobre o tema do celibato sacerdotal:

> A oração nos ajuda a redescobrir sempre a luz que nos conduziu desde o início de nossa vida sacerdotal e que nos conduz continuamente, ainda que por vezes pareça se perder na escuridão. A oração permite que nos convertamos constantemente, que permaneçamos sempre concentrados Nele, o que é essencial se quisermos levar outras pessoas a Deus. A oração nos ajuda a acreditar, esperar e amar, mesmo quando nossa fraqueza humana torna-se obstáculo.

Das várias maneiras pelas quais a oração penetra na vida do sacerdote, gostaria de chamar a atenção brevemente para a mais íntima e pessoal, que é a oração; a outra, pública e comunitária, que é a liturgia, já foi mencionada em relação à Eucaristia.

Em nossa vida diária como sacerdotes, devemos estar zelosamente ligados ao tempo de oração. Sem uma vida de oração que seja perseverante e regular, em meio a nossas muitas ocupações, não há identificação possível com Cristo. A fim de estar constantemente atento ao Pai e em uma atitude de submissão filial e plena harmonia com Sua vontade, Jesus frequentemente ia a um lugar deserto para orar, às vezes passando a noite inteira orando a Deus. Sua oração noturna no jardim do Getsêmani não foi um evento isolado: "Saiu", escreve o evangelista, "e dirigiu-se, como era seu costume, para o Monte das Oliveiras" (Lc 22,39-46).

A oração é um ato de fé e amor. É no centro dessa longa conversa com Deus, essa conversa familiar e íntima, essa conversa de coração para coração, que Deus dedica tempo para gravar em nós, de forma paciente e profunda, suas palavras da Aliança (Ex 34,28). Esses momentos de presença prolongada diante de Deus, que normalmente devem pontuar a vida do sacerdote, seus dias e seu ministério pastoral, imprimirão na pele de seu rosto o brilho da glória e da santidade de Deus (Ex 34,29; Nm 6,25), de Deus "deslumbrante de santidade" (Sl 95,9). Portanto, é vital e indispensável começar levando a sério nossa vida de oração. Ela é um caminho para a santidade e uma fonte de energia missionária.

Esse tempo passado diante de Deus, deixando-nos penetrar por seu amor e oferecendo-lhe o nosso, é muitas vezes marcado pela austeridade da noite interior, pela secura e por distrações humilhantes. Deus trabalha em nossa alma durante o tempo de oração, e nós não sabemos o que ele está fazendo; só sabemos como permanecer ali, com ele, em sua santa presença. Perseverar na oração requer coragem; significa tomar a própria cruz todos os dias (Lc 9,23; 14,26-27), aceitar participar do mistério da redenção, compartilhar a agonia de Cristo e a escuridão de seu túmulo, aguardando a ressurreição. "O sacerdote", disse Pio XII, "deve procurar reproduzir em sua alma tudo o que acontece no altar. Da mesma forma que Jesus se imola no altar, seu ministro também deve se imolar com ele"[17].

---

[17] Pio XII, Exortação Apostólica *Menti nostrae*, 23 de setembro de 1950.

A FORMAÇÃO PERMANENTE DO SACERDOTE

Os sacerdotes precisam de formação contínua para aprofundar o mistério de sua vocação e missão em oração, adoração silenciosa e estudo, para se deixarem moldar pelo Espírito até que Cristo seja formado neles. Quando és ordenado sacerdote, te tornas um sacerdote totalmente e para sempre, mas sua identidade sacerdotal se desenvolve gradualmente, dia após dia. Para nutrir sua oração litúrgica e pessoal, bem como sua ação pastoral, o sacerdote tem o dever de continuar constantemente o trabalho de sua formação, particularmente nos campos da espiritualidade, da filosofia e da teologia, que São João Paulo II resumiu da seguinte forma: "Se, portanto, nossa atividade pastoral — a proclamação da Palavra de Deus e todo o ministério sacerdotal — depende da intensidade de nossa vida interior, esta deve ser apoiada também por um estudo assíduo"[18].

Ao contrário de uma ideia que às vezes é recebida, a contemplação de Deus na oração não se opõe ao trabalho humilde, mas tenaz, de compreensão da fé, nem o dispensa. O estudo da teologia deve ser realizado com grande humildade, com o coração de joelhos em adoração diante da majestade e da transcendência absoluta de Deus, implorando sua ajuda para receber a iluminação do Espírito Santo. O biógrafo de São Tomás de Aquino, Guillaume dal Tocco, destacou a profunda unidade da vida desse grande doutor da Igreja: um relacionamento amoroso e íntimo com Deus, expresso em uma busca ardente de conhecê-lo com sua inteligência e de unir-se assiduamente a ele em uma intensa

---

[18] São João Paulo II, Carta aos Sacerdotes para a Quinta-feira Santa de 1979.

vida de oração: "Sempre que queria empreender uma discussão, ensinar, escrever ou ditar", ele nos diz, "primeiro se retirava para o segredo da oração e rezava, derramando lágrimas, a fim de obter uma compreensão dos mistérios divinos"[19]. A ordem e o equilíbrio assim mantidos na oração e no estudo lhe permitiram estabelecer o ideal da vida apostólica na Igreja: *contemplata aliis tradere*, transmitir aos outros o que se contemplou[20]. São João, que era ao mesmo tempo um apóstolo e um grande contemplativo, já havia dito isso à sua maneira:

> O que era desde o princípio, o que ouvimos, o que vimos com nossos olhos, o que contemplamos, o que nossas mãos tocaram com a Palavra de Vida – pois a Vida foi manifestada, nós a vimos —, nós damos testemunho e vos proclamamos aquela Vida eterna, que estava voltada para o Pai e apareceu para nós – o que vimos e ouvimos, nós vos anunciamos a, para que também tenhais comunhão conosco. Nossa comunhão é com o Pai e com seu Filho Jesus Cristo (1Jo 1,1-3).

O TRABALHO PASTORAL

Como um homem de oração, dedicado a buscar a Deus, o sacerdote também é aquele que é enviado em nome de Deus. Assim como Deus, apesar de estar diretamente presente no meio de seu povo por meio da coluna de nuvem e da tenda do encontro, deu aos israelitas guias e líderes, ele também levanta em nosso meio esses "novos Moisés" que são bispos e sacerdotes.

---

[19] Guilherme de Tocco, *Histoire de saint Thomas d'Aquin*, traduzido e editado por Claire Le Brun-Gouanvic, "Sagesses chrétiennes", Paris, Éditions du Cerf, 2005.
[20] *Suma teológica*, IIa IIae, q. 188, a. 6.

Como Moisés, mas em nome de Jesus Cristo, o bispo e o sacerdote têm a pesada responsabilidade de conduzir o povo cristão para fora dos grilhões de seu pecado e, atravessando as águas do Mar Vermelho, ou seja, as águas do batismo, para o deserto onde Deus nos espera com um desejo ardente de renovar sua aliança conosco. Como Moisés, os pastores da Igreja estão cientes de que receberam uma missão que só podem cumprir depois de humildemente tirarem seus sapatos diante da sarça ardente do amor misericordioso de Deus e se despojarem de todo pecado e violência interior. Como Moisés, eles devem ser grandes oradores que se aproximaram e se deixaram encantar pela sarça ardente da misericórdia de Deus, deslumbrados pelo Rosto invisível de Deus, e também profetas, enviados por Deus. Daí a insistência de São João Paulo II em propor essa figura aos bispos e sacerdotes:

> Assim como Moisés, depois do encontro com o Senhor na montanha santa, voltou para o meio do seu povo com o rosto radiante (cf. Ex 34,29-30), assim também o bispo só poderá ser portador, entre os seus irmãos e irmãs, dos sinais do seu ser pai, irmão e amigo se entrar na nuvem escura e luminosa do mistério do Pai, do Filho e do Espírito Santo. Iluminado pela luz da Trindade, ele será um sinal da bondade misericordiosa do Pai, uma imagem viva da caridade do Filho, um homem transparente ao Espírito, consagrado e enviado para guiar o povo de Deus pelos caminhos do tempo, em sua peregrinação rumo à eternidade[21].

A perspectiva a partir da qual todo caminho pastoral deve ser visto é a da santidade. São Gregório de Nazianzo disse com firmeza: "Primeiro purifique-se, depois pu-

---

[21] São João Paulo II, *Pastores gregis*, 2003, § 12.

rifique; primeiro deixe-se instruir pela sabedoria, depois instrua; primeiro tornar-se luz, depois iluminar; primeiro aproximar-se de Deus, depois levar outros a Deus; primeiro ser santo, depois santificar"[22].

Moisés foi outro exemplo desse trabalho em prol da santidade de todos. Todos os dias, ele teve de enfrentar a resistência e as rebeliões de um povo de "dura cerviz", mas continuou sendo o pastor que vigia, protege, lidera, guia, cuida e alimenta em nome de Deus. Colocado entre Deus e o povo, ele intercede em favor deles, como é o papel do pastor, mas também o de todos os crentes que são, à sua maneira, pastores de seus irmãos e irmãs. Todos nós, como Moisés, somos colocados na montanha da intercessão e, enquanto passamos por provações pessoais e trabalhos diários, nossos corações e olhos estão fixos na planície onde os homens lutam (cf. Ex 17,8-16)[23]. Moisés tinha consciência de que havia sido escolhido por Deus para estar diante dele, orar, adorar, interceder e apaziguar sua ira. Às vezes, ele relata a Deus sua fadiga, seu cansaço, seu desânimo, em uma surpreendente familiaridade em que ora é Moisés quem lembra a Deus sua ternura, sua misericórdia e suas promessas, ora é Deus quem conforta Moisés e o fortalece em sua missão.

Moisés cuida do povo, planeja as etapas de sua jornada, julga suas disputas e organiza batalhas contra o inimigo. Mas, acima de tudo, ele os conduziu a Deus (pois

---

[22] São Gregório de Nazianzo, *Oratio* II, § 71 (PG vol. 35, col. 479), citado em *Pastores gregis* §12.
[23] Cf. Bernard Poupard, *Prends et lis. Les Pères de l'Ancien Testament, Jésus et nous. Libres lectures des Écritures, Cahiers de Clerlande* no. 9, Ottignies, 2001, pp. 86-87.

a Terra Prometida era o próprio Deus), buscando gravar gradualmente a Lei divina, recebida das mãos de Deus, em seus corações. Inspirado pela paciência e pela doçura do coração de Deus, Moisés explica ao povo que a Lei não é um fardo, mas um auxílio precioso que o ilumina e o guia em sua vida diária, estabelecendo referências e indicando limites. Da mesma forma, os bispos e sacerdotes têm a grave responsabilidade de dar ao rebanho o alimento consistente da sã doutrina católica, de modo que a fé se torne para cada pessoa um ponto de referência para sua maneira de pensar, agir, viver e amar. Conduzir as pessoas a Deus dessa maneira continua sendo a prioridade essencial", disse Bento XVI:

> Em um momento em que, em vastas regiões do mundo, a fé corre o risco de se extinguir como uma chama que não pode mais ser alimentada, a prioridade primordial é tornar Deus presente neste mundo e dar às pessoas acesso a Deus. Não um deus qualquer, mas o Deus que falou no Sinai; o Deus cuja face reconhecemos no Amor levado ao limite (cf. Jo 13,1) em Jesus Cristo crucificado e ressuscitado. Neste momento de nossa história, o verdadeiro problema é que Deus está desaparecendo do horizonte humano e, à medida que a luz que vem de Deus se apaga, a humanidade fica sem direção, e os efeitos destrutivos disso estão se tornando cada vez mais evidentes em seu meio. Conduzir as pessoas a Deus, ao Deus que fala na Bíblia: essa é a prioridade suprema e fundamental da Igreja e do sucessor de Pedro hoje[24].

Por fim, Moisés ensinou o povo a orar, a entrar em um relacionamento íntimo com Deus. Ele os ensinou a entender que tudo vem de Deus e deve retornar a Deus, e que a

---

[24] Bento XVI, Carta aos Bispos da Igreja Católica sobre a excomunhão dos quatro bispos consagrados pelo Arcebispo Lefebvre, 10 de março de 2009.

oração é precisamente esse lugar de ida e volta. É também um lugar de luta, de luta com Deus, como São Paulo escreveu aos romanos: "Peço-vos, irmãos, por nosso Senhor Jesus Cristo e pelo amor do Espírito, que luteis comigo em vossas orações a Deus em meu favor" (Rm 15,30). Esse é um dos significados da batalha noturna de Jacó com Deus (Gn 32,25): é um símbolo da guerra espiritual e da eficácia da oração incessante.

Seguindo o exemplo de Moisés, que os bispos, sacerdotes e fiéis cristãos, que às vezes podem se sentir sobrecarregados pelas dificuldades e pela multiplicidade de seus deveres, nunca negligenciem os momentos de oração e de encontro com Deus. Que eles imitem a coragem e a firmeza de Moisés. Como Deus lhes ordena que "vão à frente do povo", e como ele mesmo está diante deles (Ex 17,5-6), os bispos e sacerdotes devem ser modelos de fé, homens de intensa oração, humildes administradores dos mistérios de Deus no meio de seu povo, testemunhas do amor e da misericórdia infinitos de Deus. Eles devem ser, ainda mais do que todos os batizados, "o sal da terra e a luz do mundo" (Mt 5,13-14), e a fragrância da misericórdia de Deus.

Santo Agostinho também carregou um pesado fardo no serviço ao povo de Deus. Ele tinha de respeitar as obrigações de seu estilo de vida monástico, reservar tempo para ler, estudar e meditar nas Sagradas Escrituras, pregar aos domingos e dias de festa, administrar os bens da Igreja, ajudar os pobres e necessitados, supervisionar a disciplina eclesiástica dos clérigos, monges e sacerdotes, visitar as comunidades cristãs de sua diocese, combater o paganismo e a heresia e escrever suas obras dogmáticas. É por essa razão que, em várias ocasiões, ele se refere ao seu cargo e missão episcopais como *sarcina episcopalis*: *sarcina* era o termo militar para a bagagem de um soldado, a "barda". Era particularmente pesada para o bispo de Hipona e se tornava mais pesada à medida que sua saúde declinava. Às vezes, Agostinho se sentia desanimado e até mesmo deprimido, especialmente quando percebia que o que havia montado meticulosamente teria de ser refeito no dia seguinte. Mas ele sempre voltava ao trabalho:

> Pregar, denunciar, exortar, edificar, sair do seu caminho para todos, é um fardo difícil, um esforço árduo e um grande esforço. Quem não fugiria de tal trabalho? Mas o Evangelho me persegue.

E em outro lugar ele escreve:

> Que vossas obras sejam ora isto, ora aquilo, segundo o tempo, a hora e o dia. Podemos falar sempre? Ficar sempre em silêncio? Sempre reabastecer as forças? Sempre jejuar? Sempre dar pão aos necessitados? Sempre vestir os nus? Sempre visite os doentes? Sempre por fim às brigas? Sempre enterrar os mortos? Às vezes isso, às vezes aquilo. Mas o princípio que comanda essas ações não começa nem termina[25].

São Paulo também estava ciente dos perigos que espreitam os pastores, esses homens de Deus dados ao mundo, e convidou Timóteo a manter a chama interior acesa: "Convido-te a reavivar o dom espiritual que Deus colocou em ti pela imposição de minhas mãos" (2Tm 1,6). O excesso de trabalho e os compromissos apostólicos podem nos fazer perder de vista a importância da contemplação, da

---

[25] Cf. Catherine Salles, *Saint Augustin, un destin africain*, Paris, Desclée de Brouwer, 2009, pp. 270-272.

oração e da consagração concreta de nossas vidas a Deus. A razão de ser do sacerdócio é obscurecida, e a dimensão do serviço, simbolizada pelo avental com o qual Jesus cingiu seus lombos na Última Ceia, desaparece. A oração, por outro lado, nos ajuda a salvaguardar a dimensão evangélica que faz da vida do sacerdote uma vida sacerdotal, oferecida "como hóstia viva, santa e agradável a Deus" (Rm 12,1), tudo entregue para a edificação do povo cristão.

Bispos e sacerdotes só poderão realizar com dignidade essa tarefa sobre-humana do ministério pastoral, ensina São João Paulo II, se adotarem o estilo de vida de Cristo servo, pobre e humilde, próximo de todos, do maior ao menor:

> Se o múnus episcopal não se basear no testemunho de santidade, manifestado na caridade pastoral, na humildade e na simplicidade de vida, acabará por se reduzir a um papel quase puramente funcional e perderá inevitavelmente a credibilidade junto ao clero e aos fiéis[26].

O SACERDOTE NO MEIO DO MUNDO

O sacerdote é chamado para atuar como uma ponte entre Deus e o homem. Ele é o caminho pelo qual o divino e o sagrado podem chegar ao homem, e o homem pode ter acesso ao divino e ser consagrado. É a presença e o sacramento de Cristo. Ele deve ser a epifania da grandeza e da santidade de Deus, bem como a fragrância de sua misericórdia e ternura. O sacerdote é tanto a voz que proclama o Evangelho quanto a voz que permanece em silêncio enquanto observa a Virgem Maria aos pés da cruz.

---

[26] São João Paulo II, *op. cit*, § 11.

O sacerdote sempre surpreenderá o mundo, assim como Jesus surpreendeu seus contemporâneos pela presença nele do "plenamente divino" e do "plenamente humano". O sacerdote deve possuir todas as virtudes humanas: sinceridade, lealdade, amabilidade, complacência, generosidade, autocontrole absoluto, zelo na ação, calma inabalável diante dos contratempos, confiança inabalável, constância nas resoluções, força de vontade, uma vontade que sabe o que quer com clareza e calma inflexível, coragem e força de fé diante das provações e perseguições. "Tudo o que é verdadeiro, tudo o que é nobre, tudo o que é justo, tudo o que é puro, tudo o que é amável, tudo o que é honroso, tudo o que é bom em virtude humana e em louvor humano, eis o que vos deve interessar" (Fl 4,8). O sacerdote deve ser capaz de dizer, como São Paulo: "O que aprendestes, recebestes, ouvistes de mim e vistes em mim, isso é o que deveis praticar" (Fl 4,9). Portanto, ele deve conduzir às alturas divinas e às profundezas do coração humano, aos extremos e não à mediocridade. Ela tem uma missão única e grandiosa. O Cura d'Ars costumava dizer:

> O sacerdote é um homem que toma o lugar de Deus, um homem que está revestido de todos os poderes de Deus [...]. Se tivéssemos fé, veríamos Deus escondido no sacerdote como uma luz atrás de um vidro, como vinho misturado com água. Oh, que grande coisa é o sacerdote! Se ele entendesse a si mesmo, ele morreria [...]. Deus lhe obedeceu: ele disse duas palavras e Nosso Senhor desceu do céu à sua voz e se encerrou em uma pequena hóstia. [...] O que impede que nós, sacerdotes, sejamos santos é a falta de reflexão. Não olhamos para dentro de nós mesmos; não sabemos o que estamos fazendo. O que precisamos é de reflexão, oração, união com Deus[27].

---

[27] Citado em Bernard Nodet, *op. cit.* pp. 99-102.

O SINAL DE JONAS: A EXPERIÊNCIA DA CRUZ E O MINISTÉRIO DA MISERICÓRDIA

O sacerdote é, portanto, enviado entre os homens para revelar o amor de Deus a eles, assim como os profetas foram enviados ao povo escolhido, e essa missão não era uma promoção ou uma marcha triunfal. A figura de Jonas é, acima de tudo, emblemática da apreensão que pode tomar conta do enviado ao pensar nas dificuldades e no sofrimento que sua missão acarretará.

A palavra do Senhor veio a Jonas, filho de Amitai: "Levanta-te", disse-lhe, "vai a Nínive, a grande cidade, e dize-lhes que a sua maldade subiu até mim" (Jn 3, 1-2); "Vai a Nínive, a grande cidade, e dize-lhes o que eu te digo" (Jn 3, 2).

Tremo com todos os sacerdotes diante do privilégio e da graça do sacerdócio. Como Jonas, podemos ser tentados a fugir "para longe do Senhor", na direção oposta à "grande Nínive". No entanto, apesar de nossa indignidade, a graça divina nos torna seus instrumentos para que "todos os homens sejam salvos e cheguem ao conhecimento da verdade" (1Tm 2,4). É por isso que devemos ousadamente "entrar na cidade", ou seja, na vida íntima e no jardim interior do coração de outras pessoas, para falar-lhes de Deus, convidá-las a se voltarem para Ele e a levarem uma vida de acordo com o Evangelho[28]. Caminhando ao longo do mar da Galileia, viu Simão e André, seu irmão, que lançavam falcões ao mar, pois eram pescadores. E Jesus lhes disse: "Vinde e eu vos farei de pescadores de homens" (Mc

---

[28] Cf. São Josemaria Escrivá de Balaguer, *Quand le Christ passe*, Paris, Le Laurier, 1989, p. 316-317.

1,16-17). O Senhor nos ordenou: "Ide por todo o mundo e proclamai a Boa Nova" (Mc 16,15).

Não devemos ter medo dessa missão. Às vezes, as pessoas hesitam em acreditar que seus pecados podem ser perdoados, porque são muito grandes. Assim, elas se deixam dominar pelo desânimo, pelo desespero, pela mediocridade e pela complacência, e mergulham no relativismo moral ou cometem suicídio como Judas. No entanto, Deus está apenas esperando que façamos uma humilde confissão de nossas falhas e expressemos concretamente nosso arrependimento antes de nos conceder seu perdão.

Cada ato sacramental é um contato sensível com o Cristo glorioso, que continua hoje a ensinar, curar, nutrir e perdoar. O sacerdote lhe empresta sua voz, suas mãos, seus olhos e seu coração, toda a sua pessoa. É sua tarefa promover uma vida sacramental intensa entre os fiéis, aprofundar seu conhecimento e facilitar o acesso a ela. Todo sacramento é, de fato, um sinal, um "sinal de Jonas" (Mt 16,4), que não é um rito mágico, mas que provoca um encontro com Deus, se a iniciativa de seu amor receber uma resposta do homem. Cabe ao sacerdote ajudar o homem a dar essa resposta, tornando-se transparente para Deus e para o homem, de modo que os dois possam se encontrar na verdade, de forma íntima e pessoal. O sacerdote deve, portanto, ser um amigo de Deus e um santo. O ministro do sacramento pode domar as pessoas para abri-las a Deus, assim como pode deixá-los em seu distanciamento, sua revolta, sua rejeição a Deus, sua incompreensão, sua indiferença ou sua tibieza, porque ele mesmo não é frio nem quente, sem entusiasmo ou zelo apostólico.

O sacerdote, como Jonas em Nínive, deve, portanto, procurar penetrar nas profundezas dessa grande cidade interior do coração humano e passar por ela com delicadeza, humildade, respeito e extrema paciência paternal. Para ter sucesso, ele deve primeiro concordar em descer às profundezas de seu próprio coração, "uma vez que ele mesmo também está envolto em fraqueza" (cf. Hb 5,2), a fim de experimentar com alegria o que significa ser perdoado e reintroduzido na ternura misericordiosa do Pai. É nesse lugar interior que ele é capacitado a liderar os outros. O coração é o centro do homem, o lugar de todas as suas decisões cruciais, a fonte de toda a sua vitalidade humana e espiritual e um lugar de combate espiritual. Descer a ele é uma jornada pascal na qual a consciência se liberta dos ídolos, despoja-se do egoísmo, do orgulho, da pretensão e das ilusões, em uma longa luta interior, um combate corpo a corpo com Deus (Gn 32,23-33). Ali, pela dor da luta, Deus dá a seus lutadores uma recompensa surpreendente: uma ferida que exulta no quadril e significa que, de agora em diante, o homem só pode se agarrar a Deus. O homem não mais o abandona e recebe um conhecimento mais profundo, um novo nome, uma paz que o mundo ignora e a alegria do Espírito Santo[29].

O pré-requisito para a descida do sacerdote ao coração humano é, portanto, a experiência de ter "lutado com Deus até o amanhecer" e de ter permanecido nas entranhas do monstro marinho por três dias e três noites. É essa terrível luta entre Deus e Jonas que a grande tempestade no

---

[29] Cf. *Le discernement des esprits*, por um Cartuxo, "Sagesse des chartreux", Paris, Presse de la Renaissance, 2003, p. 38-39.

mar simboliza. É somente dessa forma que Jonas compreende a gratuidade do amor e do perdão de Deus, "Deus de ternura e misericórdia, lento para a ira, cheio de amor e de verdade" (Sl 86,15). Como muitos de seus contemporâneos, Jonas gostaria que Deus se vingasse e exterminasse os pecadores de Nínive. Mas a vingança que Deus anuncia não é a que pensávamos: "Dizei aos fracos de coração: Esforçai-vos, não temais; olhai para o vosso Deus. É a vingança que está chegando, a retribuição divina. Ele vem para vos salvar" (Is 35,4). Assim, Jesus vem para aniquilar a si mesmo a fim de salvar a todos nós, para derramar seu sangue em vez do nosso. Diante do amor e da misericórdia de Deus para com sua criatura, Jonas fica sem palavras, cheio de admiração e gratidão. Então, ele pode "penetrar" na grande cidade pagã que é o coração do homem para levá-lo ao arrependimento e à conversão, na medida em que tiver feito o mesmo caminho de profunda conversão, de morte para si mesmo, de reorientação radical de sua própria vida, em uma oblação total de si mesmo ao Senhor.

Como sacerdotes ou cristãos leigos, às vezes temos medo de olhar nos olhos de Deus, porque esse olhar nos leva de volta a nós mesmos e nos força a nos examinarmos na verdade. É claro que a verdade nos liberta, mas também nos assusta. E se é o medo que prevalece, nosso ministério sacerdotal ou nosso apostolado cristão se torna pura agitação, uma corrida precipitada para o ativismo desenfreado ou para o funcionalismo estéril. Evitamos parar e ficar em silêncio, para que Deus não nos force a descer com ele até as raízes mais profundas de nosso ser, e começamos a nos agitar e correr em todas as direções para escapar das exigências da vontade de Deus, como Jonas. O sacerdote, confrontado com sua pobreza e seus limites, pode muito bem dizer com Thomas Merton:

> Muitas vezes fui tomado por um desejo insuperável de ir na direção oposta, enquanto Deus me encarregou de despertar a consciência dos pecadores para convidá-los ao arrependimento e ao retorno a Deus. Deus me mostrou um caminho, e meu próprio "ideal", minhas ambições pessoais, minha covardia e meus medos me mostraram outro. Mas foi quando Jonas estava navegando o mais rápido que podia para longe de Nínive, em direção a Társis, que ele foi lançado ao mar e engolido por uma baleia que o levou para onde Deus queria[30].

O bispo e o padre são os herdeiros dos profetas, chamados pessoalmente por Deus para serem testemunhas vivas de sua presença e ação providencial no mundo, como Jeremias, que disse: "Seduziste-me, Senhor, e eu me deixei seduzir. Dominaste-me; eras o mais forte. [...] Eu disse a mim mesmo: não pensarei mais nele, não falarei mais em seu nome. Mas ele estava em meu coração como um fogo devorador aceso em meus ossos. Eu estava exausto tentando contê-lo, mas não conseguia" (Jr 20,7,9). O sacerdote é um "símbolo de Cristo" (São João Crisóstomo), *Christus hodie* — "Cristo hoje" (Don Giuseppe Quadrio), uma epifania viva de Cristo. Mas para se tornar tal, o sacerdote deve entender e viver seu sacerdócio como um mistério de cruz e sangue. Nossas falhas falam por si mesmas; às vezes, elas nos fazem parecer com Jonas. Elas nos lançam no ventre materno e infinitamente misericordioso de Deus. E saímos totalmente purificados, renovados e transfigurados, "cristificados", como um "sinal de Jonas" e um sinal do Filho do Homem na

---

[30] Cf. Thomas Merton, *Le signe de Jonas*, Paris, Albin Michel, 1955, p. 19.

glória de sua ressurreição: "Pois assim como Jonas esteve no ventre do monstro marinho por três dias e três noites, assim o Filho do Homem estará no ventre da terra por três dias e três noites" (Mt 12,40; Mc 8,11-12; Lc 11,29-32).

Não estamos sozinhos nessa jornada exigente. Jesus entregou sua Mãe a João, seu discípulo amado, para que todos os sacerdotes do mundo entendessem que o lugar de Maria é estar ao lado de cada um deles, especialmente quando estiverem no altar para oferecer ao Pai o Santo Sacrifício da Missa e falar e trabalhar em seu nome. Maria está cheia de preocupação maternal por todos os sacerdotes. Ela quer vê-los chegar ao altar revestidos de humildade, pureza e inocência de coração, maravilhados com o insondável mistério do amor de Deus, imersos em profunda adoração. Ele acompanha cada sacerdote nos atos sagrados de seu ministério[31].

Em cada celebração eucarística em particular, Maria está presente, invisível, silenciosa e discreta, mas com uma presença real e efetiva. O mistério de seus sofrimentos no Calvário é inseparável do sacrifício de Cristo, que se faz presente mais uma vez, como a Igreja sempre reconheceu e como a sagrada liturgia testemunha, recordando, no coração desse santo Sacrifício, "sobretudo a bem-aventurada Maria, sempre virgem, Mãe de nosso Deus e Senhor Jesus Cristo". Ela cooperou na Redenção, como recordou o Concílio Vaticano II[32], seguindo uma longa tradição entre os Padres do Oriente e do Ocidente e no magistério dos Pa-

---

[31] Ver *In Sinu Jesu, lorsque le cœur parle au cœur, journal d'un prêtre en prière*, por um monge beneditino, Hauteville, Éditions du Parvis, 2019, notas 5 e 26, p. 66-67.
[32] Concílio Vaticano II, *Lumen gentium*, § 56, 58, 61.

pas[33]. São João Paulo II, em sua encíclica *Redemptoris Mater*, e depois nas catequeses que se seguiram (1987-1988), reuniu todo o material para uma definição do dogma da mediação universal da graça de Maria[34], o que ele certamente gostaria de ter feito, e que podemos supor que será feito quando Deus quiser.

Por causa de seu papel como mãe e mediadora de todas as graças, Maria é verdadeiramente a nova Eva, o protótipo da humanidade regenerada em Cristo, seu Filho. Ela foi privilegiada e honrada por Deus, vista pelos Apóstolos e pela Igreja com grande veneração e respeito filial, como o modelo luminoso de toda mulher e como a Mãe atenciosa e amorosa de todos os sacerdotes, nos quais ela vê seu Filho trabalhando entre os homens para a salvação de toda a carne. Espero que todos os sacerdotes, mas também todos os fiéis cristãos, tenham uma intensa e cotidiana devoção filial a Maria Medianeira. Sem esse vínculo diário de afeição filial com Maria, a Mãe do sacerdócio, como os sacerdotes podem se conformar e se identificar com o Cristo pobre, casto e obediente? Que possamos, como São João, levar Maria para dentro de nossas casas, para que ela possa permanecer conosco, ensinar-nos a pureza, a humildade e a obediência à vontade de Deus, e sussurrar-nos diariamente: "Fazei tudo o que ele vos disser" (Jo 2,5).

---

[33] Leão XIII, (*Supremi Apostolatus et Adjutricem populi*), São Pio X (*Ad diem illum*), Bento XV (*Inter Sodalicia*), Pio XII (*Ad Coeli Reginam*) e Paulo VI (Profissão de Fé de 30 de junho de 1968).

[34] Cf. Jean-Miguel Garrigues, *Marie dans le mystère du Christ et de l'Église*, "Présentations des catéchèses mariales de Jean-Paul II", Saint-Maur, Parole et Silence, 1998.

Capítulo 8
O MISTÉRIO DA CRUZ

A OBRA DA REDENÇÃO

Deus se encarnou, confessamos no Credo, "por nós, homens, e para nossa salvação". Ao vir a este mundo, o Filho de Deus não reivindicou as honras e a glória que lhe eram de direito; ele não apenas escolheu uma existência humilde e oculta, mas também escolheu a extrema humilhação da Paixão, que o levaria à extrema elevação em glória à direita do Pai. Somente essa humilhação culminante pareceu-lhe digna de expressar o amor que Ele tem pelo Pai e o amor que o Pai e o Filho compartilham por todos os homens. A humilhação, a *kenosis* de Cristo, não é apenas um comportamento de obediência e humildade, mas um ato de autonegação no qual o Filho experimenta a alegre liberdade da entrega total ao Pai por toda a humanidade, para que ela possa ver o quanto é amada, pois "ninguém tem maior amor do que este: de dar alguém a sua vida pelos seus amigos" (Jo 15,13). A Cruz é o poder de Deus e a sabedoria de

Deus (cf. 1Cor 1,24): ela revela o poder do amor em sua extrema fraqueza. E a esse ato de amor do Filho, totalmente entregue na morte, responde o Pai na forma da glorificação transbordante de Cristo: "Por isso, Deus o exaltou e lhe deu o nome que está acima de todo nome, para que ao nome de Jesus todos se ajoelhem, nas alturas, na terra e nos infernos, e toda língua proclame que Jesus Cristo é o Senhor, para a glória de Deus Pai" (Fl 2,9-11)[1]. A própria Virgem Maria só compreendeu todo o alcance de sua missão materna aos pés da cruz: "Jesus, pois, vendo sua mãe e, de pé junto dela, o discípulo a quem amava, disse a sua mãe: 'Mulher, eis o teu filho'. Depois disse ao discípulo: 'Eis tua mãe'. A partir daquela hora, o discípulo o recebeu em sua casa" (Jo 19,26-27).

Por meio de sua morte, Jesus, o Sumo Sacerdote dos bens futuros e da Nova Aliança, entra no santuário celestial com seu próprio sangue, obtendo assim para nós a libertação definitiva (cf. Hb 9,11-12). Não há salvação a não ser nele (cf. At 4,10-12): essa convicção das primeiras gerações cristãs está enraizada na descoberta de que em Jesus se cumprem todas as promessas de Deus; nele todas elas têm o seu "sim", segundo a palavra de São Paulo (2Cor 1,20).

Dessa forma, Jesus doa sua vida divina à humanidade, oferecendo-a em total liberdade na hora sombria da cruz — o Cordeiro do sacrifício morto, mas vivo e glorioso, conduzindo o povo de Deus para a batalha final, Senhor da história e Mestre de toda a humanidade (cf. Ap 5,6). Ele nos amou até o fim e se entregou por nós, oferecendo-se como um sacrifício de aroma agradável a Deus (cf. Ef 5,2).

---

[1] Cf. Chantal Reynier, Michel Trimaille, *Les Épîtres de Paul*, t. 3, Paris, Centurion, 1997, p. 92-94.

Por seu precioso sangue, Cristo nos redimiu, nos purificou e nos libertou da escravidão e do comportamento vaidoso herdados de nossos pais (cf. Cl 1,20; 1Pd 1,19).

Santo Agostinho comenta a resposta da multidão a Pilatos, que se declarou inocente do sangue de Jesus — "Que o seu sangue caia sobre nós e sobre nossos filhos" (Mt 27,20-26), um desejo que, na cultura judaica, era uma maldição (cf. 2Sm 1,16; Jr 28,35) — pensando no que aconteceu no dia de Pentecostes: "Sim, o sangue de Jesus caiu sobre eles e sobre seus filhos, quando, em nome de Jesus, cinco mil deles foram batizados. Foi o sangue de Jesus que caiu sobre eles para purificá-los".

Essa é a resposta esmagadora do Deus de amor e ternura à crueldade e à perversão da humanidade. Fazendo eco a Santo Agostinho, Bento XVI, comentando essa mesma passagem de São Mateus, escreve:

> Se, segundo Mateus, "todo o povo" havia dito: "O seu sangue caia sobre nós e sobre nossos filhos" (Mt 27,25), os cristãos devem lembrar que o sangue de Jesus fala uma linguagem diferente daquela de Abel (cf. Hb 12,24); não exige vingança nem castigo, mas reconciliação. Ele não é derramado sobre ninguém, mas é o sangue derramado por muitos, por todos, para o perdão dos pecados (Mt 26,27-28). Todos pecaram e estão destituídos da glória de Deus. Eles são justificados pelo favor de sua graça em virtude da Redenção realizada em Cristo Jesus. "Deus o tornou (Jesus) instrumento de propiciação por meio de seu próprio sangue, mediante a fé", diz São Paulo (Rm 3,23-25) Assim como a declaração de Caifás sobre a necessidade da morte de Jesus deve ser lida de uma maneira completamente nova a partir da perspectiva da fé, o mesmo deve acontecer com as palavras de Mateus sobre o sangue: lidas a partir da perspectiva da fé, elas significam que todos nós precisamos do poder purificador do amor, e esse poder é o Sangue de Jesus. Ele não é uma maldição, mas uma

redenção, uma salvação. É somente à luz da teologia da Última Ceia e da Cruz, presente em todo o Novo Testamento, que as palavras de Mateus sobre o Sangue adquirem seu significado correto[2].

Diante dessa imensa manifestação do amor de Deus por nós, toda a criação não pode deixar de se ajoelhar em admiração e espanto, para adorar. Toda a complacência humana é destruída. A humanidade, ontem, hoje e amanhã, não foi, não é e não será verdadeiramente humanidade se não estiver apenas nessa atitude de contemplação, adoração, glorificação e ação de graças que podemos ver a Paixão como ela deve ser.

■ Por que a Paixão dolorosa

Deus, ofendido por nossos pecados, entregou seu Filho a uma morte dolorosa, violenta e ignominiosa para apagar nossa dívida com ele. Como podemos entender que ele quis passar por tanto sofrimento para nos conceder o seu perdão? O próprio Jesus abordou essa questão com os discípulos no caminho de Emaús. Os dois homens, que estavam se arrastando, deram as costas a Jerusalém e voltaram para sua aldeia natal. Nessa estrada, eles são recebidos por um estranho que, quando os alcança, segue os passos deles e os chama:

> "Sobre o que estais falando enquanto caminham?". E eles pararam, com o rosto sombrio. Um deles, chamado Cléofas, tomou a palavra e lhe disse: "És o único peregrino em Jerusalém que não sabe o que aconteceu nestes dias!". Ele lhes perguntou: "O quê?". Responde-

---

[2] Joseph Ratzinger, *Opera Omnia. Jésus de Nazareth. La figure et le message*, Saint-Maur, Parole et Silence, 2014, p. 527.

ram-lhe: "As coisas a respeito de Jesus de Nazaré, que se mostrou um profeta poderoso em obras e palavras diante de Deus e de todo o povo, como os nossos chefes dos sacerdotes e governantes o entregaram para ser condenado à morte e o crucificaram. Nós esperávamos que ele fosse o libertador de Israel, mas, com tudo isso, já é o terceiro dia desde que essas coisas aconteceram" (Lc 24, 17-22).

A resposta do estrangeiro é uma espécie de reprovação, com palavras muito fortes, muitas vezes suavizadas por nossas traduções: ele os descreve como *anoetoi*, "sem espírito", *bradeis tè kardia*, "lentos" ou "curtos, estreitos" de coração. Eles não tinham um coração (no sentido bíblico do centro da pessoa, de suas decisões e sentimentos) à altura do evento. Cristo, já que estamos falando dele, é sempre muito severo com aqueles que não têm esperança e fé ou que gostariam de excluir o sofrimento da missão do Messias. Foi assim que os apóstolos que estavam no barco, abalados e agredidos pelo mar revolto e ainda em perigo real, ouviram o Mestre repreendê-los: "Por que estais com medo, homens de pouca fé? Não ter fé e esperança é desconfiar de Deus, duvidar de sua presença e de sua capacidade de nos salvar. Assim, Pedro, que lhe disse após o primeiro anúncio da Paixão: "Deus nos livre, Senhor! Não, isso não vai acontecer contigo", ele o ouviu responder duramente: "Afasta-te de mim, Satanás! És pedra de tropeço, pois seus pensamentos não são de Deus, mas dos homens" (Mt 16,21-23).

O peregrino no caminho de Emaús sabe que a pedra de tropeço que faz os discípulos tropeçarem é o drama da cruz. É por isso que ele dedica tempo para mostrar a eles, com toda a clareza necessária, que a Lei e os Profetas convergem para lá. É por meio do sofrimento e da humilhação que o caminho da vida com Deus é aberto e o serviço do Reino é realizado. Ele lhes falou de Abel, dos homens justos e dos profetas que foram fiéis à Aliança e enfrentaram a perseguição; de Jeremias, cujo destino prefigurava sua própria negligência no limiar da Paixão, e das grandes profecias de Isaías sobre o Servo Sofredor.

A severidade de Jesus é, portanto, acompanhada de grande misericórdia: por meio de uma catequese paciente, ele conduz os discípulos ao mistério da Cruz, mostrando-lhes que ela é o cumprimento de tudo o que as Escrituras previram. Esse ensinamento não é supérfluo para nós, para aqueles que ainda hoje fazem a grande pergunta: por que Jesus escolheu nos salvar sofrendo e morrendo de forma tão cruel? Essa pergunta pode ser respondida em duas etapas.

Em primeiro lugar, Deus é justo e misericordioso. Justo significa que ele recompensa os bons e pune os maus. Como disse Jesus, Deus faz o seu sol brilhar sobre os justos e sobre os injustos (Mt 5,45) e quer dar a sua vida, que é a vida eterna, a todos. Ele não se afasta de ninguém; somos nós que, quando nos afastamos do Amor e da Luz, condenamos e punimos a nós mesmos, escolhendo as trevas e a morte. Dizer que Deus castiga os ímpios é o mesmo que dizer que, depois de lhes ter mostrado em vão o caminho que os levaria à verdadeira felicidade, ele os deixa para arcar com as consequências negativas de suas escolhas livres. Mas Deus não para por aí; ele também é misericordioso: vendo que todos os homens são pecadores e impotentes por si mesmos para fazer justiça a ele, ele lhes dá um Redentor na pessoa de seu único Filho, para que, por meio de sua Encarnação, Paixão e morte, ele possa expiar seus muitos pecados em seu lugar e em seu nome (cf. Jo 3,14-17). Em seu lugar, em um dom que é perfeitamente gratuito e imerecido; em seu nome, de modo que é a humanidade verdadeiramente pecadora, misteriosamente reunida, representada e incluída em seu sacrifício, que repara nele seus pecados, como diz São Cipriano de Cartago no contexto da Eucaristia:

> Como Cristo carregou a todos nós, carregou nossos pecados, vemos que a água é figura do povo, o vinho do Sangue de Cristo. [...] Em Cristo, que é o pão do céu, sejamos claros, há um só corpo ao qual nossa pluralidade se une, com o qual se unifica[3].

É assim que, no sacrifício da Cruz, a justiça e a misericórdia de Deus podem se desenvolver sem prejuízo mútuo. Mas esse mistério de justiça misericordiosa remete-nos à sua raiz, o amor de Deus: é o segundo momento de nossa resposta.

"Deus é amor" (1Jo 4,8): sabemos disso, mas será que levamos essa afirmação a sério? Somente o amor pode explicar por que Deus, que não precisa de nada além de si mesmo, criou o mundo, colocou nele seres feitos à sua imagem e semelhança e veio entre eles para redimi-los, a um grande custo, da morte eterna que mereciam. A mais sublime expressão do amor é o sofrimento. O amor é doação; e doação é renúncia, sacrifício voluntário em prol do amado. Deus se tornou homem para nos mostrar esse mistério e para nos amar visivelmente à sua própria custa, à custa do sangue de seu Filho. O mistério da Cruz de Cristo permanece um enigma, a menos que mudemos radicalmente

---

[3] São Cipriano, *Epístola* 63, 13.

a ideia que temos espontaneamente do poder de Deus. O poder com o qual ele quer nos deslumbrar não é o poder que ele poderia ter demonstrado varrendo as montanhas como poeira diante dele e nos esmagando com sua luz; o poder que ele quer nos mostrar é o poder do amor, capaz de alcançar tudo por meio da auto-aniquilação.

A "onipotência" do Calvário mostra a verdadeira natureza da onipotência de Deus, do Ser eterno e infinito. A impotência absoluta do Homem-Deus pregado em uma cruz revela em plenitude, como São João diz várias vezes, a glória de Deus. Deus é Amor. E é o rosto desfigurado e sangrento, coberto de saliva, suor e sangue, daquele que Isaías compara ao cordeiro mudo levado ao matadouro, que é a face humana desse amor. A existência humana só pode ter sentido como resposta a esse amor, e podemos entender as lágrimas de São Paulo sobre todas as pessoas que se comportam como inimigas da Cruz de Cristo: "Seu fim será a destruição; seu Deus é seu ventre, e eles se gloriam em sua vergonha; eles valorizam apenas as coisas da terra" (cf. Fl 3,19).

Deus é sempre fiel em seu amor e vai até o fim desse amor, pois "não há maior amor do que dar a vida pelos amigos" (Jo 15,13). Ele sempre cumpre sua palavra e nunca quebra sua aliança conosco, custe o que custar:

> Se os seus filhos abandonarem a minha lei, se não andarem de acordo com os meus juízos, se profanarem os meus preceitos e não guardarem os meus mandamentos, castigarei o seu pecado com varas, os seus erros com golpes, mas sem retirar deles o meu amor, sem faltar à minha verdade. Não profanarei a minha aliança nem dedurarei o sopro dos meus lábios; uma vez jurei pela minha santidade: mentir a Davi, jamais! (Sl 88, 31-36).

Que, em resposta a esse amor inaudito, possamos dar nossa adesão com fé, entrando plenamente no mistério da Cruz. O Senhor Jesus estende seus braços e se deixa crucificar para que não soframos a separação eterna dele. O amor triunfa sobre nossa indiferença e nossa rebelião por meio da cruz. Como sublinhou Paul Evdokimov, o poder onipotente de Deus não consiste simplesmente em destruir o mal e a morte, mas em vencê-los tomando-os sobre si, permitindo-se, por assim dizer, ser atravessado por eles. Deus é tão apaixonado que está disposto a assumir uma carne passível e mortal em Jesus e se deixar ferir por ela, como se quisesse dizer que seu amor é maior e mais forte do que todas as lanças, ferimentos e crucificações que podemos infligir a ele[4].

Somos todos muito pequenos diante de Deus. Se quisermos vê-lo, devemos, como Zaqueu, subir em uma árvore, a árvore da cruz. Sem a Cruz, o homem tateia seu caminho em meio à escuridão de sua ignorância e do endurecimento de seu coração. Por meio da Cruz, seu coração se abre para receber a corrente inesgotável de amor, perdão, reconciliação e paz que jorra do Coração transpassado de Jesus e para receber o Espírito Santo.

A Cruz é o centro da história

A Cruz é o coração do mistério cristão: é um homem desfigurado pelo sofrimento que revela a face do Deus invisível. Como escrevi em *Deus ou nada*, a Cruz é o centro

---

[4] Cf. Paul Evdokimov, *L'Amour fou de Dieu*, Paris, Seuil, 1975, p. 35.

do mundo, o coração da humanidade e a âncora de nossa estabilidade. Tudo o mais é instável, mutável, efêmero e incerto, de acordo com o belo lema da Cartuxa: *"Stat crux dum volvitur orbis"* ("A Cruz permanece enquanto o mundo dá voltas"). O Calvário é o ponto mais alto do mundo, de onde podemos ver tudo com olhos diferentes: os olhos da fé e do amor, os olhos de uma criança, os olhos de Deus[5].

A Cruz é o centro de tudo e o único caminho do homem para o Deus três vezes santo que demonstrou tanto amor.

Como padrão do amor de Deus, a Cruz não é uma mancha em Sua honra e glória; pelo contrário, é sua joia mais esplêndida. Os Padres entenderam isso muito bem, e São Teodoro Studita o celebra com estas palavras:

> Que dom infinitamente precioso é a Cruz! Sim, como ela é bela de ser vista! A beleza que ela nos apresenta não está misturada com o mal e o bem, como a árvore do Jardim do Éden. É totalmente admirável e bela de se ver e compartilhar. De fato, é uma árvore que dá vida e não morte; luz e não cegueira [...].
>
> Após sermos mortos pelo madeiro, encontramos a vida pelo madeiro; depois de sermos enganados pelo madeiro, repelimos a serpente enganadora pelo madeiro. Que trocas surpreendentes! Vida em vez de morte, imortalidade em vez de corrupção, glória em vez de vergonha! O apóstolo exclamou com razão: "Que me glorie somente na cruz de nosso Senhor Jesus Cristo, por meio de quem o mundo está para mim crucificado e eu para o mundo!" Pois essa sabedoria acima de toda sabedoria que floresceu na cruz, tornou estultas as pretensões da sabedoria do mundo.
>
> [...] Foi por meio da cruz que a morte foi morta e Adão restaurado à vida. Foi por meio da cruz que todos os apóstolos foram glorificados, todos os mártires coroados, todos os santos santificados.

---

[5] Cf. Robert Sarah, *Dieu ou rien*, Paris, Fayard, 2015, p. 33.

Foi por meio da cruz que nos revestimos de Cristo e nos despimos do velho homem. Foi por meio da cruz que fomos trazidos de volta como ovelhas de Cristo e que fomos reunidos no redil nas alturas[6].

A CRUZ É O ÁPICE DA HUMANIDADE

A jornada que Deus deseja fazer junto com cada ser humano na terra é uma peregrinação interior que nos leva aos pés da Cruz redentora, onde nascemos para uma nova vida na liberdade dos filhos de Deus: "Fomos sepultados com ele pelo batismo, para que também nós vivamos uma vida nova, assim como Cristo, pela onipotência do Pai, ressuscitou dos mortos" (Rm 6,4).

A cruz é vital para a humanidade. Para que nosso mundo mude, para que o coração humano se encha de amor, precisamos da Cruz. É por isso que o Papa João Paulo II, no início de seu pontificado, confiou a Cruz aos jovens do mundo, para que eles pudessem plantá-la em todos os lugares e, assim, ajudar a transformar o mundo e trazer paz às relações humanas. O perdão, a reconciliação e a cruz são a manifestação de Deus e de seu amor no mundo. A Cruz revela o desejo inaudito de Deus de compartilhar plenamente sua vida com o homem, de revesti-lo de santidade, de enchê-lo com seu amor, perdão e ternura de Pai.

Assim como os israelitas, mordidos pelas serpentes enviadas para punir a murmuração do povo, puderam salvar suas vidas olhando para a serpente de bronze que Deus havia ordenado a Moisés que levantasse no acampamento,

---

[6] São Teodoro Studita, Homilia para a Adoração da Cruz, cap. II, in : *Liturgia das horas*, t. 2, op. cit., 1980, p. 517-518.

assim também, para permanecermos vivos após a mordida ardente do pecado, tudo o que temos a fazer é nos arrepender e olhar para o Crucificado pendurado no madeiro da Cruz (cf. Jo 3,14-15). Jo 3,14-15), na firme convicção de que Deus não despreza "um espírito decidido, um coração contrito e arrependido" (cf. Sl 51,19).

A cruz é o sinal distintivo do cristão, um chamado para olhar para os outros, amá-los e perdoá-los como Deus os olha, os ama e os perdoa. Só podemos conhecer Deus de verdade olhando para a cruz. O centurião pagão que viu Jesus morrer na cruz reconheceu a face de Deus no sofrimento do Crucificado e exclamou: "Verdadeiramente, este homem era o Filho de Deus" (Mc 15,39). Foi a mesma face divina que Jesus revelou ajoelhando-se para lavar os pés daqueles que estavam prestes a abandoná-lo. Ele fez esse gesto profundamente comovente e depois disse: "Quem me vê, vê o Pai" (Jo 14,9) e "Eu e o Pai somos um" (Jo 10,30).

■ A Cruz é a revelação do Amor

No centro de toda a história humana, a Cruz é, portanto, uma Cruz gloriosa; mas é também o lugar da humilhação de Cristo, de sua total auto-aniquilação, por amor à nossa humanidade; pois o amor é humilde; ele busca o auto-sacrifício e a auto-aniquilação. A morte de Jesus na cruz revela a plenitude tanto da glória quanto do amor de Deus. A aniquilação de si mesmo começa para Jesus no ventre virginal de sua Mãe e é consumada no madeiro da Cruz. É estando ao pé da cruz com Maria, a Virgem dolorosa totalmente associada à aniquilação de seu Filho Jesus, que poderemos penetrar um pouco nesse mistério de nossa dolorosa redenção. Maria é crucificada com ele, oferecendo-o ao Pai Eterno ao mesmo tempo em que seu Filho se oferece.

A Cruz fala mais alto do que qualquer tratado:

> A Cruz – disse o santo Cura d'Ars – é o livro mais erudito que se pode ler. Aqueles que não conhecem esse livro são ignorantes, mesmo que conheçam todos os outros livros. Os únicos verdadeiros eruditos são aqueles que o amam, o consultam e o estudam em profundidade. Por mais amargo que esse livro possa ser, ninguém é mais feliz do que se afogar em sua amargura. Quanto mais aprendes com ele, mais queres com ele ficar. O tempo passa sem tédio. Sabes tudo o que queres saber e nunca estás satisfeito com o que provas[7].

Essa linguagem pode parecer estranha para nós, mas cabe a nós aprendê-la: é a linguagem de Deus. A Cruz é a revelação do amor, o sinal e o instrumento da vitória do amor e, portanto, da glória de Cristo.

São Pedro Crisólogo nos convida a nos aproximarmos de Jesus sem medo ou vergonha, com sincero arrependimento de nossos pecados e com um recolhimento interior que mostra nossa consciência de nossa filiação divina e nossa maturidade cristã.

> Mas talvez estejais muito envergonhados por causa enormidade de minha Paixão, da qual sois autores? Não temais. Aquela cruz foi mortal, não para mim, mas para a morte. Esses cravos não mais me

---

[7] Bernard Nodet, *Jean-Marie Vianney, Curé d'Ars, sa pensée, son coeur*, Paris, Éditions du Cerf, 2006, p. 179.

causam dor, mas com um amor ainda mais profundo por ti. Essas feridas não me fazem gemer, mas fazem com que penetres mais profundamente em meu coração. A dilaceração do meu corpo abre meus braços para ti, não aumenta meu tormento. Meu sangue não está perdido para mim, mas é derramado para vosso resgate. Vinde, pois, voltai a mim e reconhecei vosso Pai, quando virdes que ele retribui o mal com o bem, o desprezo com o amor, e por tão grandes feridas, tão grande caridade[8].

A Cruz revela a "loucura" de seu amor por nós, loucura essa que é para nós "o poder de Deus e a sabedoria de Deus" (cf. 1Cor 1,24). Se tivesse convocado legiões de anjos para arrebatá-lo das mãos dos soldados (cf. Mt 26,52-55), não teria revelado a verdadeira face de seu Pai, aquele que chega ao ponto de morrer por aqueles que ama. Não teria revelado o que é a onipotência de Deus: não uma onipotência de esmagamento, de domínio tirânico, mas a de um amor que vai até o fim e não se deixa vencer por nenhuma rejeição ou falta[9].

Na Cruz, Jesus mostra verdadeiramente a ternura do Pai e o rosto de Deus. É assim que Bento XVI entende a afirmação de Jesus, "Eu sou", repetida insistentemente no quarto Evangelho:

> Após a pergunta dos judeus, que é também a nossa: "Quem és tu?", Jesus começa por se referir Àquele que o enviou e em cujo nome se dirige ao mundo. Ele repete mais uma vez a fórmula do Apocalipse, o "Eu sou", que agora ele estende à história futura. "Quando tiverdes levantado o Filho do Homem, então compreendereis que eu sou" (Jo 8,28).

---

[8] São Pedro Crisólogo, Homilia sobre o Sacrifício Espiritual, in: *Liturgia das horas*, t. 2, *op. cit.*, p. 595.
[9] Cf. François Varillon, *Joie de croire, joie de vivre*, Paris, Éditions du Cerf, 1981, p. 25-27.

Na cruz, podemos reconhecer sua condição de Filho e sua unidade com o Pai. A cruz é o verdadeiro "cume". É o ápice do amor "até o fim" (Jo 13,1). Na cruz, Jesus está no topo, na mesma altura de Deus, que é amor. É lá que podemos conhecê-lo, que podemos entender o "Eu sou". A sarça ardente é a cruz. A mais alta reivindicação de revelação, o "Eu sou" e a Cruz de Jesus, são inseparáveis. Isso não é uma questão de especulação metafísica, pois o que é manifestado é a realidade de Deus no coração da história, para nós[10].

A cruz é o lugar do perdão e da reconciliação

Pelo fato de a cruz ser o lugar da revelação definitiva do amor de Deus, ela também é o lugar do perdão e da reconciliação. Vivemos em um mundo que está se tornando cada vez mais violento, bárbaro e intolerante, um mundo cheio de atrocidades. Povos e indivíduos, grupos étnicos e facções políticas ou religiosas, poderes econômicos e financeiros se confrontam sem piedade, buscando eliminar uns aos outros. Somente se aprendermos a contemplar o Crucificado, que nos reconciliou com Deus, poderemos alcançar o perdão e a reconciliação com nossos irmãos e irmãs. Na cruz, Deus estabeleceu a Nova Aliança no sangue de seu Filho, que tomou para si a responsabilidade de expiar os pecados da humanidade, obtendo o perdão para eles e abrindo os braços do Pai para eles novamente. Para os cristaos, a Cruz de Cristo representa o limiar da metamorfose definitiva, o início de um novo mundo.

O Jesus crucificado, "com fortes gritos e lágrimas, com súplicas e pedidos" (Hb 5,7), clamou com uma voz

---

[10] Bento XVI, *Jésus de Nazareth*, Paris, Flammarion, 2008, p. 376-378.

que era ao mesmo tempo forte e cheia de terna compaixão: "Pai, perdoa-lhes, eles não sabem o que fazem" (Lc 23,34). Ao fazer isso, ele nos deixou um exemplo para seguirmos seus passos (cf. 1Pd 2,21). É contemplando a Cruz e fazendo nossa essa oração que o diálogo e a reconciliação se tornarão possíveis.

O perdão das ofensas é ilustrado pela história que a tradição dos místicos muçulmanos conta sobre uma mulher simples chamada Soutoura: muito propensa à raiva, ela foi falar com o sábio Tierno sobre isso. Enquanto conversava com ele, seu filho de três anos, que estava brincando com uma tábua, bateu-lhe entre os ombros.

> Ela olhou para o bebê, sorriu, puxou-o para si e deu-lhe um tapinha carinhoso: "Ah, o menino travesso que maltrata a mamãe!". "Por que não ficas zangada com seu filho, tu que dizes ser tão temperamental?", perguntou Tierno Bokar. "Mas, Tierno", respondeu ela, "meu filho é apenas uma criança; ele não sabe o que está fazendo; não se deve ficar com raiva de uma criança dessa idade. Minha boa Soutoura", disse Tierno, "vá e volte para casa. E quando alguém a irritar, pense neste quadro e diga a si mesma: 'Apesar da idade, essa pessoa está agindo como uma criança de três anos'. Vá embora e nunca mais te irritarás".

O sábio acrescenta:

> Aquele que suporta e perdoa uma ofensa é como uma grande árvore que os abutres sujam ao pousar em seus galhos. Mas a aparência repugnante da árvore dura apenas uma parte do ano. Todo inverno, Deus envia uma série de chuvas que lavam a árvore de cima a baixo e a revestem de nova folhagem. O amor que tendes por teu filho, tente estendê-lo às criaturas de Deus. Pois Deus vê suas criaturas como um pai considera seus filhos. Então serás colocado no degrau mais

alto da escada, onde, por amor e caridade, a alma vê e avalia a ofensa apenas para poder perdoá-la melhor[11].

A Cruz é como uma montanha a ser escalada, da qual podemos olhar para as pessoas e para o mundo com os olhos de Deus, com amor, ternura, misericórdia e compaixão. Perdoar é agir como o Pai, que faz nascer o seu sol sobre os maus como sobre os bons, e faz chover sobre os justos como sobre os injustos (cf. Mt 5,45). Essa conformidade com as ações do Pai nos torna seus filhos, filhos no Filho. Diante de ofensas graves e às vezes repetidas que parecem imperdoáveis, o homem deve se voltar para a Cruz, da qual ele mesmo recebeu o perdão ao preço do sangue por ofensas ainda piores, para aprender de Cristo como rezar e perdoar. Ele pode então contemplar, na Paixão de Jesus, tanto o mais grave dos pecados quanto o lugar do maior perdão. Devemos recorrer a essa fonte de todo o perdão todos os dias por meio da oração, uma fonte de comunhão e paz, que envolve e incentiva pequenas reconciliações cotidianas[12]. A oração é onde o Pai e meu filho pródigo se encontram, o abraço da misericórdia e da miséria. Trazer sua miséria para que a misericórdia de Deus possa submergi-la e engoli-la, esse é o movimento da oração, essa é a verdadeira oração. É somente diante do corpo crucificado e oferecido de Jesus, diante de sua presença real no Tabernáculo e diante de sua cruz gloriosa que realmente entramos no mistério da oração.

---

[11] Amadou Hampaté Bâ, *Vie et enseignement de Tierno Bokar*, Paris, Seuil, 1980, p. 46-47.
[12] Cf. Jean Laffitte e Livio Melina, *Amour conjugal et vocation à la sainteté*, Paray-le-Monial, Éditions de l'Emmanuel, 2001, p. 170-178.

A chave de um tesouro não é o próprio tesouro. Mas dar essa chave a alguém é entregar o tesouro. A Cruz é a chave preciosa que abre o tesouro da paz, mesmo que seja repugnante para nossa mentalidade hedonista e nossa busca por soluções fáceis (cf. 1Cor 1,18-25). Gostaríamos de ser felizes e viver em um mundo de paz sem ter que pagar o preço. Deus pagou esse preço por nós, mas não quer fazê-lo sem nós: ele nos chama a entrar no mistério que dá sentido à presença do sofrimento em nossa vida humana. Entrar no mistério da Cruz significa aceitar de todo o coração, como uma criança que confia em seu Pai, todas as provações que Deus permite; significa também assumir de bom grado a renúncia de coisas boas e legítimas, a fim de purificar nosso coração e mostrar concretamente que queremos viver somente para Deus. O Cura d'Ars costumava dizer: "As cruzes são o caminho para o céu, como uma bela ponte de pedra sobre um rio... Os cristãos que não sofrem atravessam esse rio em uma ponte frágil, uma ponte de arame de ferro, sempre pronta a se quebrar sob seus pés"[13].

▪ Sofrer com Cristo: a provação da doença

De fato, sofrer e morrer com Jesus para ressuscitar com Ele é ter uma única vida com Ele. Com muita frequência, tememos a Cruz, que, no entanto, é "o poder de Deus e a sabedoria de Deus" (cf. 1Cor 1,17-26). Ouçamos São João da Cruz:

> Oh, se pudéssemos finalmente entender que é impossível alcançar as profundezas da sabedoria e das riquezas de Deus sem penetrar nas

---
[13] Bernard Nodet, *op. cit.*, p. 180.

profundezas do sofrimento de mil maneiras, com a alma colocando nele sua alegria e seus desejos (a fim de entender com todos os santos qual é sua largura e comprimento, sua altura e profundidade). A alma que verdadeiramente deseja a sabedoria também deseja verdadeiramente entrar nas profundezas da Cruz, que é o caminho da vida; mas poucos nela entram[14].

Sofrer com Cristo, entrar no mistério da Cruz, pode ser alcançado de muitas maneiras; mas para todos nós, mais cedo ou mais tarde, significa aceitar a doença e a decadência de nosso corpo mortal. É por isso que quero dizer algumas palavras aqui sobre o significado da doença e a perspectiva de nosso fim.

O batismo nos faz morrer para o pecado e viver a própria vida de Cristo. Mas se o pecado é apagado de nós, as feridas que ele causou em nossa natureza humana não são todas curadas: elas nos são deixadas, nas palavras do Concílio de Trento, *ad agonem*, ou seja, "para o combate"[15], pela qual participamos de nossa própria redenção e da salvação de toda a humanidade.

Essa visão cristã das enfermidades da vida não significa que devemos desistir de todos os esforços para curá-las; pelo contrário, o cuidado com os doentes foi ampliado pelo Evangelho: "Estava doente e me visitastes" (Mt 25,36). A humanidade moderna certamente perdeu muito quando o secularismo expulsou a Igreja do serviço de saúde. Uma freira atenciosa leva à pessoa doente muito mais do que preciosas habilidades profissionais: suas palavras de con-

---

[14] São João da Cruz, *Cântico espiritual*, A 16,35.
[15] Concílio de Trento, Sessão V, *Decretum de peccato originali*.

forto, sua gentileza sobrenatural e o exemplo de sua caridade, que vê na pessoa doente o próprio Cristo. "Quando o fizestes a um destes meus irmãos mais pequeninos, a mim o fizestes" (Mt 25,40).

A saúde certamente deve ser buscada como um bem excelente, um dos mais importantes na ordem natural, porque determina em grande parte todos os outros e permite o desenvolvimento normal da vida familiar, cultural, científica e política. Mas a vida corporal permanece ordenada à vida do espírito, que é um bem superior a todos os bens materiais, e muitas civilizações expressaram isso colocando o sábio e o sacerdote acima do político e do médico. Em contraste, isso diz muito sobre nossa sociedade, em que os valores do espírito devem se curvar aos imperativos da tecnologia e da economia. Quando uma nova doença parece colocar em risco o domínio universal do universo a que o homem moderno aspira, o pânico se instala imediatamente, e as igrejas precisam ser fechadas, os idosos abandonados à solidão, a vida social renunciada e as crianças privadas da escola, na esperança de preservar a todo custo uma vida individual que se tornou bastante desprovida de conteúdo.

Do ponto de vista da vocação sobrenatural do homem, os bens desta vida têm valor apenas na medida em que ajudam a nos preparar para a vida eterna. Eles devem ser buscados não como um absoluto, mas na dependência do Reino dos céus (cf. Mt 6,33); é por isso que a oração do Pai Nosso nos faz pedir um pão cotidiano que não se reduz ao sustento material, mas que inclui a graça, o pão "supra-substancial" de que fala o texto grego da oração dominical (Mt 6,11), cuja realização perfeita é a Eucaristia.

Pedir a Deus pela saúde do corpo

Entre os bens desta vida que é legítimo desejar está a saúde do corpo, que muitas orações litúrgicas pedem juntamente com a da alma. Por exemplo, a oração na Missa da Santíssima Virgem *Salve Sancta Parens*: "Senhor, concedei que vossos servos gozem sempre de saúde da alma e do corpo..."; ou a invocação na Divina Liturgia de São João Crisóstomo, antes da consagração: "Peçamos ao Senhor um Anjo da paz, fiel guia e guardião de nossas almas e corpos". Entre os siríacos, no final da epiclese em que o Espírito Santo é invocado sobre o Corpo e o Sangue de Nosso Senhor, o celebrante reza "para que santifiquem as almas e os corpos daqueles que deles participam". E na ladainha do *catholicon*, depois de pedir "que esses santos mistérios sejam para nós o viático da salvação", o diácono acrescenta: "Dai, Senhor, a cura total aos doentes".

O padre Serge-Thomas Bonino apontou o caráter paradoxal dessa atitude:

> O objeto da oração de petição revela a ideia que temos da Providência, suas modalidades e sua extensão. De fato, só pedimos a Deus o que acreditamos que cabe a ele dar. [...] Parece-me que uma das características mais significativas da crise que estamos atravessando é que estamos tentando manter Deus o mais longe possível da pandemia como tal, ou seja, a pandemia como um fenômeno biofísico. Como se tivéssemos medo de contaminar nosso Deus, não com o coronavírus, mas com uma certa imagem tradicional de Deus que deixa nossa sensibilidade contemporânea desconfortável. É certo que oramos a Deus — e com razão — para nos ajudar a lidar com a pandemia adotando as atitudes morais e espirituais corretas de solidariedade, responsabilidade, compaixão e caridade... mas tudo está acontecendo como se Deus e a própria pandemia como fenômeno biofísico não tivessem absolutamente nada a ver um com o

outro. Deus, segundo nos dizem, não causou a pandemia. Se com isso queremos dizer que Deus não criou a partícula microscópica infecciosa que é o vírus *ex nihilo* com o objetivo específico de destruir a humanidade, podemos aceitar isso. Mas se quisermos dizer que o fenômeno em questão está totalmente fora do controle da Providência, que não foi previsto, nem desejado, nem permitido por Deus, então, além das várias aporias metafísicas e teológicas resultantes, ainda temos que explicar como Deus poderia pôr um fim a isso. De fato, a salvação que esperamos de Deus e pela qual oramos é estritamente proporcional ao senhorio que reconhecemos nele. Se os fenômenos biofísicos não são preocupação de Deus, então não há salvação a ser esperada de Deus a esse respeito. E, no entanto — *lex orandi, lex credendi* — é de fato o fim da epidemia que a Igreja, em oração, pede a Deus[16].

Muitos padres e fiéis leigos parecem ter perdido a fé no primeiro artigo do Credo, que confessa o Pai como "todo-poderoso" — talvez sob a influência de teologias contemporâneas da criação como a retirada de Deus; uma renúncia em princípio da universalidade da providência e do governo divinos, dos quais a Revelação dá testemunho, e aos quais a oração litúrgica presta homenagem inequívoca: "Ó Deus, cuja providência é infalível naquilo que dispõe, nós vos pedimos: afastai de nós todos os males e concedei-nos tudo o que nos é útil"[17].

Deus, a Causa Primeira, é a fonte de tudo o que é e age na criação, sem estar na origem do mal, que corresponde precisamente a uma deficiência no ser. Quando o mal ocorre, incluindo doenças e pragas naturais, Deus não o causa, mas permite que ele aconteça para um bem maior,

---

[16] Serge-Thomas Bonino, Coronavirus et théologies de la Providence, *Nova et Vetera*, janvier-mars 2021.
[17] Coleta do 7º Domingo depois de Pentecostes no *Missal romano* de 1962.

cuja visão clara raramente nos é dada no momento. O jogo das causas segundas, com sua própria modalidade (necessária ou contingente, natural ou livre), não escapam dela de forma alguma, porque essas causas precisam da primeira Causa para existir:

> Uma causa segunda é sempre e em toda parte uma causa segunda, ou seja, uma causa que realmente age, em seu próprio nível, mas que não pode fazer nada sem a influência real da Causa primeira. Portanto, não se diga que, se houver uma pandemia, Deus não pode fazer nada a respeito e tem apenas seus dois olhos para chorar conosco. Isso é metafisicamente absurdo e tão antibíblico quanto possível[18].

Essa concepção do relacionamento entre Deus e a criação efetivamente torna inútil o recurso tradicional aos grandes meios de oração pública contra as pragas. Mas se Deus é verdadeiramente Deus, nada lhe escapa da interação das causas que ele traz à existência, e a Revelação, com toda a Tradição da Igreja seguindo seu rastro, nos convida a entrar livremente, por meio da oração de petição, nas causas segundas que Deus quer ver contribuir para a realização de sua vontade.

Portanto, a Igreja sempre orou corretamente para afastar os males naturais, e o faz publicamente quando males públicos estão envolvidos. Assim, na liturgia latina, as litanias dos santos nos fazem implorar: "Da peste, da fome e da guerra, livrai-nos, Senhor"; e na tradição bizantina, o grande Eucologio contém um "ofício de intercessão em caso de epidemias", em que os pedi-

---

[18] Albert-Marie Crignon, Le gouvernement divin et les rétributions temporelles, *Sedes Sapientiæ*, nº 153, setembro de 2020.

dos de cura corporal são ordenados para um fim espiritual, como neste *theotokion* (oração à Mãe de Deus): "Vós, que destes à luz o Mestre compassivo, Criador e Senhor; agora mostra-me tua misericórdia habitual, Virgem, Mãe de Deus. Livrai-me do terrível mal que esgota minha alma, concedei-me saúde para que eu possa glorificá-lo continuamente".

Na tradição cristã, pedir a Deus que nos livre de doenças físicas não implica desprezo ou rejeição da medicina ou de políticas razoáveis de saúde pública, já que a atividade humana é uma das causas secundárias que Deus quer usar para governar o mundo. Pelo contrário, a fé torna essas atividades mais verdadeiras e mais humanas, colocando-as em seu devido lugar como meios a serem usados de forma ordenada e sem ansiedade excessiva, já que a vida natural não é o único e supremo bem do homem. A fé também nos lembra que o homem não vive apenas de pão e remédio, que é seu dever ajudar aqueles que sofrem como ele mesmo gostaria de ser ajudado e que nunca se pode negar aos doentes a ajuda das verdades da fé e dos sacramentos de Cristo, especialmente no final da vida. Finalmente, ele nos convida a viver a provação da doença no abandono à vontade de Deus, porque "mesmo as orações mais intensas não obtêm a cura para todas as doenças"[19]. Mas como esse bem está ordenado a um bem maior (o de sua bem-aventurança eterna), ele deve fazer esse pedido abandonando-o à soberana sabedoria divina, que sabe melhor do que nós o que é proveitoso para nós.

---

[19] *Catecismo da Igreja católica*, § 1508.

Cristo, o médico dos corpos na Eucaristia

O dom da graça de Cristo não vem para destruir ou substituir a natureza humana, mas para curá-la e fortalecê-la, de modo que o homem possa florescer nos círculos naturais de sua dependência: a família, a cidade, o mundo. A vida cristã não é uma fuga da realidade, uma saída gnóstica do mundo, mas a santificação do mundo. E o ponto culminante dessa santificação é a superação do visível e do perecível na direção da vida eterna, que é a união do homem com Deus no mistério de Cristo; uma união que começa aqui embaixo por meio dos sacramentos.

No estado de doença, o sacramento da presença corporal do Senhor é o primeiro meio pelo qual somos fortalecidos:

> [A Igreja] crê na presença vivificante de Cristo, o médico das almas e dos corpos. Essa presença é particularmente ativa por meio dos sacramentos e, de maneira muito especial, por meio da Eucaristia, o pão que dá a vida eterna (cf. Jo 6,54 e 58) e cujo vínculo com a saúde corporal São Paulo indica (cf. 1Cor 11,30)[20].

Esse vínculo entre a Eucaristia e a saúde corporal que o Catecismo afirma aqui é universalmente atestado na liturgia. No rito romano tradicional, uma das orações do sacerdote antes da comunhão é formulada da seguinte maneira: "Senhor Jesus Cristo, que a recepção de vosso corpo, que ouso receber apesar de minha indignidade, não leve ao meu julgamento e condenação, mas que, por vossa bondade, seja uma proteção para minha alma e meu corpo e um remédio para meus males". Tem um correspondente muito

---

[20] *Ibid.*, § 1509.

próximo no rito bizantino: "Que a comunhão de seu corpo e sangue, que ouso tomar, por mais indigno que seja, Senhor Jesus Cristo, não me leve a julgamento nem condenação; mas que, por vossa bondade, seja sustento e remédio para minha alma e meu corpo". No rito armênio, a Igreja pede à Santíssima Trindade, no convite à comunhão nas missas pelos mortos, que conceda "a cura aos doentes, o paraíso aos mortos". No rito dominicano, o pedido de "salvação da mente e do corpo" vem no momento da comunhão, que, segundo os antigos liturgistas, simboliza a ressurreição de Cristo, o que nos leva à razão profunda do vínculo estabelecido entre a Eucaristia e a saúde do corpo: o corpo é chamado a ressuscitar um dia na glória, e é na Eucaristia, que Santo Inácio de Antioquia chama de "o remédio da imortalidade", que recebemos Cristo, que é as primícias de nossa ressurreição. A Eucaristia é, portanto, dada como *viaticum* aos moribundos, "semente de vida eterna e poder de ressurreição, segundo as palavras do Senhor: Quem come a minha carne e bebe o meu sangue tem a vida eterna, e eu o ressuscitarei no último dia (cf. Jo 6,54)"[21].

O SACRAMENTO DOS DOENTES

Mas é no sacramento da unção dos enfermos que a relação entre a graça sacramental e a saúde corporal é mais evidente. Isso é mencionado no Novo Testamento:

> Alguém dentre vós está enfermo? Que ele chame os presbíteros da Igreja e que eles orem sobre ele, depois de ungi-lo com óleo em nome

---

[21] *Ibid.*, § 1524.

do Senhor. A oração da fé salvará o doente, e o Senhor o levantará. Se ele tiver cometido pecados, eles serão perdoados (Tg 5,14-15).

O nome Extrema Unção, que lhe foi dado por muito tempo, não significava que deveria ser administrada na última extremidade, mas que "de todas as santas unções prescritas por Nosso Senhor Jesus Cristo para sua Igreja, esta é a que é administrada por último", e o *Catecismo do Concílio de Trento* advertia os pastores:

> É, no entanto, um erro muito grande dar a Extrema Unção a um doente somente no momento em que toda esperança de recuperação está perdida, e quando a vida já parece estar abandonando-o com o uso de sua razão e de seus sentidos. Pois é certo que a graça comunicada por esse sacramento é muito mais abundante quando o doente ainda possui, ao recebê-la, sua razão plena e inteira, de modo que ainda pode despertar nele uma fé viva e uma religião sincera[22].

É, portanto, qualquer pessoa batizada que tenha atingido a idade da razão e que esteja "perigosamente doente" ou "comece a correr perigo por causa de doença ou velhice", que pode e deve receber esse sacramento[23]. A menção do perigo de morte nos lembra que toda doença é um sintoma muito concreto da precariedade de nossa condição corporal e dessa passagem pela morte que não podemos evitar. Ela nos convida a colocar um pouco de realismo de volta no centro de nossa existência e nos estimula a começar a viver hoje como gostaríamos de ter vivido quando estávamos prestes a nos apresentar a Deus. O desejo de alguns teólogos de separar esse sacramento de qualquer referência à morte reflete a influência da sociedade materialista

---

[22] *Catecismo romano*, Itinéraires, 1969, pp. 297-298.
[23] Essas expressões foram tomadas do *Código de Direito canônico*, cânones 998 e 1004 § 1.

moderna, que não quer mais ouvir falar da morte. Sabemos até que ponto foram feitos esforços, especialmente durante a última pandemia, em certos círculos e em certas instituições públicas (hospitais, lares para idosos, etc.), para eliminar qualquer confronto concreto com a morte e para impedir o apostolado católico com os moribundos.

O óleo santo usado para conferir esse sacramento deve — exceto em casos de necessidade em que o próprio sacerdote pode fazê-lo (cân. 999) — ser abençoado pelo bispo local (cân. 847 §2), para dar expressão concreta à "graça eclesial" desse sacramento[24]. Em virtude de suas propriedades e dos usos que normalmente lhe são dados, o óleo exprime o caráter suave, penetrante e difusivo da graça conferida e simboliza a perfeita cura espiritual: alívio da tristeza e da dor da alma, nutrição da luz interior, renovação das forças do corpo, fortalecimento da esperança própria da última hora.

No rito latino atual (promulgado em 1972), enquanto unge a testa e as mãos, o sacerdote pronuncia as seguintes palavras: "Que o Senhor, por meio desta santa unção e de sua grande misericórdia, o conforte com a graça do Espírito Santo, para que, libertado de seus pecados, ele possa benevolentemente salvá-lo e ressuscitá-lo"[25]. No ritual romano anterior, a fórmula era específica para cada parte (olhos, nariz, boca, ombros, pés) ungida pelo ministro: "Que o Senhor, por meio desta santa unção e de sua grande misericórdia, perdoe todos os pecados que cometeste pela visão

---

[24] *Catecismo da Igreja católica*, § 1522.
[25] De acordo com a tradução do Padre Revel, que é mais fiel do que a tradução oficial francesa.

[audição, olfato, paladar e fala, tato e visão]. Amém". A fórmula usada no rito bizantino é uma oração a Deus:

> Pai santo, médico das almas e dos corpos, que enviastes Vosso Filho Unigênito, Nosso Senhor Jesus Cristo, para curar todas as enfermidades e livrar da morte, curai Vosso servo [nome da pessoa a quem se administra] da doença de que sofre e vivificai-o pela graça de Vosso Filho.

O objetivo final da Unção dos enfermos é preparar o homem para sua entrada imediata na glória; como tal, nas palavras do Concílio de Trento, é a "consumação não apenas do sacramento da penitência, mas de toda a vida cristã". Mas seu objetivo imediato é a perfeita saúde da alma, que sempre é alcançada pelo próprio efeito do sacramento (*ex opere operato*), desde que o assunto não represente nenhum obstáculo. Às vezes, esse fim é alcançado por meio da cura corporal; em outros casos, permite que a pessoa suporte o sofrimento presente até a morte, de modo a fazê-lo dar frutos para a vida eterna. A unção dos enfermos, embora tenha uma conexão com a morte, não deve, portanto, ser considerada apenas como o sacramento dos moribundos que chegaram ao último extremo. O fim adequado da unção dos enfermos é a saúde perfeita da alma com a entrada imediata na glória, a menos que o retorno à saúde corporal seja mais conveniente para a salvação daquele que a recebe.

Seu principal efeito é o alívio espiritual e o conforto da alma da pessoa doente em meio a uma doença grave, conforme expresso no texto de São Tiago e desenvolvido no Catecismo da Igreja Católica, que fala de um "dom particular do Espírito Santo":

> A principal graça deste sacramento é uma graça de conforto, paz e coragem para superar as dificuldades inerentes ao estado de doença grave ou à fragilidade da velhice. Essa graça é um dom do Espírito Santo que renova a confiança e a fé em Deus e fortalece contra as tentações do maligno, a tentação do desânimo e a angústia da morte (cf. Hb 2,15)[26].

O conforto espiritual experimentado conscientemente pressupõe que o paciente ainda esteja plenamente consciente. Portanto, é necessário, na medida do possível, administrar esse sacramento suficientemente cedo para que os fiéis possam se beneficiar plenamente dele.

Além da cura corporal, se for conveniente para a salvação, os efeitos secundários da Unção dos enfermos são a remissão dos pecados veniais, e até mesmo dos pecados graves, quando o doente não está em condições de receber o sacramento da penitência.

O Concílio de Trento também afirma que a unção dos enfermos "remite os restos do pecado", ou seja, a dívida ligada às consequências concretas da desordem causada por nossos pecados, a inclinação para o mal, a dificuldade de fazer o bem, o torpor espiritual e a ansiedade.

A QUESTÃO DOS FINS ÚLTIMOS E DO ALÉM

Cego pelo materialismo, absorvido pela busca do bem-estar e embalado pelas grandes esperanças depositadas na tecnologia, o homem de hoje não gosta de olhar a morte de frente nem de fazer perguntas sobre a vida após a morte. Mesmo entre os cristãos, São Paulo VI já estava

---

[26] *Catecismo da Igreja católica*, § 1520.

preocupado em 1971 com o fato de que "pouco ou nada se fala sobre o último fim"[27]. O Cardeal Ratzinger também observou em 1989: "A fé na vida eterna dificilmente desempenha um papel no ensino da fé hoje"[28]. E em 2018, um bispo francês fez a mesma observação: "Por muito tempo, o tema dos fins últimos [...] foi silenciado nos cursos de catequese, e pouquíssimas homilias abordam de frente o mistério da morte, o julgamento particular, o purgatório, a ressurreição dos mortos, o julgamento geral, o inferno, o céu e a vida eterna"[29].

Entretanto, o Concílio Vaticano II não se esquivou desse tema, lembrando sua importância capital:

> É em face da morte que o enigma da condição humana atinge seu ápice. O homem não é atormentado apenas pelo sofrimento, pela decadência progressiva de seu corpo, mas ainda mais pelo medo da destruição definitiva. E é pela inspiração correta de seu coração que ele odeia e recusa essa ruína total, esse fracasso definitivo de sua pessoa. A semente da eternidade dentro dele, irredutível apenas à matéria, se rebela contra a morte. [...] A Igreja, instruída pela Revelação divina, afirma que Deus criou o homem com vistas a um fim abençoado, além das misérias do tempo presente. Além disso, a fé cristã ensina que essa morte corporal, da qual o homem estaria isento se não tivesse pecado, será superada quando a salvação, perdida por culpa do homem, for um dia restaurada a ele por seu Salvador onipotente e misericordioso. Pois Deus chamou e chama o homem deve aderir a ele com todo o seu ser, em uma comunhão eterna de uma vida divina inalterável[30].

---

[27] São Paulo VI, Audiência de 3 de setembro de 1971.
[28] Joseph Ratzinger, As dificuldades em matéria de fé na Europa atual, conferência em Laxenburg (Áustria), 2 de maio de 1989, citado por Louis-Marie de Blignières, La Mort et l'au-delà, DMM, 2018.
[29] Roland Minnerath, Prefácio de *La mort et l'au-delà*, op. cit.
[30] Concílio Vaticano II, *Gaudium et spes*, § 18.

O Catecismo da Igreja Católica (§§ 1020-1060) e seu Compêndio (§ 207-216) testemunham a importância para nós das "solenes verdades escatológicas que nos dizem respeito, incluindo a terrível verdade de um possível castigo eterno que chamamos de inferno, do qual Cristo fala sem reticências"[31]. De fato, nas palavras do Concílio, "é por Cristo e em Cristo que se esclarece o enigma da dor e da morte, que, fora do seu Evangelho, nos esmaga"[32].

O padre Louis-Marie de Blignières[33] observou que o discurso sobre os Últimos Fins é ao mesmo tempo escatologia (a ciência do "que acontece por último"), antropologia (a ciência do que é o homem: ele tem uma alma imortal e o que acontece com ele após a morte?). Ele ressaltou que essa questão é tudo menos uma especulação puramente abstrata, devido às suas consequências diretas para a vida moral. Não agimos da mesma forma se pensarmos que tudo termina com esta vida passageira, ou se imaginarmos que a salvação eterna é automática e universal, ou se acreditarmos que Deus nos julgará e retribuirá a cada um de acordo com suas obras: "É antes de tudo a exigência da vida eterna que dá ao dever moral desta vida sua absoluta urgência"[34]. Por fim, a consideração dos fins últimos nos coloca diretamente em questão: meu destino eterno, e o daqueles que eu posso ou não ter ajudado a levar a Cristo, depende de minhas ações no tempo, de minha relação com o mistério de Cristo. De fato, quando um padre pre-

---

[31] São Paulo VI, op. cit.
[32] Concílio Vaticano II, *Gaudium et Spes*, c. 22, § 6.
[33] Louis-Marie de Blignières, *op. cit.*
[34] Joseph Ratzinger, As dificuldades em matéria de fé na Europa atual, *op. cit.*

ga de forma simples e corajosa sobre os fins últimos, ele imediatamente percebe o interesse considerável que essa questão desperta. O vazio deixado sobre esse ponto pelo pensamento moderno e, infelizmente, pela pregação cristã incompleta e mutilada, pode ajudar a explicar a atração exercida sobre muitos de nossos contemporâneos pelo Islã, onde as ideias de julgamento eterno, recompensa e punição são onipresentes.

■ Vida eterna

A visão cristã da existência baseia-se em uma verdade que é acessível à razão natural: a imortalidade da alma, uma conclusão alcançada por meio do raciocínio dos filósofos da Antiguidade (Platão, Xenofonte, Aristóteles...). Mas a sabedoria antiga permaneceu hesitante quanto à natureza da vida da alma após a morte. Foi somente com a revelação feita por Cristo que o mistério foi revelado: essa vida após a morte é uma vida eterna que consiste em contemplar Deus face a face. Essa revelação destaca a responsabilidade do homem: a vida após a morte não é simplesmente justaposta à vida aqui embaixo, ela é sua ratificação eterna, dependendo de a graça de Cristo ter sido aceita ou recusada.

Na raiz de tudo isso está o espantoso desejo de Deus de tornar felizes as criaturas que fez à sua imagem, inteligentes e livres; um desejo que nasce livremente do amor, como bem viu São Tomás de Aquino: "foi a chave do amor que abriu a mão de Deus para produzir criaturas"[35]. E o

---
[35] São Tomás de Aquino, *Comentário ao Segundo livro das* Sentenças, Prólogo.

caminho que Deus traça para que a humanidade chegue até ele é Cristo: "Cristo-Deus", disse Santo Agostinho, "é o país para o qual estamos indo; Cristo-Homem é o caminho pelo qual estamos indo"[36].

■ Morrer em Cristo

O Catecismo afirma que a unção dos enfermos associa intimamente o cristão à vitória de Cristo sobre a morte e sua ressurreição.

> A Unção dos enfermos completa o processo de nos conformar com a morte e a ressurreição de Cristo, assim como o batismo começou a fazer. Ela completa as santas unções que pontuam toda a vida cristã; a do batismo selou em nós a nova vida; a da confirmação nos fortaleceu para a luta desta vida. Essa última unção proporciona ao final de nossa vida terrena um sólido baluarte contra as lutas finais antes de entrarmos na casa do Pai[37].

Jesus, o Deus-Homem cujas ações têm valor infinito e cuja natureza humana é inocente, não tem dívida com a morte. Ele pode, portanto, salvar o gênero humano da morte (cf. Jo 8,52) e, por meio do batismo, da unção dos enfermos e da Eucaristia recebida como *viaticum*, os cristãos são configurados pessoalmente à sua morte salvadora. Ao longo de suas vidas, os cristãos fervorosos se engajam ativamente no trabalho de união com a Paixão e a Ressurreição do Cristo, onde a luz da graça absorve e destrói o lado mais sombrio de si mesmo. Esse trabalho é completado pela Unção dos enfermos, que configura nossa doença

---

[36] Santo Agostinho, *A cidade de Deus*, c. 9, § 15.
[37] *Catecismo da Igreja católica*, § 1523.

à Paixão de Cristo e, assim, dá a ela um novo significado: "Ao tomar sobre si nossos sofrimentos", escreve o Padre Revel, "Cristo os transfigura para nós"[38].

O doente, especialmente aquele que está prestes a comparecer diante de Deus, acede ao seu mistério definitivo; ele se torna o que Deus sempre quis que ele fosse; ele recebe seu nome de eternidade. Seus sofrimentos, unidos aos de Jesus, resplandecem no Corpo Místico e contribuem com "sua parte para o bem do povo de Deus", como disseram os Padres do Vaticano II[39]. Ao celebrar esse sacramento, a Igreja, na comunhão dos santos, intercede pelo bem da pessoa doente. E a pessoa doente, por sua vez, por meio da graça desse sacramento, contribui para a santificação da Igreja e para o bem de todos os homens pelos quais a Igreja sofre e se oferece, por meio de Cristo, a Deus Pai.

A graça do sacramento dos enfermos pode então suscitar um desejo, não pela morte em si, que continua sendo um mal em si, mas pela brecha luminosa que a "morte em Cristo" abriu na parede negra do absurdo. São Paulo o evoca: "Desejo ir e estar com Cristo, o que seria muito melhor" (Fl 1,23). Santo Inácio de Antioquia, que foi levado a Roma para ser torturado por sua fé, desenvolveu esse sentimento com palavras inigualáveis:

> Que eu me torne alimento para as feras: elas me ajudarão a chegar a Deus. Eu sou seu trigo: nos dentes das feras serei moído, eu me tornarei o puro pão de Cristo. [...]. Quando o mundo não vir nenhum vestígio de minha carne, serei um verdadeiro discípulo de Jesus. Im-

---

[38] Jean-Philippe Revel, *Traité des sacrements, VI. L'onction des malades. Rédemption de la chair par la chair*, Paris, Éditions du Cerf, 2009, p. 185.
[39] Concílio Vaticano II, *Lumen gentium*, § 11.

plorem a Cristo que esses animais façam de mim uma vítima oferecida a Deus. [...] É mais belo morrer por Cristo Jesus do que reinar até os confins da terra. [...] É ele quem procuro, aquele que morreu por nós; é ele quem desejo, aquele que ressuscitou por nós ($6). [...]. Quem quer que deseje pertencer a Deus, não o entregue ao mundo ou às seduções da terra. Deixai-me abraçar a pura luz; quando lá chegar, serei homem. Deixai-me imitar a paixão de meu Deus. [...]. Meu amor foi crucificado, e não há mais fogo em mim para amar a matéria, mas flui através de mim uma água viva que sussurra e diz dentro de mim: "Vinde ao Pai". Não me deleito mais com alimentos perecíveis ou com os prazeres desta vida; desejo o Pão de Deus, que é a carne de Jesus Cristo, da linhagem de Davi; e como bebida desejo seu sangue, que é amor incorruptível[40].

Santa Elisabeth da Trindade não disse estas maravilhosas palavras ao deixar este mundo: "Vou para a luz, para o amor, para a vida"?

A Cruz nos apresenta o coração da Trindade, o coração do Amor; e o verdadeiro Amor exige que cheguemos ao ponto de morrer por quem amamos, como Jesus na Cruz. Mas na manhã de Páscoa, a vida e a luz irromperam do túmulo. De agora em diante, portanto, a morte não precisa mais nos assustar, mas devemos aguardá-la com fé e esperança. Para nós, cristãos, a morte é a porta pela qual podemos finalmente encontrar Aquele que buscamos dia e noite.

---

[40] Santo Inácio de Antioquia, *Epístola aos romanos*, 6,1-7,2.

Capítulo 9
A IGREJA E A MISSÃO

A REJEIÇÃO CONTEMPORÂNEA DE DEUS

Em todos os continentes e em todas as épocas, o homem tem se orientado quase que exclusivamente para a posse e o uso de bens materiais. Os avanços da ciência e da tecnologia deram origem a uma sociedade de consumo na qual os bens materiais não são mais usados apenas para atividades criativas e úteis, mas também, cada vez mais, como um meio de satisfazer e excitar os sentidos, de experimentar todos os prazeres e alegrias possíveis.

Assim, as preocupações dominantes de nossos contemporâneos são expressas principalmente em termos de ter, raramente em termos de ser: acumular riqueza, conhecimento e poder, à custa do esquecimento coletivo de Deus, da rejeição dos pobres que nada têm, do endeusamento do dinheiro, da ciência e da tecnologia. É isso que a Europa está espalhando pelo mundo hoje com seu poder econômico, tecnológico, midiático, político, militar e cultural: um paganismo materialista e secularizante, caracterizado pela "indiferença religiosa e pela total ausência de sentido atribuído a Deus diante dos graves problemas da vida"[1], que, em última análise, é muito mais formidável do que o paganismo tradicional de muitos povos da África, Ásia, Oceania ou América Latina, que permanece marcado pela busca da transcendência e se nutre de valores espirituais. Essa esterilização religiosa da cultura ocidental tem consequências humanas dramáticas, porque deixa sem resposta as grandes questões da vida humana, "e o homem de hoje se vê exposto a uma desilusão desesperada ou à tentação de destruir a própria vida humana, que coloca tais problemas"[2].

Também em nível intelectual, observou São João Paulo II, os frutos dessa antropologia sem Deus são envenenados:

> "Esquecemos que não é o homem que faz Deus, mas Deus que faz o homem. O esquecimento de Deus levou ao abandono do homem", e é por isso que, "nesse contexto, não é surpreendente que tenham florescido o niilismo na filosofia, o relativismo na gnoseologia e na moral, e o pragmatismo, até mesmo um hedonismo cínico, na maneira como abordamos a vida cotidiana"[3]. A cultura europeia dá a impressão de uma "apostasia silenciosa" por parte do homem realizado que vive como se Deus não existisse[4].

Deus é excluído da consciência pública, sua existência é considerada improvável e, portanto, incerta, per-

---

[1] São João Paulo II, *Christifideles laici*, 1988, § 34.
[2] *Ibid.*
[3] Sínodo dos Bispos — Segunda Assembleia Especial para a Europa, Relatório antes da discussão, I, 1. 2, *L'Oss. Rom.*, 3 de outubro de 1999, p. 6.
[4] São João Paulo II, *Ecclesia in Europa*, 2003, § 9.

tencente ao reino das escolhas subjetivas e insignificante para a vida pública[5]. Essa exclusão de Deus traz consigo a rejeição de toda autoridade, a rebelião contra toda restrição, contra todos os valores morais universais e contra o próprio fundamento de tais valores, ou seja, a ideia de natureza humana, levando a paroxismos que agora são bem conhecidos: a exigência de escolher o próprio sexo ou de modificar o corpo para se tornar um "homem aumentado", com o sonho de controle total da vida até e incluindo a produção de um homem imortal, um homem-objeto que é consumidor e produtor, uma engrenagem perfeita, obediente e silenciosa em uma gigantesca máquina econômica. Esse homem-máquina é uma perspectiva ainda mais alienante do que toda a escravidão que vimos tão tristemente ao longo da história.

De fato, a proeza biomédica da qual o homem se sente, sabe ou imagina ser capaz lhe dá a ilusão de poder dispensar o questionamento metafísico do ser e, com ele, a questão de Deus. Uma vez que a metafísica e a teologia tenham sido rejeitadas, o terreno está livre para a desconstrução do homem como essas disciplinas o revelaram e para o surgimento da tecnologia soberana. Cabe então ao homem reconstruir a si mesmo e ao mundo, apagando qualquer referência a um poder transcendente além de si mesmo, bem como qualquer coisa que possa lembrar a marca de Deus em seu trabalho, em particular o modelo de família, que evoca demais a paternidade de Deus sobre o mundo e até mesmo o mistério da Santíssima Trindade.

---

[5] Cf. Joseph Ratzinger, *L'Europe de Benoît dans la crise des cultures*, Roma, Cantagalli, 2005, p.36.

Tudo isso decorre da rejeição de Deus: "A criatura sem seu Criador desaparece [...] a própria criatura é envolta em opacidade, se Deus é esquecido", escreveu São João Paulo II[6]. O homem, explica ele, não pode mais se perceber como "misteriosamente diferente" das outras criaturas terrestres; ele passa a se ver como um organismo vivo que, entre os demais, simplesmente alcançou um estágio mais elevado de perfeição. Enclausurado no estreito horizonte de sua realidade física, não mais compreendendo a natureza transcendente de sua existência e o esplendor do dom de sua vida, uma realidade sagrada confiada à sua responsabilidade e, consequentemente, à sua proteção amorosa, ele a considera como algo que é de sua propriedade exclusiva e que ele pode dominar e manipular totalmente.

A liberdade, concebida como o direito e a possibilidade de cada um fazer o que quiser, é buscada como um absoluto que leva à rejeição de qualquer forma de dependência de Deus, enquanto a noção de verdade é paradoxalmente rejeitada no reino da relatividade e da subjetividade. Esse divórcio entre verdade e liberdade priva a última de seu conteúdo, deixando apenas uma aparência enganosa e frágil. Demos as costas a Deus em favor do bem-estar material, do "pão e circo".

■ A TENTAÇÃO DA IDOLATRIA

Será que o homem contemporâneo, dessa forma, ultrapassou a era da religião, será que ele alcançou uma racionalidade purificada e superior? Nada poderia estar mais

---

[6] São João Paulo II, *Evangelium vitae*, § 22.

longe da verdade. Assim como o povo de Israel criou um deus para si, "um bezerro de metal fundido", e se divertiu lamentavelmente em idolatria e devassidão enquanto Moisés estava com Deus na montanha, o homem moderno não está isento da tentação de criar um deus para si mesmo a fim de possuir a divindade, apropriar-se dela, manipulá-la e mobilizá-la de acordo com seus interesses gananciosos e egoístas. Deus libertou seu povo, liderou-o, cuidou dele, e Israel procurou inverter os papéis criando um deus que pudesse transportar, liderar e submeter à sua vontade. É assim que ainda fazemos hoje, imaginando deuses do nosso próprio tamanho para que eles possam realizar nossos caprichos e aprovar nossa rebeldia, nossa nova ética global, nossas ambições de nos tornarmos homens aumentados. Eles assumem a forma dessas ideologias repentinamente difundidas por organismos internacionais em todos os continentes, como se fossem verdades comuns que a humanidade sempre possuiu; dessas redes de relacionamentos virtuais que aprisionam o indivíduo e o manipulam o dia inteiro; E, ainda mais materialmente, o bezerro de ouro é muitas vezes o computador e, acima de tudo, o telefone celular, o ídolo de bolso que inspira, preside, controla e julga tudo o que o homem faz, acompanhando-o e solicitando-o incessantemente, onde quer que ele esteja e o que quer que esteja fazendo.

O ESCÂNDALO DOS CRISTÃOS INCOERENTES

Esse, portanto, é o mundo no qual a barca da Igreja navega. Às vezes, ele parece uma embarcação grande, pacífica, segura e poderosa; em outras, um frágil barco fustigado e ameaçado por tempestades. Pois a própria Igreja não é alheia às corrupções da época. Ela é pura e imaculada, mas os homens que a compõem são fracos e pecadores.

O doloroso espetáculo de nossas divisões, nossos rancores, até mesmo nosso ódio mútuo, a calúnia e a invectiva grosseira daqueles que se dizem cristãos, o escândalo de vidas pouco exemplares entre os cristãos leigos, membros do clero e até mesmo prelados, bem como o aparente fracasso ou desvio de certos empreendimentos apostólicos, são, ao contrário, um escândalo para nossa fé, que nos leva a perguntar onde estão a força e o poder de Deus, os efeitos da ressurreição de Cristo em nossa vida diária. Por que Deus se cala diante dos desastres do mundo? Os próprios cristãos contribuem para o fracasso do cristianismo com sua tibieza, sua pusilanimidade, seus compromissos e com o escândalo de seus pecados e de suas vidas sem exemplo.

Permita-me contar-lhe uma anedota que ouvi há alguns anos. Um homem bom, mas que não tinha fé, disse certa vez a um amigo seu que era profundamente religioso: "Olhe para este mapa do mundo; olhe de norte a sul e de leste a oeste! Veja o fracasso total de Cristo. Tantos séculos tentando levar sua doutrina para a vida dos homens, e veja o resultado! Todos, inclusive os cristãos, são ávidos por poder, dinheiro e prazeres mundanos. As divisões e o ódio estão por toda parte, mesmo entre aqueles que professam a fé cristã; a guerra, a matança bárbara de inocentes, o aborto, o divórcio, a destruição da vida e da família, etc., estão por toda parte". Seu amigo se encheu de tristeza diante dessa triste realidade.

Capítulo 9 | A Igreja e a Missão

■ A Igreja sob o ataque de seus inimigos

A guerra travada contra a religião nas sociedades ocidentais é certamente obra de correntes filosóficas que promovem o ateísmo agressivo. Há uma tentativa diabólica de demolir a Igreja, de eliminar todas as expressões de sua beleza divina, atacando diretamente a fé, a moral, a disciplina e o culto, e procurando minar suas convicções fundamentais e sua estrutura visível.

Mas, ao lado desses ataques diretos, também estão proliferando manobras insidiosas, em especial para arrastar a Igreja para o grande movimento globalista que defende o apagamento de todas as diferenças. Escondidos atrás das Nações Unidas, lobbies poderosos estão martelando a mensagem de que os direitos humanos estão acima de todos os costumes, tradições, valores culturais e crenças religiosas e, portanto, acima de Deus. O sonho é criar uma religião mundial, sem Deus, dogma ou moral, uma nova religião de César, em termos políticos, permitindo a fusão de todos os povos, nações e culturas em uma única massa capaz de ser submetida a uma governança mundial que acabaria com as soberanias nacionais, da mesma forma que o comunismo buscou acabar com a propriedade privada, privando assim o homem de sua dignidade pessoal e transformando-o em uma peça anônima de uma monstruosa máquina política. A tendência atual da União Europeia, que busca reduzir ideologicamente os valores herdados de séculos de cristianismo e que deram forma aos países que a compõem, é um triste exemplo desse movimento global em direção ao igualitarismo planetário, desafiando o patrimônio cultural e espiritual das nações.

A Igreja desfigurada por dentro

Mas uma análise honesta deve nos levar a reconhecer que nossa própria religião é parcialmente responsável por sua desvalorização. Aqui e ali, ela se tornou enfadonha, insípida e morna, sem convicção ou clareza em sua linguagem, que se tornou confusa e ambígua. Se, por outro lado, a Igreja investe todas as suas energias em questões seculares para as quais não tem competência; se os cristãos forjam cada um a sua própria doutrina e o seu pequeno magistério..; e se, inevitavelmente em oposição uns aos outros, começarem a se odiar e a se insultar, fazendo um espetáculo público de ódio, rancor e mentiras, como poderão conduzir o mundo a Deus e propor o Evangelho como o caminho para a vida e a liberdade, de modo que a Palavra de Deus se torne uma represa, "o refúgio do homem contra o surgimento do mal no mundo", como diz o Papa Francisco?

Infelizmente, a Igreja se tornou quase inaudível nas questões que constituem o coração de sua missão: a proclamação da Boa Nova, o ensino da fé e da moral, a defesa da dignidade de toda pessoa humana desde a concepção até a morte natural, a dispensação dos mistérios que alimentam a alma para a vida eterna e despertam a espiritualidade e a transcendência. A credibilidade de seus ensinamentos e sua autoridade moral foram dramaticamente enfraquecidas por uma minoria de sacerdotes que a contaminaram e desonraram com sua prática hedionda de pedofilia. Durante a pandemia do coronavírus, embora muitos padres tenham ajudado corajosamente os doentes, a maioria do clero permaneceu em silêncio, limitando-se a apoiar os fiéis por meio de novas tecnologias de comunicação.

Capítulo 9 | A Igreja e a missão

A Igreja é vista como uma das várias organizações filantrópicas comprometidas em servir os pobres, as questões sociopolíticas, o meio ambiente, a imigração, etc., mais do que mais que aparecer como depositária das palavras d'Aquele que disse: "Eu sou o Caminho, a Verdade e a Vida" (Jo 14,6). Seu rosto desaparece por trás da fachada monótona de uma burocracia esmagadora, com suas assembleias que votam até mesmo em questões doutrinárias, seus inúmeros comitês e comissões, seus funcionários públicos que precisam ser pagos, suas dificuldades administrativas e financeiras em meio às quais parece ter perdido o senso de sua missão. O que aconteceu com seu desejo ardente de espalhar o Evangelho por todo o mundo e o único "nome dado aos homens, pelo qual devemos ser salvos", o de Jesus Cristo (cf. At 4,12)?

A Igreja Católica escolheu o que alguns querem nos fazer crer ser o caminho da humildade: traumatizada pelo medo do triunfalismo, ela não reivindica mais nenhuma especificidade entre as religiões do mundo, aceitando, de fato, ser considerada simplesmente como uma das três "religiões do Livro", não tendo mais a audácia de desafiar o relativismo e o indiferentismo religioso dominante, afirmando possuir a verdade plena sobre Deus e o homem. Consistentemente, dentro da própria Igreja, as distinções e hierarquias estabelecidas por Cristo e pelos Apóstolos estão desaparecendo: os sacerdotes se vestem como os fiéis, enquanto os leigos, liderados pelas mulheres, assumem o santuário e reivindicam as funções do altar.

Ionesco disse isso com certa amargura:

A Igreja não quer perder sua clientela, ela quer conquistar novas clientelas. Há um tipo de secularização acontecendo aqui que é realmente angustiante. O mundo está se perdendo, a Igreja está se perdendo no mundo. Os párocos são estúpidos e medíocres, felizes por serem apenas homens como todos os homens medíocres, pequeno-burgueses. Em uma igreja, ouvi o padre dizer: "Vamos ser alegres, vamos apertar as mãos... Jesus lhe deseja um jovial bom dia". Em breve, um bar será montado para a comunhão, pão e vinho; sanduíches e vinho Beaujolais serão servidos. Isso me parece extraordinariamente estúpido e totalmente sem espiritualidade. Fraternidade não é mediocridade, nem compadrio. Mas precisamos de algo extra-temporal. O que é a religião sem o sagrado? Não temos mais nada, nada sólido. Tudo está em fluxo, e precisamos de uma rocha[7].

Esse estado irreconhecível da face da Igreja a serviço do pacifismo, da ecologia e do igualitarismo religioso promovido por órgãos internacionais foi profetizado há mais de um século por Vladimir Soloviev em *Os Três Diálogos e o Conto do Anticristo*. Ele previu que chegariam os dias em que o cristianismo tenderia a reduzir o fato salvífico — que só pode ser aceito por meio de um difícil e corajoso ato de fé — a uma série de "valores" fáceis a serem vendidos nos mercados do mundo. Um cristianismo que falasse apenas de "valores" amplamente compartilhados certamente se tornaria mais aceitável nos salões das elites governantes, em reuniões sociais e políticas e na televisão. Mas será que a Igreja pode renunciar ao cristianismo de Jesus Cristo, que se origina do escândalo da Cruz e da realidade devastadora da Ressurreição do Senhor? Existem valores absolutos, o que os filósofos chamam de transcendentais: o único, o verdadeiro, o bom, o belo. Qualquer pessoa que os perce-

---

[7] Eugène Ionesco, *Antidotes*, Gallimard, Paris, 1983, p. 82.

ba, honre e ame, percebe, honra e ama Jesus Cristo, mesmo que não saiba disso, mesmo que pense que é ateu, porque na realidade Cristo é a própria verdade, justiça e beleza. Mas há também valores relativos, como solidariedade, paz, respeito pela natureza e diálogo, que exigem discernimento para evitar armadilhas e ambiguidades, porque também há solidariedades ruins, paz enganosa, culto autodestrutivo da natureza e diálogo estéril.

Esse perigo de um consenso mundano em torno de "valores" compartilhados não é puramente hipotético. Divo Barsotti falou terrivelmente daquelas propostas, iniciativas e discursos da comunidade cristã em que Jesus Cristo é, de fato, um pretexto para falar de outra coisa. Mas o Filho de Deus crucificado e ressuscitado, o único Salvador do homem, não pode ser "traduzido" em uma série de bons projetos e inspirações compatíveis com a mentalidade mundana dominante. Ele não se definiu em termos consensuais e acomodatícios, mas sim como a pedra angular, aquela sobre a qual, se não quisermos colocá-la no alicerce do edifício, iremos nos chocar: "Quem cair sobre esta pedra se chocará contra ela, e quem ela cair será esmagado" (Lc 20,18).

Em uma transmissão de rádio alemã em 1969, Joseph Ratzinger esboçou como seria o futuro da Igreja em nossas sociedades. É claro que ele não pretendia de forma alguma prever o futuro com certeza, porque a Igreja existe na interseção de dois mistérios impenetráveis, o de Deus e o do homem criado à sua imagem; mas as perspectivas que ele esboçou naquela época são surpreendentemente corroboradas pelo que vemos do estado atual da Igreja. Como

Soloviev, ele viu a secularização vindoura da mensagem cristã: "Em breve, os padres serão reduzidos ao papel de assistentes sociais e a mensagem da fé será reduzida a uma visão política". Mas essa perspectiva é seguida por uma mensagem de esperança:

> Tudo parecerá perdido, mas no momento certo, precisamente na fase mais dramática da crise, a Igreja renascerá. Ela será menor, mais pobre, quase uma Igreja das catacumbas, mas também mais santa. Porque ela não será mais a Igreja daqueles que buscam agradar ao mundo, mas a Igreja daqueles que são fiéis a Deus e à sua Lei eterna. O renascimento será obra de um pequeno remanescente, aparentemente insignificante, mas indomável, que passou por um processo de purificação. Porque é assim que Deus trabalha. Contra o mal, um pequeno rebanho resiste.
>
> Formulemos isso de uma forma ainda mais positiva: o futuro da Igreja, mais uma vez, será remodelado, como sempre, pelos santos, ou seja, por homens cujas mentes buscam ir além dos meros slogans da moda, que têm uma visão mais ampla do que outros, porque suas vidas abrangem uma realidade mais ampla. Para mim, não há dúvida de que a Igreja terá de enfrentar tempos muito difíceis. A verdadeira crise está apenas começando. Podemos esperar grandes reviravoltas. Mas tenho a mesma certeza sobre o que restará no final: uma Igreja, não de adoração política, porque isso já está morto, mas uma Igreja de fé. É bem possível que ela não tenha mais o poder dominante que tinha até agora, mas passará por uma renovação e mais uma vez se tornará o lar dos homens, onde eles encontrarão vida e esperança na vida eterna[8].

TESTEMUNHAR A LUZ EM MEIO ÀS TREVAS

Essa, portanto, é a missão da Igreja. Em Jesus, Deus revelou todo o seu amor paternal pela humanidade, revelou

---

[8] Texto completo em Joseph Ratzinger, *Foi et avenir*, Tours, Mame, 1971.

sua face para nós, "aquele mistério que permaneceu oculto por séculos e gerações e que agora foi manifestado aos seus santos: Deus quis dar-lhes a conhecer a glória deste mistério entre os gentios – é Cristo entre vós! A esperança da glória" (cf. Cl 1,26-27). Com a chegada do tempo da Igreja, a revelação do amor de Deus é difundida em todo o mundo, em todas as latitudes, em todas as culturas, porque o plano divino de salvação não exclui ninguém, mas abre o coração de cada pessoa à esperança da glória.

Essa missão da Igreja sempre exigiu, e exige mais do que nunca, coragem verdadeira e humilde. A liberdade soberana que a fé em Jesus proporciona levou os primeiros cristãos a transformar um mundo que era hostil a essa nova religião; ela ainda deve nos levar hoje a resistir vitoriosamente aos novos ídolos do mundo moderno. "Não tenham medo", repete Jesus no Evangelho. "Não tenham medo daqueles que matam o corpo, mas não podem matar a alma. Pelo contrário, temam aquele que pode destruir tanto a alma quanto o corpo no inferno" (Mt 10,28; Lc 12,7; Mc 6,50; Jo 6,20; 12,15). Essa recomendação foi repetida muitas vezes pelos papas de nosso tempo. As pessoas de hoje têm o direito de esperar que os cristãos demonstrem coragem, clareza e tenacidade no testemunho que são chamados a dar, especialmente em favor da vida que é nova, frágil, deficiente ou que está chegando ao fim. Pois assim como a Terra Prometida era habitada por povos com costumes religiosos opostos aos de Israel, como o sacrifício humano, a prostituição sagrada e outros ritos abomináveis, nós, cristãos, estamos mergulhados em um mundo de revoluções culturais, sexuais, feministas e éticas, inimigo de toda filosofia do ser e de toda antropologia objetiva, rejeitando a complementaridade e até mesmo a diferença entre os sexos, o matrimônio, a família e a procriação. No meio deste mundo, devemos viver como estranhos a todas essas perversões, testemunhas do verdadeiro sentido da vida, trabalhadores do Reino de Deus que cresce no silêncio, sempre prontos a sofrer perseguição em vez de usar uma linguagem equívoca ou ambígua, dando testemunho com transparência e clareza dignas do Evangelho. Que não mereçamos esta reprovação:

> É conveniente afirmar que estamos presentes para aqueles que estão sofrendo, para aqueles que estão procurando, para aqueles que estão vagando, para aqueles que estão construindo de acordo com seus planos. Mas será que eles percebem essa suposta presença? Dizemos que somos a luz do mundo e o sal da terra, mas será que isso ilumina e limpa o mundo? [...] Os princípios de nossa fé cristã foram comprometidos com todas as desordens do século, ou então aqueles que os reivindicam permitiram que se tornassem tão insípidos que a verdade parece, para muitos, estar divorciada da vida[9]!

É por isso que os cristãos não devem se deixar enganar por ideologias hostis à vida, ao matrimônio e à família, cedendo a uma tolerância mal compreendida ou a uma falsa compaixão que os levaria a se afundar no agnosticismo antropológico, no relativismo, no ceticismo, no ateísmo fluido e no subjetivismo moral, até chegar àqueles limites que não podem ser ultrapassados sem se colocar fora da comunhão com Cristo[10]. De fato, se nossos corações forem puros e verdadeiramente voltados para Deus,

---

[9] Cf. Pius Raymond Régamey, *Portrait spirituel du chrétien*, Paris, Éditions du Cerf, 1963, p. 448.
[10] Cf. Michel Schooyans, *op. cit.*, p. 143-144.

se nosso amor for verdadeiro e nossa fé autêntica, nosso comportamento banirá tudo o que é idólatra. O batismo nos comprometeu com um caminho de perpétua renovação, para sermos divinizados até o fundo de nossa alma (cf. 2Cor 4,16). Revestir-se de Cristo não é um ato puramente externo, como vestir uma roupa, mas um ato interior que renova as profundezas do nosso ser, pois estamos imersos Nele, de modo que não somos mais nós que vivemos, mas Ele que vive em nós (cf. Gl 2,19-20; Fl 1,21).

Propondo o Evangelho sem concessões

O mundo moderno, que, por meio do relativismo que promove, perdeu totalmente de vista as noções de verdade, bem e mal, está assumindo as características de uma imensa conspiração para nos incitar a imposturas da mente. Nossa época precisa do Evangelho como uma bússola para não nos perdermos, como a imutável Estrela do Norte no firmamento, apontando o caminho desta Terra Prometida que todos os homens e mulheres buscam. Para que essa estrela brilhe, o mundo precisa, em todas as épocas, de homens e mulheres que tenham escolhido Deus de forma intransigente e que, corajosamente, deem o exemplo. O Senhor vem em socorro daqueles que sabem reconhecer suas limitações e fraquezas (cf. Mt 12,12-13; Lc 15,7), mas somente com a condição de que não procuremos diluir ou diluir os ensinamentos de Cristo e de sua Igreja para adaptá-los a uma sociedade decadente, e que não chamemos Cristo em socorro de nossas ideias pessoais ou de nossas posições políticas e ideológicas, tratando o Evangelho como uma coleção de citações em apoio às nossas teses favoritas. Pelo contrário, a Bíblia deve ser a fonte de nossos pensamentos e de nossos princípios de vida, e é na oração que aprendemos a dar à Palavra de Deus esse lugar.

Deus deseja conduzir seu povo a prados verdejantes, onde ele possa descansar e ser nutrido pela sã doutrina (cf. Sl 23,2-3). É por isso que é dever dos bispos e sacerdotes dar-lhes acesso à Palavra de Deus revelada no Antigo e no Novo Testamento, e dar-lhes uma compreensão a seu respeito à luz da Tradição e do Magistério da Igreja, sem ambiguidade ou confusão, como o próprio Cristo ensinou. Jesus não deixou dúvidas sobre a natureza radical de sua mensagem e de suas exigências. Ele também não poderia deixar em paz um mundo preso à dureza de coração e à indiferença em relação às coisas de Deus. Jesus veio "para lançar fogo sobre a terra", com o grande desejo de que ele já estivesse aceso (cf. Lc 12,49). "Não penseis", disse ele, "que vim trazer a paz à terra; não vim trazer a paz, mas a espada" (Mt 10,34). Ele veio para dividir as pessoas até em seus relacionamentos mais íntimos: "Filha contra mãe, pai contra filho, filho contra pai" (cf. Lc 12,53). Ele dá instruções ainda mais radicais e exigentes: "Se teu olho direito te faz pecar, arranque-o e lance-o para longe de ti [...]. Se a tua mão direita te faz pecar, corte-a e jogue-a para longe de ti" (Mt 5,29-30).

A natureza radical da mensagem do Evangelho tem consequências práticas. Por exemplo, isso se aplica ao respeito pela vida não nascida. Todos os papas se manifestaram de forma inequívoca e contundente contra o aborto, e o Papa Francisco não é menos claro:

Não posso permanecer em silêncio sobre os 30 a 40 milhões de vidas não nascidas que são eliminadas todos os anos, de acordo com os números da OMS. Fico triste ao ver que em muitas regiões ditas desenvolvidas essa prática horrível e criminosa é promovida porque os fetos são deficientes ou não planejados. Mas a vida humana não é um fardo. Devemos abrir espaço para ela, não eliminá-la. O aborto é uma grave injustiça, um crime abominável. Ele nunca pode ser uma expressão legítima de autonomia ou do direito de dispor de seu corpo de acordo com seus próprios desejos. Se nossa autonomia exige a morte de alguém, então essa autonomia não passa de uma gaiola de ferro. Sempre me faço duas perguntas: "É correto tirar uma vida humana para resolver um problema? É certo contratar um assassino para resolver um problema?". Todos aqueles que promovem e legalizam o aborto estão se posicionando abertamente contra o ensinamento de Cristo e contra a Lei de Deus: "Não matarás". E essa lei é absoluta. Eles se excluíram da fé católica[11].

Não é de aprovação que o mundo precisa, mas de transformação: o mundo precisa da radicalidade do Evangelho. Ele precisa urgentemente de Jesus Cristo, o único Salvador do mundo. Não importa se ele não gosta da pureza rigorosa do Evangelho. Vamos sempre propor humildemente o Evangelho de Jesus Cristo. Jesus, e somente ele, é "o Caminho, a Verdade e a Vida" (Jo 14,6), e "não há outro nome debaixo do céu dado aos homens pelo qual devamos ser salvos" (At 4,12).

O FERMENTO NA MASSA:
BUSCANDO A SANTIDADE EM MEIO AO MUNDO

Como esse apostolado da verdade sobre a felicidade humana será realizado? Gostaria de enfatizar aqui o papel

---

[11] Francisco, *Un temps pour changer*, Paris, Flammarion, 2020.

eminente dos fiéis leigos, que devem agir no mundo como fermento na massa. A *Carta a Diogneto*, no século II, já descrevia essa missão dos cristãos:

> O que a alma é no corpo, os cristãos são no mundo. A alma está espalhada por todos os membros do corpo, assim como os cristãos estão espalhados pelas cidades do mundo. A alma habita no corpo, mas não é do corpo. Invisível, a alma é mantida prisioneira em um corpo visível: assim, os cristãos são claramente vistos como estando no mundo, mas sua adoração a Deus permanece invisível. A carne odeia a alma e faz guerra contra ela, sem ter sido prejudicada, porque a impede de desfrutar dos prazeres: da mesma forma, o mundo odeia os cristãos que não lhe fazem mal, porque eles se opõem aos seus prazeres. A alma ama essa carne que a odeia e seus membros, assim como os cristãos amam aqueles que os odeiam.

Portanto, o Reino de Deus já está presente neste mundo, despercebido, invisível, mas continua a crescer e a transformá-lo radicalmente. A fé nos dá a certeza dessa ação discreta, invisível, mas eficaz da graça, quando as aparências sugerem que nosso mundo está caminhando para a ruína.

Mas, infelizmente, muitos cristãos de hoje, seduzidos pela ciência, tecnologia e dinheiro, não estão preparados para colocar Deus à frente de suas preocupações profissionais, políticas ou econômicas. Vivemos como o povo hebreu em meio aos cananeus, hititas, amorreus, perizeus, heveus e jebuseus com seus ídolos de ouro, prata e pedra. E é em meio a esse mundo que devemos permanecer fiéis ao Evangelho, à nova e eterna Aliança selada no Sangue de Jesus:

> Tal é a grandeza da tarefa, tal é a sua dificuldade, e ela é tão vitalmente importante que ninguém escapará dela refugiando-se caute-

losamente em nobres abstrações intelectuais, ou no lirismo, em estudos e publicações teológicas altamente científicas, ou mesmo em generosidade filantrópica, mas por um esforço diligente e heroico em direção à perfeição. "Empenhado" e "heroico", vamos pesar essas duas palavras com cuidado! A lucidez, a clarividência e o compromisso não devem ficar atrás da santidade[12].

O Concílio Vaticano II nos ensina que Deus dirige a todos nós o chamado universal à santidade: "Todos os fiéis de Cristo, qualquer que seja seu estado ou posição, são chamados à plenitude da vida cristã e à perfeição da caridade"[13].

A busca pela santidade deve dominar toda a nossa vida. É como um fogo que incendeia nosso ser e queima tudo o que é inflamável ao seu alcance (cf. Lc 12,49; Pr 30,16), como um fermento que faz toda a massa crescer (Mt 13,33), como uma semente que cresce irresistivelmente (cf. Mt 13,32). É uma exigência de superação sem limites, uma vez que a perfeição para o cristão está no mesmo nível da perfeição do Pai celestial (cf. Mt 5,48)[14]. Ela deve permear toda a nossa existência e todas as nossas atividades, de modo que, em nosso trabalho, busquemos a glória de Deus e o serviço de todas as pessoas. Assim, sempre que começarmos a trabalhar, o trabalho de nossas mentes e mãos se misturará espontaneamente com a oração silenciosa de nosso coração de filhos de Deus.

Hoje, como no início da Igreja, sejam quais forem nossas condições de vida, nossa idade, nossa força ou nossa

---

[12] Cf. Pie Raymond Régamey, op. cit., p. 449.
[13] Concílio Vaticano II, Lumen gentium, § 40.
[14] Cf. Pie Raymond Régamey, op. cit., p. 500.

posição social, o Senhor quer que sejamos santos, como São Paulo repetiu a todos os fiéis: "Esta é a vontade de Deus, que sejais santificados" (1Ts 4,3).

O objetivo da vida cristã é nossa própria divinização, embora continuemos sendo seres humanos. Somos divinizados quando o Pai, que vive no Filho, nos dá sua glória. Mas não podemos esperar essa divinização se não aceitarmos participar da Cruz. Portanto, não há nada de abusivo ou excessivo em insistir que o cristão (e ainda mais o sacerdote) deve responder ao chamado de Deus: "Portanto, sereis santos, porque eu, o Senhor, vosso Deus, sou santo" (Lv 19,1-2). Não há outro caminho, se quisermos ser coerentes com a vida divina que Deus gerou em nossas almas por meio do batismo. Nesse caminho, não podemos parar de avançar sem retroceder ou nos desviar da meta. Lembremo-nos das palavras de Santo Agostinho: "Se disseres 'basta', estará perdido. Sempre aspire a mais, nunca pare de avançar, sempre progrida. Não fique no mesmo lugar, não retroceda, não se desvie"[15]. Se somos, de fato, membros de Cristo, devemos participar da vida da Cabeça, sem tentar viver uma vida pessoal e vazia:

> Portanto, felicitemo-nos e agradeçamos por termos nos tornado não apenas cristãos, mas o próprio Cristo. Compreendeis, irmãos, a graça que Deus nos concedeu ao nos dar Cristo como nossa Cabeça? Maravilhem-se e alegrem-se, pois nos tornamos Cristo. De fato, como ele é a cabeça e nós somos os membros, o homem todo é ele e nós [...]. A plenitude de Cristo, portanto, é a Cabeça e os membros; o que queremos dizer com Cabeça e membros? Cristo e a Igreja[16].

---

[15] Santo Agostinho, Sermão 169,15 (PL 38, 926).
[16] Santo Agostinho, *Sobre o Evangelho de São João*, 21,8.

E essa vida de Cristo, a Cabeça, é a própria vida do Pai, como explica Isaac de Stella:

> Os membros crentes e espirituais de Cristo podem dizer com toda a verdade que são o que ele mesmo é, ou seja, Filho de Deus e Deus. Mas o que ele é por natureza, eles são como membros associados; o que ele é em plenitude, eles são por participação; em suma, se ele é Filho de Deus por sua origem, seus membros são por adoção, de acordo com essa palavra do Apóstolo: recebestes um espírito de filhos adotivos, que vos faz clamar: Abba, Pai (Rm 8,15, 28-29)[17].

A FONTE DE TODO APOSTOLADO

A nova evangelização, portanto, requer santos, e santos que rezem. Oferecer a todos "uma esperança que não desilude" (Rm 5,5) não é primordialmente uma questão de estratégia de comunicação. Para cumprir essa missão, a Igreja deve ser cada vez mais orante e missionária, centrada na vida litúrgica e no contato de coração a coração com Deus, na contemplação silenciosa e na admiração pelo seu amor inesgotável, que arde pela humanidade sem nunca se consumir. Para experimentar com Moisés os desvios para a sarça ardente (cf. Ex 3,3), apressemo-nos a "tirar as sandálias" (Ex 3,5), ou seja, a purificar a parte de nós mesmos ainda coberta de poeira, lama e pecado, para que possamos pisar na terra santa onde habita a Presença ardente de Deus. Então, seremos capazes de empreender nosso apostolado, mesmo à custa de grandes provações.

Os cristãos devem trabalhar com competência e generosidade a serviço das pessoas de seu tempo, enfrentando

---

[17] Isaac de Stella, *Sermão da Ascensão*.

resolutamente as circunstâncias do mundo de hoje no Espírito de Cristo, a fim de continuar a obra de Deus. Mas sua ação deve estar enraizada em sua vida espiritual, como o transbordamento de sua abundância interior.

▎ Evangelização a partir "de dentro"

Um discípulo de Cristo só pode se tornar um fermento de paz e reconciliação se Cristo tiver se tornado tudo para ele, porque então ele não poderá mais discriminar entre as pessoas e terá uma nova visão da sociedade, das pessoas, das culturas e das civilizações. Em Jesus, ele entra na "civilização do amor". Todo cristão tem acesso a Cristo sem intermediários e sem condições, seja qual for o povo ou a cultura a que pertença, seja qual for seu histórico social e herança humana. Por sua vez, ele deve se tornar outro Cristo, imbuído de sua misericórdia, bondade, humildade, gentileza e paciência. Não se pede que ele adquira esta ou aquela virtude, mas que se torne *alter Christus*, outro Cristo, *ipse Christus*, o próprio Cristo, que coloque o amor, a misericórdia, o perdão e a reconciliação no centro das relações humanas, pois é Cristo quem transforma os corações e os reúne em um só corpo[18]. Então, ele poderá se tornar verdadeiramente o sal da terra e a luz do mundo (cf. Mt 5,13-16), "raça eleita, sacerdócio real, nação santa, povo fortalecido para proclamar os louvores daquele que vos chamou das trevas para a sua maravilhosa luz" (1Pd 2,9), ampliando a presença e a ação de Cristo no mundo.

---

[18] Cf. Chantal Reynier, Michel Trimaille, *Les Épîtres de Paul*, t. 3, Paris, Centurion, 1997, p. 162-164.

De fato, é tarefa dos fiéis leigos impregnar todas as realidades humanas com o "bom perfume de Cristo" (cf. 2 Cor 2, 15). São João Paulo II insistiu nesse ponto:

> É tarefa dos fiéis leigos, em particular, dar testemunho do fato de que a fé é a única resposta plenamente válida [...] aos problemas e esperanças que a vida suscita em cada pessoa e em cada sociedade. Isso será possível se os fiéis leigos forem capazes de superar em si mesmos a ruptura entre o Evangelho e a vida, sabendo criar em sua atividade cotidiana, na família, no trabalho, na sociedade, a unidade de uma vida que encontra no Evangelho a inspiração e a força para a plena realização. A todas as pessoas de hoje, repito mais uma vez o grito apaixonado com o qual abri meu serviço pastoral: Não tenham medo, abram, abram de par em par as portas para Cristo! Ao seu poder salvador, abram as fronteiras dos Estados, dos sistemas econômicos e dos sistemas políticos, os vastos campos da cultura, da civilização e do desenvolvimento. Não tenham medo! Cristo sabe "o que está dentro do homem". Somente ele sabe. [...] Eu lhes peço, eu lhes imploro com toda a humildade e confiança, permitam que Cristo fale ao homem. Somente Ele tem as palavras da vida, sim, da vida eterna.
>
> Abrir de par em par as portas a Cristo, acolhendo-o no espaço da própria existência humana, não representa nenhuma ameaça ao homem; pelo contrário, é o único caminho a seguir se quisermos reconhecer o homem em sua verdade total e exaltá-lo em seus valores[19].

O Senhor Jesus não veio para destruir a liberdade do homem ou para restringir sua pesquisa científica ou tecnológica. Ele veio para dar-lhes significado; veio para nos libertar. Ele não quer uma resposta forçada, uma adesão mecânica e superficial, mas uma decisão livre e consciente, que vem da intimidade do coração e cuja alegria irradia ao

---

[19] São João Paulo II, *Christifideles laici*, § 34.

nosso redor. O cristão é o sal da terra e a luz do mundo, não porque triunfa sobre os outros ou se impõe a eles, mas porque dá testemunho do amor de Deus e sua alegria, mesmo em meio a provações, dá às nossas sociedades o gosto pela vida.

■ Traduzir o Evangelho em uma caridade concreta

A conversão pessoal, que ocorre no segredo do coração ao longo da vida, traduz-se concretamente em um desejo de mudar a própria vida, de endireitar a desordem de sua atividade, comportamento e instintos, e também de ajudar a remediar a desordem de nosso mundo corrupto, mentiroso e opressivo, que explora os mais fracos. Como parte de nosso compromisso com a conversão pessoal, devemos também nos preocupar em mudar as próprias coisas em nossas estruturas sociais que dão as costas ao Evangelho, ao Amor e à Verdade. Pois o mesmo Senhor que sofreu na cruz por nossos pecados continua hoje, no menor de Seu povo, a ter fome e sede, estar doente, ser estrangeiro, prisioneiro e nu (Mt 25,31-46).

O Concílio Vaticano II já estava preocupado com o escândalo da miséria em que muitas pessoas vivem, em comparação com a opulência de alguns países com uma antiga tradição cristã:

> Os cristãos colaborarão de boa vontade e de todo o coração na construção da ordem internacional, que deve basear-se no respeito sincero das legítimas liberdades e na fraternidade amigável de todos. Farão isso com tanto mais boa vontade quanto a maior parte do mundo ainda está sofrendo tanta miséria que o próprio Cristo, na

pessoa dos pobres, clama em alta voz pela caridade de seus discípulos. Evitemos, portanto, este escândalo: enquanto algumas nações, cujos habitantes, na maioria das vezes, se dizem cristãos, desfrutam de grande abundância de bens, outras são privadas das necessidades da vida e são atormentadas pela fome, doenças e todo tipo de miséria. O espírito de pobreza e caridade é, de fato, a glória e o sinal da Igreja de Cristo.

Portanto, devemos elogiar e incentivar os cristãos, especialmente os jovens, que espontaneamente se oferecem para ajudar outras pessoas e outras nações. Além disso, cabe a todo o Povo de Deus, movido pela palavra e pelo exemplo dos bispos, aliviar, na medida de suas possibilidades, as misérias desta época; e isso, como era o antigo costume da Igreja, tirando não apenas do supérfluo, mas também do necessário[20].

O Concílio estava, portanto, seguindo uma tradição que São João Crisóstomo havia ilustrado em seu próprio tempo de forma marcante ao tratar da Eucaristia:

Queres honrar o Corpo de Cristo? Não o despreze quando ele estiver nu. Não o honrem aqui na Igreja com seda, enquanto o deixam do lado de fora para sofrer com o frio e a falta de roupas. Pois aquele que disse: Isto é o meu Corpo, e o tornou real ao dizê-lo, foi aquele que disse: Vistes-me com fome e não me destes de comer, e também: Sempre que o fizestes a um destes pequeninos, a mim o fizestes. Aqui, o Corpo de Cristo não precisa de roupas, mas de almas puras; lá, ele precisa de muito cuidado. [...] Não estou dizendo isso para impedi-los de fazer doações religiosas, mas defendo que, ao mesmo tempo, e até mesmo antes, deveis dar esmolas. Pois Deus as recebe bem, mas muito mais do que isso. Pois com as doações, o doador é o único beneficiário, mas com a esmola, o beneficiário é também o receptor. A doação é uma ocasião de vaidade, mas a esmola nada mais é do que um ato de bondade. Que vantagem há em a mesa de Cristo estar repleta de vasos de ouro, enquanto ele mesmo está morren-

---

[20] Concílio Vaticano II, *Gaudium et spes*, § 88.

do de fome? Comece satisfazendo os famintos e, com o que sobrar, adornarás seu altar[21].

São João Crisóstomo falou com veemência contra o luxo dos grandes que insultam a miséria dos pobres. Suas palavras são contundentes e foram concebidas para abalar nossas consciências adormecidas: "As mulas andam por aí com fortunas, e Cristo morre de fome à sua porta...". Ele mostra constantemente Cristo presente no pobre, identificado com ele a ponto de dizer: "Poderia alimentar-me sozinho, mas prefiro vagar pedindo esmolas, estendendo a mão diante de tua porta, para ser alimentado por ti. É por amor que vos faço isto".

Em seu estilo apaixonado e intransigente, com seu realismo implacável, ele estava simplesmente pregando o Evangelho, ansioso por instruir, exortar, reformar, combater os costumes pagãos e, acima de tudo, eliminar de uma vez por todas a infame mancha da escravidão: "O que vou lhes dizer é horrível, mas tenho que lhes dizer. Colocai Deus no mesmo nível de seus escravos. Libertem Cristo da fome, da necessidade, das prisões e da nudez. Ah, vós tremeis!"[22].

Com a suave violência de suas palavras, São João Crisóstomo age com o coração de um pai muito amoroso e em nome de Jesus Cristo, o pastor e guardião de nossas almas (cf. 1Pd 2,25).

---

[21] São João Crisóstomo, Sermão sobre o Evangelho de Mateus, in: *Liturgia das horas*, t. 3, *op. cit.*, 1980, p. 471-472.
[22] Os principais textos sobre a questão social estão traduzidos em: *Riches et pauvres dans l'Église ancienne*, Ictus, nº 6, Paris, 1962, pp. 171-215.

A caridade para com os pobres não se limita a fornecer-lhes bens materiais. Essa ajuda, embora necessária e urgente, é insuficiente. Devemos também, e acima de tudo, dar-lhes Deus. O Papa Francisco nos lembra disso com veemência:

> Quero dizer com tristeza que a pior discriminação sofrida pelos pobres é a falta de atenção espiritual. A grande maioria dos pobres tem uma abertura particular à fé; eles precisam de Deus e não podemos deixar de lhes oferecer sua amizade, sua bênção, sua Palavra, a celebração dos sacramentos e a proposta de um caminho de crescimento e amadurecimento na fé. A opção preferencial pelos pobres deve se expressar principalmente por meio da atenção religiosa privilegiada e prioritária[23].

Inverter essa ordem de prioridades alegando, por meio de nossas iniciativas políticas e financeiras, "erradicar a pobreza" seria uma forma de brincar de Deus. E, de fato, não é apenas a preocupação obsessiva com dinheiro e poder que é a expressão de um desejo oculto de suplantar e eliminar Deus, mas também qualquer pretensão de conquistar a liberdade, a justiça e a paz para nós mesmos. Essa tentativa está fadada ao fracasso, como observou Bento XVI:

> Quando Deus é visto como uma grandeza secundária que pode ser deixada de lado temporária ou completamente, em nome de coisas mais importantes, essas coisas supostamente mais importantes também fracassam. O resultado negativo do experimento marxista não é o único exemplo disso. A ajuda ocidental aos países em desenvolvimento, baseada em princípios puramente técnicos e materiais, que não apenas deixaram Deus fora da equação, mas também afastaram

---

[23] Francisco, *Evangelii gaudium*, § 200.

as pessoas de Deus devido ao orgulho de seu suposto conhecimento, transformou o Terceiro Mundo em um Terceiro Mundo no sentido moderno. Eles deixaram de lado as estruturas religiosas, morais e sociais existentes e introduziram sua mentalidade tecnocrática no vácuo assim criado. Eles pensaram que poderiam transformar pedras em pão, mas o que deram foram pedras em vez de pão. Mas isso tem a ver com a primazia de Deus. Trata-se de reconhecê-lo como uma realidade, uma realidade sem a qual nada mais pode ser bom. A história não pode ser governada por meras estruturas materiais que ignoram Deus. Se o coração humano não for bom, então nada mais poderá se tornar bom. E a bondade do coração só pode vir daquele que é a própria Bondade, o Bem[24].

A verdadeira caridade é, portanto, em última análise, uma manifestação da nossa fé em Jesus Cristo; a fé, de fato, como nos diz São Paulo, opera por meio da caridade: *"Fides quae per caritatem operatur"* (Gl 5,6). Por outro lado, a caridade nunca deve se tornar um meio para o proselitismo atingir seus fins, como Bento XVI afirmou claramente:

O amor é gratuito. Ele não é usado para atingir outros fins. Isso não significa, entretanto, que a caridade deva deixar Deus e Cristo de lado, por assim dizer. É sempre a pessoa inteira que está em jogo. Muitas vezes, é justamente a ausência de Deus que é a raiz mais profunda do sofrimento. Aqueles que praticam a caridade em nome da Igreja nunca buscarão impor a fé da Igreja aos outros. Eles sabem que o amor, em sua pureza e gratuidade, é o melhor testemunho do Deus em quem acreditamos e que nos leva a amar. Os cristãos sabem quando chegou a hora de falar sobre Deus e quando é correto permanecer em silêncio e deixar que apenas o amor fale. Eles sabem que Deus é Amor (cf. Jo 4,8)[25].

Abolir toda escravidão e quebrar todo jugo: foi assim que o profeta Isaías entendeu a verdadeira conversão do

---

[24] Bento XVI, *Jésus de Nazareth*, Flammarion, Paris 2007, p. 53-54.
[25] Bento XVI, *Deus Caritas est*, § 31.

homem a Deus e a condição para que sua penitência atingisse seu objetivo com Deus.

> Qual é o jejum que me agrada, o dia em que o homem se mortifica? É isso que chamais de jejum, um dia agradável ao Senhor? Não é este, antes, o jejum que prefiro: desfazer as cadeias injustas, soltar as ataduras do jugo; libertar os oprimidos e quebrar todo jugo? [...]. Então tua luz irromperá como a aurora, a tua ferida será rapidamente curada, tua justiça irá adiante de ti e a glória do Senhor o seguirá. Então clamarás, e o Senhor responderá; clamarás, e ele dirá: "Eis-me aqui!". Se banires de sua casa o jugo, o gesto ameaçador e as palavras perversas, se saciares a fome dos famintos e libertares os oprimidos, tua luz se erguerá na escuridão, e a escuridão será para ti como o meio do dia. O Senhor o guiará continuamente, o saciará nos lugares áridos, dará força aos seus ossos, e serás como um jardim regado, como uma fonte que jorra e nunca seca (Is 58,5-11).

Conclusão
DAI-ME A ALEGRIA DE SER SALVO

Chegamos ao final de nosso percurso. Mas será que agora devemos deixar o deserto onde encontramos Cristo para voltar ao mundo e à sua agitação? Depois de fechar a última página deste livro, devemos fechar um parêntese de silêncio e interioridade e mergulhar novamente no barulho e na superficialidade? Não! A jornada que começamos ainda não terminou. Ela nos leva ao céu, à felicidade eterna, ao próprio Deus.

Nesse percurso pelo deserto, experimentamos que Deus não nos deixa sozinhos. Ele vem até nós, molda sua Igreja, nutre nossas almas. Os sacramentos são os meios que Deus escolheu para nos tocar com sua graça. Como o cego na estrada, clamamos: "Senhor, que eu veja" (cf. Mc 10,51). Então Cristo, movido pela compaixão, vem e toca nossos olhos com suas mãos. Por meio de sinais exteriores e corporais, ele realiza a obra divina da graça em nossas almas. Ele se doa e se torna nossa vida.

No deserto, entendemos que não cabe a nós assumir o controle de nossa vida interior. Temos de deixar que ele faça isso. Temos de deixá-lo fazer isso. Temos de nos permitir ser guiados e instruídos por Deus. É claro que não somos puramente passivos. Temos nossa cota de trabalho a fazer. Mas nosso trabalho consiste, antes de mais nada, em nos prepararmos para ser, nas mãos de Deus, um solo flexível, capaz de ser moldado de acordo com seu desígnio misericordioso.

No deserto, aprendemos a gostar de em tudo Dele depender. Aprendemos a esperar que Ele saciasse nossa sede e nos alimentasse. Lutamos para não ficar muito inquietos. Lutamos contra a tentação de reduzir nossa vida interior a uma vida de acordo com nossos próprios planos, nosso próprio projeto humano, demasiadamente humano. Lutamos para aprender a saborear a alegria de sermos salvos por Deus e de estarmos diante Dele em uma atitude de recolhimento e adoração silenciosa.

Que alegria é essa, toda vez que ele renova sua presença e sua vida em nós por meio de um sacramento! Que alegria é poder exclamar como São Paulo: "Fui resgatado por Cristo" (cf. Fl 3,12). Com cada sacramento que recebemos, ele nos toma em seus braços e nos coloca em seu coração, ardendo de amor.

Alguns afrescos bizantinos mostram Cristo ressuscitado rompendo as portas do inferno e tomando Adão e Eva, nossos primeiros pais, pela mão para levá-los ao seio da Trindade. Isso é realmente o que experimentamos no deserto. Por meio de seus sacramentos, Cristo nos pegou pela mão e nos levou para o céu. Essa é a fonte de nossa alegria! "Colocaste tua mão sobre mim", diz o salmo (139,5).

Então, aqui estamos nós, um pouco como Pedro, Tiago e João após a Transfiguração. Estamos deslumbrados porque já tivemos um vislumbre da glória divina, a alegria do céu. Como Pedro, queremos dizer: "É bom estarmos aqui. Vamos fazer três tendas" (cf. Mt 17,4). Nós também queremos dizer: nunca deixemos este deserto onde encontramos Cristo Jesus e onde Ele nos revelou o plano de amor do Pai para nós. E, no entanto, Jesus nos diz, como fez com os Apóstolos: "Não tenham medo de voltar ao mundo. Não tenham medo de voltar ao mundo pagão para proclamar as Boas Novas. Agora sabeis que não estais sozinhos, mas tendes convosco Moisés, os Profetas, os Apóstolos, os Padres da Igreja e toda a comunidade dos santos. Agora conheceis a fonte da verdadeira alegria. Em vossas estradas de exílio, os sacramentos serão fontes jorrantes. Levai em seus corações o espírito de silêncio e recolhimento que aprendestes no deserto. Não mais tenhais medo. Não sois do mundo. Estais marcados com o selo do batismo, sois meus filhos que comprei com meu sangue.

Então, em paz, felizes e confiantes, levaremos a alegria da salvação ao mundo inteiro. Proclamaremos a fé e os sacramentos da fé a todas as nações. Não vamos nos dispersar em longos discursos e raciocínios vãos. Vamos irradiar a presença divina que recebemos, vamos dar testemunho da salvação que nos foi dada gratuitamente. Vamos ajudar os discípulos de Cristo a redescobrir as incríveis riquezas e as fontes inesgotáveis de graça que fluem dos sacramentos da Nova Aliança.

Estamos cheios de novas forças. Ela encontra sua fonte no encontro com Deus no deserto. Na verdade, não temos mais medo. Como Moisés após seu encontro com o Senhor, somos tranquilizados e transfigurados, com a glória da santidade de Deus brilhando em nosso rosto. Não somos galvanizados pela exaltação humana. Somos pacificados pela mão de Deus, fortalecidos por seus sacramentos. Por isso, vamos sem medo, prontos para dar testemunho até mesmo do martírio, se necessário. Seguimos o Bom Pastor que nos guia. Assim como nos mosaicos das absides das antigas basílicas de Roma, as ovelhas seguem pacificamente o divino Pastor, Cristo, Rei do Universo, nós o seguimos em paz e alegria. Somos fortalecidos por sua força pacífica. Extraímos nossa doçura da misericórdia de seu coração, ferido por nossa causa.

Somos felizes em sua felicidade divina. Ele nos devolveu a alegria de sermos salvos (Sl 51,14). Um coração cristão é sempre um coração feliz. Não estou dizendo que um cristão é sempre feliz. Sei o quanto o sofrimento, a fadiga e a perseguição às vezes podem nos afligir, bem como o espetáculo de tanto desprezo, blasfêmia e sacrilégio, tão levianamente diante do Santíssimo Sacramento. Mas ninguém pode nos roubar nossa alegria profunda e sobrenatural. Pois ela não vem de nós, nem de nosso sucesso no mundo. Nossa alegria vem de Jesus, o Verbo Encarnado, o Salvador. Nossa fé nos dá a certeza de que podemos ser salvos, aconteça o que acontecer, desde que não nos atrapalhemos. Se o cansaço às vezes pode tirar o sorriso de nossos lábios, nada pode tirar a alegria de nossas almas. Somos, como diz São Paulo, alegres na e pela esperança da salvação — "*spe gaudentes*" (Rm 12,12)! Quando olhamos para Cristo, nosso coração se ilumina. Os artistas cristãos entenderam isso. Eles ousaram retratar os santos e os anjos no céu radiantes de alegria e felicidade. Estou pensando no conhecido sorriso do anjo que um escultor da Idade Média retratou na fachada da Catedral de Reims. Penso nos rostos radiantes pintados pelo Beato Fra Angelico em sua série de anjos e santos. Enquanto ainda estivermos no deserto, enquanto a batalha espiritual ainda não tiver terminado para nós, também podemos erguer os olhos para o rosto gentil de Cristo. A todo momento, ele sorri para nós e nos encoraja. Ele nos diz: "Ande! Não tenha medo, eu estou contigo. Nada te falta. Eu até te dei minha Mãe para que ela possa ser tua".

De fato, sabemos como nos sentimos sozinhos sem a presença reconfortante de uma mãe. Ainda me lembro do dia em que recebi a notícia de que minha própria mãe havia morrido. Eu estava em Roma, ela estava na África. De repente, senti o peso da solidão que pesa sobre essa palavra: órfão. Qualquer que seja a idade tua quando perdes tua mãe, te vês como uma criança perdida em um mundo que te é estranho. Deus não quis que nos sentíssemos órfãos em nossa vida espiritual. Ele é nosso Pai e queria nos dar a presença gentil e reconfortante de uma mae, sua Mãe, a Virgem Maria.

O papel de Maria não é ocosional em nossa vida cristã. Não é apenas mais uma devoção reservada a almas simples ou sentimentais. Ninguém é cristão que não tenha Maria como mãe. Ela exerce discretamente essa maternidade ao nos conduzir à Cruz e à Ressurreição.

No caminho para o Calvário, a mãe de Jesus estava lá. Ela não tentou reter seu Filho divino. Ela não estava tentando monopolizá-lo, possuí-lo somente para si. Pelo contrário, ela estava lhe dizendo: "Suba à cruz para salvar todos os homens! Cumpra seu sacrifício para dar glória ao Pai e redimir almas". Ela se uniu a esse sacrifício. Ela o viveu em seu coração imaculado. Então, atravessada por uma espada de dor, ouviu o Filho crucificado lhe dizer: "Mulher, eis aí o teu filho", apontando para o apóstolo João. Ao receber São João como seu filho, ela recebeu e adotou cada um de nós.

Portanto, hoje Maria continua seu papel de Mãe para nós. Como ela disse a seu Filho: "Vá, suba até a cruz; deves seguir Cristo aonde quer que ele vá". Ela nos encoraja e nos tranquiliza. Esse é o papel de uma mãe, essa sempre será a atitude de uma mãe.

Quando tive que deixar meu país natal para vir a Roma, não tive coragem de contar à minha mãe. Tinha medo de magoá-la muito. Pedi a uma amiga que fizesse isso. Sua reação foi muito maternal e me confortou e acalmou profundamente. "Agradeço a Deus", disse ela, "que me deu esse filho único e que agora o está tirando de mim para seu serviço. Agradeço ao Papa. Há tantos bispos no mundo, e ele escolheu meu único filho para servir à Igreja". Sua única preocupação era: "Será que meu filho será capaz de fazer esse trabalho que a Igreja está pedindo a ele?"

Assim, até sua morte, ela telefonou para Roma regularmente para aconselhar seu filho bispo a servir o Santo Padre com fidelidade e generosidade. Se uma mãe terrena cuida de seu filho dessa maneira, quanto mais nossa Mãe celestial deveria cuidar de nós, nos aconselhar e nos incentivar! Toda a nossa vida cristã deve se desenvolver nesse clima mariano, ao mesmo tempo gentil e exigente. Esse talvez seja o segredo mais profundo de nossa paz e alegria. Caminhamos com Maria, nossa Mãe, como crianças seguras do caminho. Não nos perdemos quando seguramos a mão de nossa mãe. Ela abre o caminho para nós, conduzindo-nos à cidade celestial onde Deus será tudo em todos por toda a eternidade.

Este livro foi impresso em papel polén bold 70g, capa triplex 250g.
Edições Fons Sapientiae
é um selo da Distribuidora Loyola de Livros

Rua Lopes Coutinho, 74 - Belenzinho 03054-010 São Paulo - SP
T 55 11 3322 0100 | editorial@FonsSapientiae.com.br
www.FonsSapientiae.com.br